2024年度版

パブロフ流で みんな合格

簿記教科書

EXAMPRESS
簿記教科書

日商簿記2級

工業簿記 テキスト&問題集

著・画 公認会計士
よせだ あつこ

SHOEISHA

本書内容に関するお問い合わせについて

このたびは翔泳社の書籍をお買い上げいただき、誠にありがとうございます。弊社では、読者の皆様からのお問い合わせに適切に対応させていただくため、以下のガイドラインへのご協力をお願い致しております。下記項目をお読みいただき、手順に従ってお問い合わせください。

□ ご質問される前に

弊社Webサイトの「正誤表」をご参照ください。これまでに判明した正誤や追加情報を掲載しています。

正誤表　https://www.shoeisha.co.jp/book/errata/

□ ご質問方法

弊社Webサイトの「書籍に関するお問い合わせ」をご利用ください。

書籍に関するお問い合わせ　https://www.shoeisha.co.jp/book/qa/

インターネットをご利用でない場合は、FAXまたは郵便にて、下記"翔泳社 愛読者サービスセンター"までお問い合わせください。
電話でのご質問は、お受けしておりません。

□ 回答について

回答は、ご質問いただいた手段によってご返事申し上げます。ご質問の内容によっては、回答に数日ないしはそれ以上の期間を要する場合があります。

□ ご質問に際してのご注意

本書の対象を超えるもの、記述個所を特定されないもの、また読者固有の環境に起因するご質問等にはお答えできませんので、予めご了承ください。

□ 郵便物送付先およびFAX番号

送付先住所　〒160-0006　東京都新宿区舟町5
FAX番号　　03-5362-3818
宛先　　　　㈱翔泳社 愛読者サービスセンター

日商簿記2級の概要

　日商簿記検定には、統一試験（紙の試験）と、ネット試験（CBT方式）の2種類があります。いずれも出題範囲や試験時間、受験料も同じです。

　統一試験は、指定された会場で、6月（第2日曜日）、11月（第3日曜日）、2月（第4日曜日）の年3回と毎年受験日が決まっています。

　ネット試験は、パソコンが用意されたテストセンターで受験し、席が空いていればいつでも何回でも試験を受けられます。

　統一試験は、受験を希望する各商工会議所のホームページから申し込みをしますが、ネット試験は全国統一申込サイトがあります。詳しくは、次の表をご覧ください。

	統一試験	ネット試験
試験日	6月、11月、2月	随時
会場	指定された学校、会議室など	テストセンター
申し込み	受験希望地の各商工会議所 https://links.kentei.ne.jp/examrefer	全国統一申込サイト https://cbt-s.com/examinee/examination/jcci.html
試験科目	商業簿記、工業簿記 ※2024年4月における日商簿記2級工業簿記の試験範囲の変更はありません。	
試験時間	商業簿記、工業簿記あわせて90分	
受験料	5,500円（2024年3月までは4,720円） ※別途手数料が必要な場合があります。	
受験方法 メリット	メモを書き込んで消す解き方ができる 電卓 答案用紙 計算用紙 問題用紙 マルしたりメモしたりできる	キーボード 問題 答案 計算用紙 電卓 いつでも何回でも受けられる その場で合否がわかる
合格率	24%前後	40%前後

◎ 日本商工会議所の簿記検定のサイト：
　　　　　　　　https://www.kentei.ne.jp/bookkeeping/

◎ 検定情報ダイヤル：050-5541-8600（年中無休9:00〜20:00）

本書の特徴

特徴1 統一試験とネット試験に対応している

　本書は、統一試験とネット試験、どちらにも対応したテキストです。まずは本書を読み、練習問題を解くことで基礎を身につけましょう。

> **購入特典** パブロフ簿記ネット試験（模試）の体験ページ
>
> 本書の購入特典として「パブロフ簿記」ホームページでネット試験（CBT方式）を体験できます。ソフトをダウンロードする必要がなく、ネット環境さえあればパソコンでもスマートフォンでも問題を解くことができるので、気軽にネット試験を体験できます。
>
> **ネット試験体験ページのURLおよびパスワードはP.436に記載しています。**

特徴2 練習問題を動画で学習できる

　本書に収載してあるすべての練習問題には、著者による動画解説が付いています。もし「理解が不十分な分野」や「解き方がわからない問題」があっても、丁寧な解説を聞けばグングン実力が伸びます。

　各練習問題のページに付いている**QRコード**を読み込むと、その練習問題の動画解説を見ることができます。

特徴3 付属データで学習しやすい

　次のデータは以下のサイトからダウンロードできます。

- ⊚ 練習問題の解き直し用の答案用紙
- ⊚ ホームポジション一覧（P.008に収載の内容）

https://www.shoeisha.co.jp/book/download/9784798182025

※付属データに関する権利は著者および株式会社翔泳社が所有しています。許可なく配布したり、Webサイトに転載したりすることはできません。付属データの提供は予告なく終了することがあります。あらかじめご了承ください。

日商簿記2級の学習方法

　日商簿記2級は日商簿記3級を基礎としており、日商簿記2級の試験では日商簿記3級の内容も出題されます。初めて簿記を学習する方は、日商簿記3級の内容を一度見た上で日商簿記2級の学習を始めましょう。

　商業簿記と工業簿記はどちらの学習を先に始めてもいいですが、工業簿記の方が分量が少ないので、次の流れで学習するのが効率的です。商業簿記と工業簿記、両方を並行して学習することもできます。

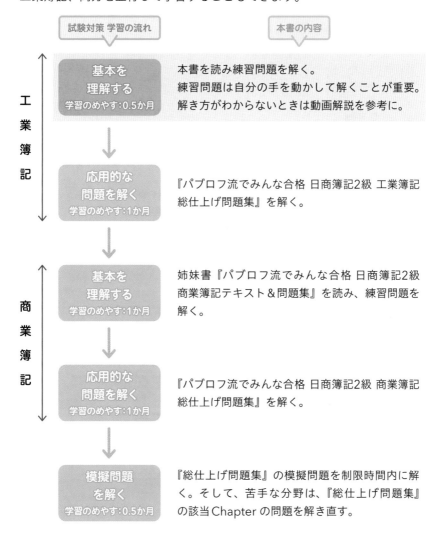

試験対策 学習の流れ　　　　　　　　本書の内容

工業簿記

基本を理解する
学習のめやす：0.5か月

本書を読み練習問題を解く。
練習問題は自分の手を動かして解くことが重要。
解き方がわからないときは動画解説を参考に。

応用的な問題を解く
学習のめやす：1か月

『パブロフ流でみんな合格 日商簿記2級 工業簿記総仕上げ問題集』を解く。

商業簿記

基本を理解する
学習のめやす：1か月

姉妹書『パブロフ流でみんな合格 日商簿記2級商業簿記テキスト＆問題集』を読み、練習問題を解く。

応用的な問題を解く
学習のめやす：1か月

『パブロフ流でみんな合格 日商簿記2級 商業簿記総仕上げ問題集』を解く。

模擬問題を解く
学習のめやす：0.5か月

『総仕上げ問題集』の模擬問題を制限時間内に解く。そして、苦手な分野は、『総仕上げ問題集』の該当 Chapter の問題を解き直す。

本書の使い方 〜合格への近道〜

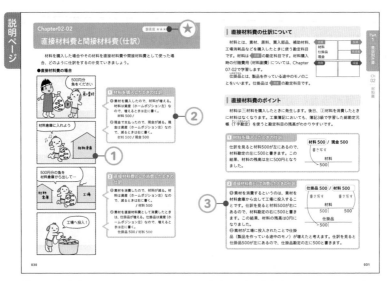

★ 重要度★★★は試験によく出題される内容、重要度★★は試験にたまに出題される内容、重要度★はさらっと読めばよい内容
① 4コマ漫画で取引を理解 ② 仕訳がある場合は仕訳を書く順番を学ぶ
③ 説明を読んで理解する ④ 実際の試験の問題文に慣れる
⑤ 問題文の指示から解く手順を学ぶ ⑥ 状況を整理する下書きの書き方
⑦ 解き方がわからないときは動画解説を見る

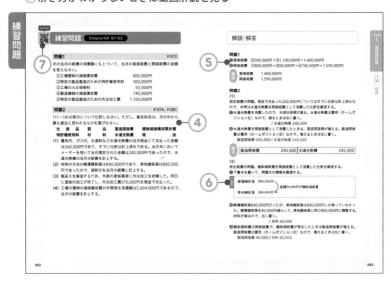

「効率的な学習法」を動画で解説！

https://pboki.com/use/2k_text.html

「解く力を確実に身につけたい」「テキストを読み進めていく
だけで合格ができるのか不安」……。こういった方に向けて、
本書の使い方を動画で詳しく解説しました。また、購入特典であるネット試
験（模試）の使い方も紹介していますので、ぜひご覧ください。

ホームポジションについて

　勘定科目は次のように、資産、負債、純資産、収益、費用、そして左側（借
方）か右側（貸方）に分類されます。これを本書では勘定科目のホームポジ
ションと呼びます。P.008に一覧があります。

左側（借方）　　　　　　　　　　　　　　　**右側（貸方）**

資産	負債
会社の財産	会社の支払い義務
	純資産
	資産と負債の差額

費用	収益
会社の利益にとって マイナスになるもの	会社の利益にとって プラスになるもの

工業簿記は資産と費用が中心

パブロフ

ドッグフードを売る会社の社長。
犬。
会社で必要な簿記をお兄さんか
ら教えてもらっている。
日商簿記2級を受けるので暇な
ときは勉強している。

お兄さん

パブロフのドッグフード店の近
くに住んでいる公認会計士。
飼い犬のドッグフードを買いに
行くついでに、パブロフに簿記
を教えてあげている。

これだけは覚えておこう「ホームポジション一覧」

※Webからダウンロードもできます。詳細は P.004「特徴3 付属データで学習しやすい」をご覧ください。

資産・負債・純資産の勘定科目

左側（借方）　　　　　　　　　　　　　　　　　右側（貸方）

資産	
現金	お札、小銭など。
材料	材料倉庫にある材料の金額。
仕掛品	月末時点で作業途中のモノ。
製品	月末時点で完成しているモノ。

負債	
買掛金	材料などを買い、代金をまだ支払っていない金額。
未払賃金	当期分の賃金のうち、まだ支払っていない金額。

純資産	
資本金	

費用・収益の勘定科目

左側（借方）　　　　　　　　　　　　　　　　　右側（貸方）

費用	
賃金	労働の対価として従業員に支払う金額。
外注加工費	加工の一部を外部の会社へ依頼した場合にかかる費用。
特許権使用料	特殊な技術を使うとき、他社が持っている特許権を使用するためにかかる費用。
減価償却費	建物などの固定資産を減価償却した金額。
水道光熱費	工場で使われる水道代や電気代。
棚卸減耗費	帳簿棚卸高と実地棚卸高の差額。
製造間接費	特定の製品を作るために必要な原価ではなく、各製品に共通して必要な原価。
売上原価	販売したモノに関わる原価。

収益	
売上	製品を販売した金額。

キリトリ線

キリトリ線

CONTENTS

Part1 | 費目別計算

Part2　部門別・個別

Part3 | 総合原価計算

Chapter01
工業簿記とは

工業簿記とは

工場で使う簿記を工業簿記といいます。

これからパブロフくんと一緒に、工業簿記を学んでいきましょう。

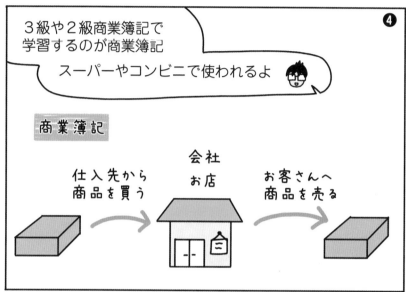

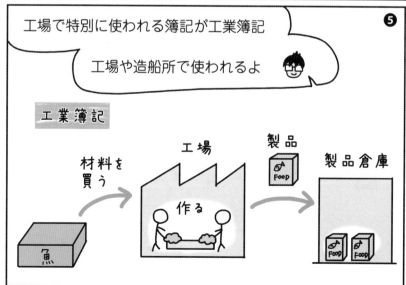

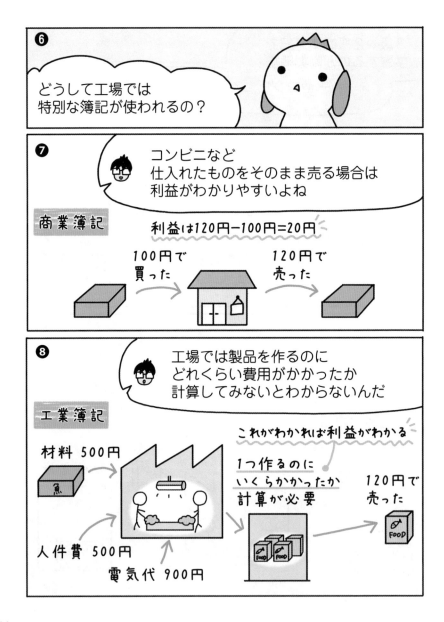

工業簿記の全体の流れ

簿記2級の工業簿記全体の流れを表すと次の図のようになっています。

工場

材料費 Chapter02(P.027)

労務費 Chapter03(P.055)

経費 Chapter04(P.071)

製造間接費
Chapter05(P.085)

詳細については、各Chapterで学びますので、ここで理解しなくても大丈夫です。

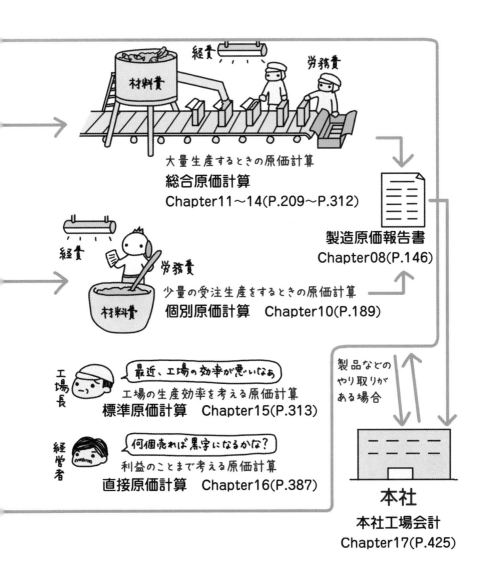

大量生産するときの原価計算
総合原価計算
Chapter11〜14(P.209〜P.312)

製造原価報告書
Chapter08(P.146)

少量の受注生産をするときの原価計算
個別原価計算　Chapter10(P.189)

最近、工場の効率が悪いなぁ
工場の生産効率を考える原価計算
標準原価計算　Chapter15(P.313)

何個売れば黒字になるかな?
利益のことまで考える原価計算
直接原価計算　Chapter16(P.387)

製品などの
やり取りが
ある場合

本社
本社工場会計
Chapter17(P.425)

重要度 ★

原価計算とは

　工業簿記では、製品の原価を計算することを原価計算といいます。原価計算とはどのようなものか、見ていきましょう。

理解のための用語説明

● 形態別分類
製造原価が発生したときの形による分類。材料という形で発生した製造原価は材料費、労働という形で発生した製造原価は労務費に分類される。

● 製品との関連による分類
製品を作るために直接使われる製造原価は製造直接費に分類される。いくつかの製品を作るために共通で使われる製造原価は製造間接費に分類される。

● 材料費
モノに関する原価。

● 労務費
ヒトに関する原価。

● 経費
モノとヒト以外に関する原価。

原価計算とは

　製品を作るのにかかった費用を原価（製造原価）といいます。そして、原価を計算することを**原価計算**といいます。

　製造原価には、原材料や工場で働く人の給料、工場の電気代などが含まれます。

原価計算期間とは

　原価計算期間とは原価計算を行う期間のことです。原価計算期間は通常1か月で、毎月、月末に原価計算を行うことになります。1か月ごとに計算することで、毎月の原価のデータを早めに入手することができます。

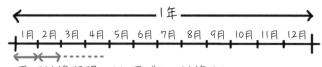

原価計算期間：1か月ごとに計算する

製造原価の分け方

　工場全部でかかった製造原価をまず、「形態別分類（けいたいべつぶんるい）」で**材料費、労務費、経費**の3つに分けます。次に、「製品との関連による分類」で**製造直接費（せいぞうちょくせつひ）**と**製造間接費（せいぞうかんせつひ）**に分けます。まとめると次のとおりです。

		形態別分類		
		材料費	労務費	経費
製品との関連による分類	製造直接費	直接材料費	直接労務費	直接経費
	製造間接費	間接材料費	間接労務費	間接経費

　P.027以降で、材料費、労務費、経費について、詳しく学習します。

仕掛品と製品
しかかりひん

　仕掛品と製品について学習しておきましょう。仕掛品は、工業簿記でもっとも重要な用語なので、しっかり理解しましょう。

理解のための用語説明

◉ 仕掛品
作業途中のモノ。未完成品のこと。

◉ 完成品（製品）
作業が終わったモノ。

◉ 製造
製品を作ること。

仕掛品とは

仕掛品とは、製品を作っている途中のモノのことをいいます。仕掛品が完成したら、完成品（製品）になります。

製品とは

製品とは、製造作業が完了した完成品のことをいいます。

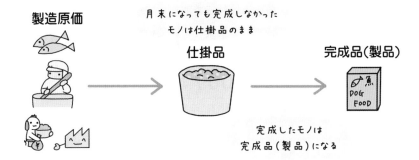

製造原価　月末になっても完成しなかった
モノは仕掛品のまま

仕掛品　完成品（製品）

完成したモノは
完成品（製品）になる

豆知識　商品と製品の違い

　商品とは、モノを買った場合に使います。他社が作ったドッグフードを仕入れた場合、そのドッグフードを商品といいます。商業簿記では、商品を中心に扱います。
　製品とは、自社でモノを作った場合に使います。自社の工場で作ったドッグフードを製品といいます。工業簿記では、製品を中心に扱います。

重要度 ★

仕訳と勘定科目

工業簿記でも仕訳の書き方が重要です。仕訳と勘定科目について学習しましょう。

仕訳とは

3級で学習したように、仕訳とは簿記で取引を記録する方法です。

仕訳は、勘定科目と金額の2つの要素でできています。

| 左側の勘定科目 | 左側の金額 | 右側の勘定科目 | 右側の金額 |

仕訳：材料 100 / 現金 100

左側と右側を分ける線

勘定科目の5分類

勘定科目は、その性質によって資産、負債、純資産、収益、費用の5つに分けられます。

資産	会社の財産。
負債	会社の支払い義務。
純資産	資産と負債の差額。他人に負債の金額を支払ったあと、最終的に会社に残る財産。
収益	会社が受け取る収入。会社の利益にとってプラスになるもの。
費用	商売に必要な支出。会社の利益にとってマイナスになるもの。

それぞれの勘定科目が5分類のどこに分類されるのか覚える必要はありますが、テキストを進めていく中で少しずつ覚えていけば大丈夫です。工業簿記で出題される主な勘定科目はP.008にまとめています。

勘定科目の5分類とホームポジション

勘定科目がどこに分類されるかを本書では勘定科目の**ホームポジション**と呼びます。ホームポジションは5つに分類されますが、左側（**借方**）と右側（**貸方**）に分けることもできます。借方と貸方だとわかりにくいので、本書では左側、右側で説明します。

借方と貸方が左側か右側かわからなくなったら、次の図のように思い出しましょう。

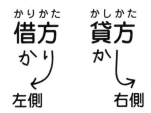

仕訳のルール

仕訳には、簿記3級で学習したルールと同じ、3つのルールがあります。工業簿記でもこのルールに従って仕訳を書きます。

> **ルール1** 勘定科目が増えるときは、ホームポジション側に書く。
> **ルール2** 勘定科目が減るときは、ホームポジションと反対側に書く。
> **ルール3** 左側の合計金額と右側の合計金額は必ず一致する。

豆知識 **総原価と製造原価とは**

　総原価とは、製造原価と販売費及び一般管理費の合計です。製造原価とは、製造直接費と製造間接費の合計です。工業簿記では、総原価と製造原価が重要な用語なのでしっかり理解しておきましょう。

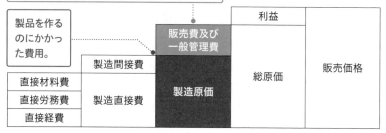

豆知識 **非原価項目と原価項目**

　原価の発生原因が異常な場合、原価として認められません。このような原価を非原価項目といいます。非原価項目に対して、原価に含めるものを「正常なもの」といいます。

　なお、簿記2級では、非原価項目の出題可能性は相当低いです。

例：自然災害により、大量の棚卸減耗費が発生した場合。
- **異常な棚卸減耗費 → 原価に含めない（営業外費用か特別損失）**
  棚卸減耗費（特別損失）1,000,000 / 材料 1,000,000

例：棚卸減耗費は正常なものである。
- **正常な棚卸減耗費 → 原価に含める（間接経費）　P.046**
  製造間接費 5,000 / 材料 5,000

Chapter02
材料費

直接材料費と間接材料費

　材料費とは、購入した材料のうち、製品を作るために使った金額のことです。材料費は、直接材料費と間接材料費の2つに分けます。

直接材料費とは

　直接材料費とは、特定の製品を作るために必要な材料費のことをいいます。直接材料費には、次の2つがあります。

主要材料費（素材費・原料費）

ドッグフード工場で使う魚や、自動車工場で使う鋼板など、製品の主要な材料になるモノを主要材料費といいます。主要材料費を素材費・原料費ということもありますが、素材費と原料費を分けて覚える必要はありません。

魚

鋼板

買入部品費

ドッグフード工場で使う製品を入れる箱や、自動車工場で使うタイヤなど、外部から購入し、そのまま取り付けることができる部品を買入部品費といいます。

箱

タイヤ

間接材料費とは

　間接材料費とは、各製品に共通して必要な材料費のことをいいます。間接材料費には、次の3つがあります。

補助材料費

燃料や補修用材料など、直接製品になるわけではなく、補助的に使われるモノを補助材料費といいます。

燃料

工場消耗品費

軍手や電球など、直接製品になるわけではない補助的な材料のうち、使ったらなくなる（捨てる）モノを工場消耗品費といいます。

軍手

消耗工具器具備品費

ハンマーやのこぎりなど、耐用年数1年未満の備品や、少額の備品を消耗工具器具備品費といいます。

ハンマー

重要度 ★★★

直接材料費と間接材料費（仕訳）

　材料を購入した場合やその材料を直接材料費や間接材料費として使った場合、どのように仕訳をするのか見ていきましょう。

●直接材料費の場合

1 材料を購入したときの仕訳

❶ 素材を購入したので、材料が増える。材料は資産（ホームポジション左）なので、増えるときは左に書く。
　　材料 500 /

❷ 現金で支払ったので、現金が減る。現金は資産（ホームポジション左）なので、減るときは右に書く。
　　材料 500 / 現金 500

2 直接材料費として消費したときの仕訳

❶ 素材を消費したので、材料が減る。材料は資産（ホームポジション左）なので、減るときは右に書く。
　　　　/ 材料 500

❷ 素材を直接材料費として消費したときは、仕掛品が増える。仕掛品は資産（ホームポジション左）なので、増えるときは左に書く。
　　仕掛品 500 / 材料 500

直接材料費の仕訳について

　材料とは、素材、原料、買入部品、補助材料、工場消耗品などを購入したときに使う勘定科目です。材料は 資産 の勘定科目です。材料購入時の付随費用（材料副費）については、Chapter 07-02で学習します。

　仕掛品とは、製品を作っている途中のモノのことをいいます。仕掛品は 資産 の勘定科目です。

直接材料費のポイント

　材料は①材料を購入したときに発生します。後日、②材料を消費したときに材料はなくなります。工業簿記においても、簿記3級で学習した総勘定元帳（Ｔ字勘定）を使うと勘定科目の残高がわかりやすいです。

1 材料を購入したときの仕訳

仕訳を見ると材料500が左にあるので、材料勘定の左に500と書きます。この結果、材料の残高は左に500円となりました。

2 直接材料費として消費したときの仕訳

❶素材を消費するというのは、素材を材料倉庫から出して工場に投入することです。仕訳を見ると材料500が右にあるので、材料勘定の右に500と書きます。この結果、材料の残高は0円になりました。

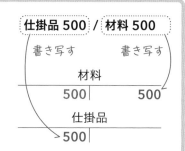

❷素材が工場に投入されたことで仕掛品（製品を作っている途中のモノ）が増えたと考えます。仕訳を見ると仕掛品500が左にあるので、仕掛品勘定の左に500と書きます。

●間接材料費の場合

❸ 材料を購入したときの仕訳

❶ 補助材料を購入したので、材料が増える。材料は資産（ホームポジション左）なので、増えるときは左に書く。

　　材料 100 /

❷ 現金で支払ったので、現金が減る。現金は資産（ホームポジション左）なので、減るときは右に書く。

　　材料 100 / 現金 100

❹ 間接材料費として消費したときの仕訳

❶ 補助材料を消費したので、材料が減る。材料は資産（ホームポジション左）なので、減るときは右に書く。

　　　　　　／ 材料 100

❷ 補助材料を間接材料費として消費したときは、製造間接費が増える。製造間接費は費用（ホームポジション左）なので、増えるときは左に書く。

　　製造間接費 100 / 材料 100

間接材料費の仕訳について

材料とは、素材、原料、買入部品、補助材料、工場消耗品などを購入したときに使う勘定科目です。材料は 資産 の勘定科目です。

製造間接費とは、各製品や工場全体で共通して発生する原価に使う勘定科目です。製造間接費には間接材料費、間接労務費、間接経費が含まれます。製造間接費は 費用 の勘定科目です。

間接材料費のポイント

材料は③材料を購入したときに発生します。後日、④材料を消費したときに材料はなくなります。

③ 材料を購入したときの仕訳

購入時には「直接材料費」「間接材料費」の区別はせず、補助材料についても材料勘定を使って仕訳します。仕訳を見ると**材料100**が左にあるので、材料勘定の左に**100**と書きます。

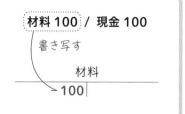

④ 間接材料費として消費したときの仕訳

❶補助材料を消費するというのは、補助材料を材料倉庫から出して工場に投入することです。仕訳を見ると**材料100**が右にあるので、材料勘定の右に**100**と書きます。

❷補助材料が工場に投入された場合、補助材料自体が製品になるわけではな

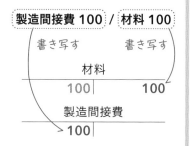

く、製品を作る過程で補助的に使われます。このため、直接材料費と同じ「仕掛品」という勘定科目は使えないのです。いったん製造間接費という勘定科目で仕訳しておき、あとで製品に振り分けます。製造間接費の製品への振り分け方はChapter05で学習します。

材料勘定の記入

　直接材料費と間接材料費の仕訳を学習しましたので、ここでは材料勘定の記入方法について見ていきましょう。

仕訳と材料勘定

　材料勘定は 資産 の勘定科目です。材料の購入により材料が増えた場合、仕訳も材料勘定も左に記入します。また材料の消費により材料が減った場合、仕訳も材料勘定も右に記入します。

工業簿記の材料勘定

　簿記3級で学習した総勘定元帳では、金額の横に相手勘定科目を書くルールでした。例えば前月から200円の材料が繰り越されていて、さらにChapter02-02の①〜④の仕訳を記入した場合、簿記3級で学習したルールでは次のように記入されます。簿記2級商業簿記でも、簿記3級と同様の記入方法です。

	材料		(円)
前月繰越	200	仕掛品	500
現金	500	製造間接費	100
現金	100	次月繰越	200

一方、工業簿記では次のように記入されることが多いです。

| 月初の材料有高を記入する。 | → | 月初有高 200 | 当月消費額 | | ← | 直接材料費の当月消費額を記入する。 |

金額を記入する位置は商業簿記と同じですが、相手勘定科目ではなく取引の内容を記入します。主に使われるのは次のような名称です。

なお、簿記において「〇〇高」「〇〇額」は「〇〇の金額」という意味です。「月初有高」は「月初にある金額」、「当月消費額」は「当月に消費した金額」を表しています。

月初有高 （げっしょありだか）	P.034の前月繰越200は、当月の月初に材料が200あったことを表しているので月初有高と書く。なお月初有高は「月初にいくらあったか」という意味。
当月仕入高 （とうげつしいれだか）	P.034の現金500と現金100は、当月に材料を仕入れた（購入した）ことを表しているので当月仕入高と書く。数回に分けて仕入れをしている場合にも合計して書くことが多い。
当月消費額 （とうげつしょうひがく）	P.034の仕掛品500と製造間接費100は、当月に材料を消費したことを表しているので当月消費額と書く。直接材料費と間接材料費の区別がつくように仕掛品と製造間接費に分けて書くことが多い。
月末有高 （げつまつありだか）	P.034の次月繰越200は、当月の月末に材料が200残っていることを表しているので月末有高と書く。

総勘定元帳を書くさい、簿記3級や簿記2級商業簿記では「前期繰越」「次期繰越」という用語を使うことが多いです。会計期間である1年間を基準とした考え方であり、前期から繰り越されてきた金額が前期繰越、次期へ繰り越す金額が次期繰越です。

一方、工業簿記では「前月繰越」「次月繰越」や「月初有高」「月末有高」のように、月を使った用語が多く登場します。工業簿記では基本的に1か月単位で原価を計算するからです。会計期間1年間の間、12回原価計算を行うことになります。したがって材料勘定では、前月から繰り越されてきた金額

を前月繰越や月初有高と書きます。

材料勘定の記入方法

工業簿記の問題では、仕訳を書かずに資料から材料勘定へ直接記入することもあります。例題を使ってどのように材料勘定を記入するのか、見ていきましょう。

例題 次の資料にもとづいて、各勘定を記入しなさい。

材料費	分類	月初有高	当月仕入高	当月消費額	月末有高
素材	直接材料費	160円	690円	770円	80円
工場消耗品	間接材料費	40円	220円	240円	20円

[答案用紙]

材料		(円)
月初有高	( )	当月消費額
当月仕入高	( )	仕掛品 ( )
		製造間接費 ( )
		月末有高 ( )

仕掛品	(円)
材料 ( )	

製造間接費	(円)
材料 ( )	

解答

材料		(円)
月初有高	(200)	当月消費額
当月仕入高	(910)	仕掛品 (770)
		製造間接費 (240)
		月末有高 (100)

仕掛品	(円)
材料 (770)	

製造間接費	(円)
材料 (240)	

解説

ステップ1 材料勘定の月初有高、当月仕入高、月末有高を記入します。月初有高と当月仕入高と月末有高は、素材（直接材料費）と工場消耗品（間接材料費）の金額を合計する点がポイントです。

月初有高　　<u>160円</u> ＋ <u>40円</u> ＝ 200円
　　　　　　直接材料費　間接材料費

当月仕入高　<u>690円</u> ＋ <u>220円</u> ＝ 910円
　　　　　　直接材料費　間接材料費

月末有高　　<u>80円</u> ＋ <u>20円</u> ＝ 100円
　　　　　　直接材料費　間接材料費

材料		（円）
月初有高　　（200）	当月消費額	
当月仕入高　（910）	仕掛品　　　（　　）	
	製造間接費（　　）	
	月末有高　　（100）	

ステップ2　材料勘定の当月消費額、仕掛品勘定、製造間接費勘定を記入します。

❶素材は直接材料費なので、素材の当月消費額770円を材料勘定の当月消費額「仕掛品」に記入します。また、直接材料費を消費したときは材料を減らし仕掛品を増やす仕訳をするので、仕掛品勘定にも770円を記入します。

❷工場消耗品は間接材料費なので、工場消耗品の当月消費額240円を材料勘定の当月消費「製造間接費」に記入します。また、間接材料費を消費したときは材料を減らし製造間接費を増やす仕訳をするので、製造間接費勘定にも240円を記入します。

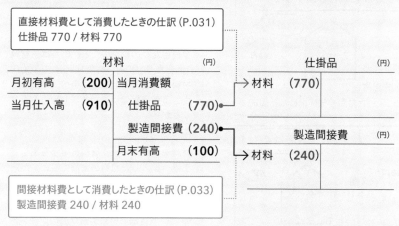

直接材料費として消費したときの仕訳（P.031）
仕掛品 770 / 材料 770

間接材料費として消費したときの仕訳（P.033）
製造間接費 240 / 材料 240

重要度 ★★

材料の消費単価

　素材などの材料を材料倉庫から出し工場で使うことを「材料を消費する」といいます。消費された材料の単価をどのように計算するのか見ていきましょう。

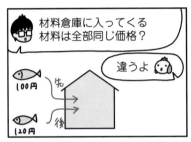

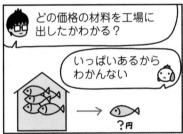

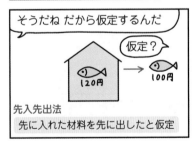

先入先出法
先に入れた材料を先に出したと仮定

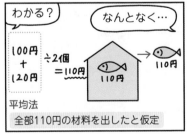

平均法
全部110円の材料を出したと仮定

> ＼　理解のための用語説明　／
>
> ● 単価
> 単位当たりの価格のこと。例えば、材料1個当たり100円、材料1匹当たり100円、材料1kg当たり100円はすべて単価という。工業簿記では単価を@100円と表すことが多い。
>
> ● 材料消費額
> 材料を消費、つまり材料倉庫から出して工場へ投入した材料の金額のこと。簿記では「〇〇額」は「〇〇の金額」という意味。
>
> ● 材料消費額と材料消費単価の関係
> 材料消費額＝材料消費単価×消費数量

先入先出法について

先入先出法とは、先に買った材料から先に使ったと仮定して、消費された材料の単価を計算する方法です。

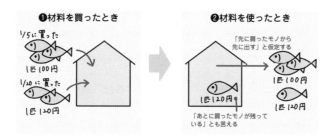

平均法について

平均法とは、消費された材料の単価に平均単価を使う計算方法です。平均法は、先に買った材料とあとから買った材料を区別せず、どの材料も同じ価格と考えます。

$$
平均単価 = \frac{（月初の材料金額 ＋ 当月材料購入金額）}{（月初の材料数量 ＋ 当月材料購入数量）}
$$

平均法には、総平均法と移動平均法の2種類があり、簿記2級では総平均法が出題されます。ここから先、「平均法」といった場合、総平均法を指します。

◎ **総平均法** ……………… 月末に、平均価格を計算する方法。

△ **移動平均法** ………… 買ったつど、平均価格を計算する方法。

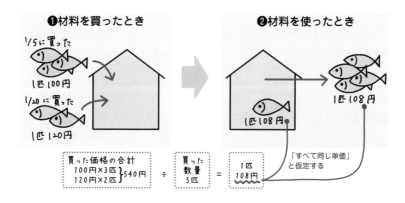

先入先出法のBOX図の書き方

当月の材料消費額や月末の材料金額を求める問題は、Chapter02-03で学習した材料勘定を簡略化したBOX図を書いて計算します。日商簿記の試験では、白紙の下書き用紙が配られますので、この紙に自分でBOX図を書くことになります。

先入先出法のBOX図の書き方について、例題を使って見ていきましょう。

例題　素材を先入先出法で記帳している。素材の当月消費額を計算しなさい。

月初有高	100kg	135,000円
当月仕入高	600kg	600,000円
当月消費額	500kg	?円
月末有高	200kg	?円

解答　535,000円

解説

ステップ1　材料のBOX図の下書きを書きます。

ステップ2　材料のBOX図に問題文の情報を書き込みます。月初、仕入、消費、月末の数量を書き、月初と仕入は金額を書きます。

ステップ3　材料のBOX図の月末有高を計算します。先入先出法の場合、先に入ってきた素材は先に消費したと考えます。月初の素材の在庫は当月にすべて消費し、月末に残っている素材の在庫は当月仕入したものと考えます。

月初在庫量　100kg ⟶ 当月消費量　100kg
当月仕入量　600kg ⟶ 当月消費量　400kg
　　　　　　　　　 ⟶ 月末在庫量　200kg

月末に残っている素材の在庫は当月に仕入したものなので、当月の仕入単価と月末の在庫の材料単価は同じになります。この特徴を利用して素材の月末有高を計算します。@1,000円というのは「1kg当たり1,000円」という単価を表しています。

材料の仕入単価　$\underset{\text{当月仕入高}}{\underline{600,000円}} \div \underset{\text{当月仕入量}}{\underline{600kg}} = $ @1,000円

月末有高　　　　$\underset{\text{仕入単価}}{\underline{@1,000円}} \times \underset{\text{月末在庫量}}{\underline{200kg}} = 200,000円$

下書き

			材料	先入先出法	
135,000円	月初	100kg	消費	500kg	
600,000円	仕入	600kg	月末	200kg	200,000円

ステップ4　素材の当月消費額はBOX図の金額を使って差額で計算します。

月初 + 仕入 − 月末 = 消費

下書き

			材料	先入先出法	
135,000円	月初	100kg	消費	500kg	535,000円
600,000円	仕入	600kg	月末	200kg	200,000円

当月消費額　$\underset{\text{月初有高}}{\underline{135,000円}} + \underset{\text{当月仕入高}}{\underline{600,000円}} - \underset{\text{月末有高}}{\underline{200,000円}} = 535,000円$

平均法のBOX図の書き方

今回は平均法のBOX図の書き方について、例題を使って見ていきましょう。

| 例題 | 素材を平均法で記帳している。素材の当月消費額を計算しなさい。 |

月初有高	100kg	135,000円
当月仕入高	600kg	600,000円
当月消費額	500kg	?円
月末有高	200kg	?円

解答 525,000円

解説

ステップ1 材料のBOX図の下書きを書きます。平均法の場合、合計を書いておきます。

ステップ2 材料のBOX図に問題文の情報を書き込みます。月初、仕入、消費、月末、合計の数量を書き、月初と仕入と合計は金額を書きます。

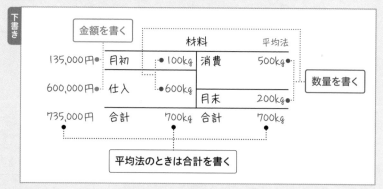

ステップ3 材料のBOX図の月末有高を計算します。平均法の場合、当月消費した素材と月末に残っている素材の材料単価は、どちらも平均単価を使います。

この特徴を利用して素材の月末有高を計算します。

$$平均単価 = \frac{（月初の材料金額＋当月材料仕入金額）}{（月初の材料数量＋当月材料仕入数量）}$$

材料の平均単価　735,000円 ÷ 700kg = @1,050円
　　　　　　　　合計金額　　　合計数量

月末有高　　　　@1,050円 × 200kg = 210,000円
　　　　　　　　平均単価　　月末在庫量

下書き

		材料		平均法	
135,000円	月初	100kg	消費	500kg	
600,000円	仕入	600kg	月末	200kg	210,000円
735,000円	合計	700kg	合計	700kg	

ステップ4　素材の当月消費額はBOX図の金額を使って差額で計算します。

合計－月末＝消費

下書き

		材料		平均法	
135,000円	月初	100kg	消費	500kg	525,000円
600,000円	仕入	600kg	月末	200kg	210,000円
735,000円	合計	700kg	合計	700kg	

当月消費額　735,000円 － 210,000円 = 525,000円
　　　　　　合計金額　　月末有高

当月消費額は「平均単価@1,050円×消費500kg」と計算できるけど、Chapter12でミスしやすくなるので、上の式で計算するのがオススメだよ。

材料の消費数量

　材料倉庫では、材料がどれくらい入ってきたのか、どれくらい出ていったのかを記録します。出ていった材料の数をどのように把握するのか見ていきましょう。

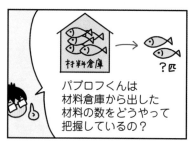

パブロフくんは
材料倉庫から出した
材料の数をどうやって
把握しているの？

えっ
な…なんとなく

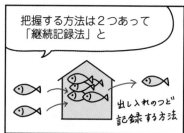

把握する方法は２つあって
「継続記録法」と

出し入れのつど
記録する方法

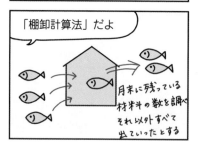

「棚卸計算法」だよ

月末に残っている
材料の数を調べ
それ以外すべて
出ていったとする

理解のための用語説明

◎ 残高
帳簿上または実際に残っている金額のこと。例えば「継続記録法の月末材料残高」は、「帳簿上、月末に残っている材料の金額」という意味。

◎ 記帳
帳簿に記入すること。

◎ 在庫
倉庫や工場に残っているモノのこと。

◎ 月初在庫量
月初に残っているモノの数量。

◎ 実地棚卸
実際に現地で、材料などの棚卸資産の数を数えること。月末や期末に行う。

◎ 実地棚卸数量
実地棚卸で数えた数量のこと。

継続記録法について

　材料を購入したとき、消費したときにそのつど記録して、材料の消費数量を把握する方法を継続記録法といいます。継続記録法は、常に材料の残高がわかります。継続記録法で把握された材料の数量を帳簿棚卸数量、その金額を帳簿棚卸高といいます。

　先入先出法を採用している工場では下のように材料元帳に記帳します。試験では記帳する問題はめったに出題されませんが、理解のために見ておきましょう。

材料を購入したとき、記入する

材 料 元 帳

| X2年 | | 摘　要 | 受　入 | | | 払　出 | | | 残　高 | | |
月	日		数量	単価	金額	数量	単価	金額	数量	単価	金額
4	1	前月繰越	10	10	100				10	10	100
	8	入　庫	100	15	1,500				10	10	100
									100	15	1,500
	12	出　庫				10	10	100			
						60	15	900	40	15	600

ここの数量が消費数量になる　　材料を消費したとき、記入する

棚卸計算法について

　月末に材料倉庫に残っている材料を実際に数えて、計算式で材料の消費数量を把握する方法を棚卸計算法といいます。また、実際に材料倉庫に残っている材料の数量を実地棚卸数量、その金額を実地棚卸高といいます。

消費数量＝月初在庫量＋当月受入量－実地棚卸数量

　工場では材料倉庫の材料が品違いや品質劣化、横領、盗難などによって減っていないかどうか、実際に数えて確かめます。継続記録法は帳簿上の数量、棚卸計算法は実際の数量を把握するものなのです。帳簿棚卸高と実地棚卸高に差がある場合については、次のページで学習します。

重要度 ★

棚卸減耗費
（たなおろしげんもうひ）

「材料元帳の残高（帳簿棚卸高）」と「実際に材料倉庫に残っている残高（実地棚卸高）」の差額を棚卸減耗費といいます。棚卸減耗費は、払出数の記録ミスや材料の盗難により発生します。

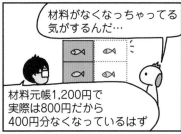

棚卸減耗費が発生したときの仕訳

❶ 帳簿棚卸高は1,200、実地棚卸高は800だったので、帳簿棚卸高を400減らして実地棚卸高に合わせる。材料が減るので、右に書く。

／材料 400

❷ 棚卸減耗費が発生したので、製造間接費が増える。製造間接費は費用（ホームポジション左）なので、増えるときは左に書く。

製造間接費 400 ／ 材料 400

理解のための用語説明

◉ @の意味

単価を表している。1個2,500円の場合、@2,500円や@2,500と書く。

棚卸減耗費について

棚卸減耗費とは、「材料元帳の残高（帳簿棚卸高）」と「実際に材料倉庫に残っている残高（実地棚卸高）」の差額のことをいいます。棚卸減耗費は間接経費で、製造間接費を使って仕訳します。製造間接費は ◀費用 の勘定科目です。

材料元帳

例題　月末における材料の帳簿棚卸数量は6個（@200円）であるが、実地棚卸数量は4個であった。材料の棚卸減耗費を計上する。

解答　製造間接費 400 / 材料 400

解説　❶下書きを書いて、問題文の情報を整理します。

> 下書き
>
> 帳簿棚卸高　6個×@200円＝1,200円
>
> 実地棚卸高　4個×@200円＝800円
>
> 差額400円が棚卸減耗費

❷材料元帳の残高（帳簿棚卸高）は1,200円だったが、実地棚卸高は800円しか残っていませんでした。帳簿棚卸高を400円減らして、実地棚卸高と同じ800円に調整します。材料が減るので、右に書きます。

　　　　　　　 / 材料 400

❸棚卸減耗費は間接経費で、棚卸減耗費が発生したときは製造間接費が増えます。製造間接費は費用（ホームポジション左）なので、増えるときは左に書きます。

　　製造間接費 400 / 材料 400

練習問題 Chapter02 01-06

練習問題の答案用紙は以下のサイトからダウンロードできます。
　https://www.shoeisha.co.jp/book/download/9784798182025
ダウンロードしない場合は、次のように紙に仕訳を書きましょう。
　材料 100,000 / 現金 100,000

問題1　　　　　　　　　　　　　　　　　　　　　　　　　　　P.028

次の当月の材料の消費額にもとづいて、当月の直接材料費と間接材料費の
金額を答えなさい。

①原料費	2,100,000円	④素材費	1,800,000円
②補助材料費	560,000円	⑤工場消耗品費	140,000円
③買入部品費	360,000円		

問題2　　　　　　　　　　　　　　　　　　　　　　　P.030、P.046

(1)〜(4)の取引について仕訳しなさい。ただし、勘定科目は、次の中から
最も適当と思われるものを選びなさい。

仕　掛　品	製　　　品	製造間接費	材　　　料
買　掛　金	未　払　金	材 料 副 費	現　　　金

(1) 当月購入した原料は160kgであり、その代金62,000円は翌月末払い
である。

(2) 当月に、主要材料300,000円と部品120,000円を消費した。

(3) 工場消耗品の実地棚卸を行った結果、当月消費額が7,000円であった。

(4) 当月末において工場の素材の在庫は次のとおりであり、棚卸減耗費を
計上した。

　　　月末帳簿残高　　400個（@1,200円）
　　　実地棚卸数量　　380個

問題3　　　　　　　　　　　　　　　　　　　　　　　　　　　P.034

次の資料にもとづいて、答案用紙の各勘定を記入しなさい。
1. 素材の実際単価　　600円
2. 素材の月初在庫量、当月購入量、当月消費量、月末在庫量

　　　月初在庫量　　　　300個
　　　当月購入量　　　1,500個
　　　当月消費量　　　1,400個

月末在庫量　　　400個
3. 工場消耗品の月初有高、当月仕入高、当月消費額、月末有高

月初有高　　　　80,000円
当月仕入高　　500,000円
当月消費額　　480,000円
月末有高　　　100,000円

［答案用紙］

材料				(円)
月初有高	(	)	当月消費額	
当月仕入高	(	)	仕掛品　　　(	)
			製造間接費　(	)
			月末有高　　(	)

仕掛品			(円)
材料	(	)	

製造間接費			(円)
材料	(	)	

問題4

P.040、P.042

次の資料の素材について、(1)先入先出法で記帳した場合の素材の当月消費
額と月末有高、(2)平均法で記帳した場合の素材の当月消費額と月末有高を
計算せよ。

月初有高	200個	@1,000円
当月仕入高	800個	@1,125円
当月消費額	600個	?円
月末有高	400個	?円

［答案用紙］

(1) 当月消費額 ＿＿＿＿＿＿ 円　　月末有高 ＿＿＿＿＿＿ 円
(2) 当月消費額 ＿＿＿＿＿＿ 円　　月末有高 ＿＿＿＿＿＿ 円

解説・解答

問題1

❶ 直接材料費　①2,100,000円 + ③360,000円 + ④1,800,000円 = 4,260,000円
❷ 間接材料費　②560,000円 + ⑤140,000円 = 700,000円

直接材料費	4,260,000円
間接材料費	700,000円

問題2

(1)

❶ 原料を購入したので、材料が増える。材料は資産（ホームポジション左）なので、増えるときは左に書く。

❷ 代金は翌月末払いなので、買掛金を使う。買掛金は負債（ホームポジション右）なので、増えるときは右に書く。

材　　　料	62,000	買　掛　金	62,000

豆知識

　3級で次のように学習しました。
- 会社の本来の営業取引で、ものを後払いで買った。→買掛金
- 会社の本来の営業取引以外のものを後払いで買った。→未払金

　工場において原料の購入は本来の営業取引です。また「翌月末払い」は後払いということなので、本問では買掛金を使います。

　なお、原料のような直接材料費だけでなく、燃料のような間接材料費を購入した場合も、工場における本来の営業取引に該当し、後払いで購入した場合には買掛金を使います。

---

(2)

❶ 主要材料と部品を消費したので、材料が減る。材料は資産（ホームポジション左）なので、減るときは右に書く。

❷ 主要材料と部品は直接材料費なので、消費したときは仕掛品が増える。仕掛品は資産（ホームポジション左）なので、増えるときは左に書く。

仕　掛　品	420,000	材　　　料	420,000

(3)

❶工場消耗品を消費したので、材料が減る。材料は資産（ホームポジション左）なので、減るときは右に書く。

❷工場消耗品費は間接材料費なので、消費したときは製造間接費が増える。製造間接費は費用（ホームポジション左）なので、増えるときは左に書く。

| 製造間接費 | 7,000 | 材　　料 | 7,000 |

(4)

❶下書きを書いて、問題文の情報を整理する。

帳簿棚卸高　400個×@1,200円＝480,000円

実地棚卸高　380個×@1,200円＝456,000円

差額24,000円が棚卸減耗費

❷材料元帳の残高（帳簿棚卸高）は480,000円だったが、実地棚卸高は456,000円しか残っていなかった。帳簿棚卸高を24,000円減らして、実地棚卸高と同じ456,000円に調整する。材料が減るので、右に書く。

/ 材料 24,000

❸棚卸減耗費は間接経費で、棚卸減耗費が発生したときは製造間接費が増える。製造間接費は費用（ホームポジション左）なので、増えるときは左に書く。

製造間接費 24,000 / 材料 24,000

| 製造間接費 | 24,000 | 材　　料 | 24,000 |

問題3

❶材料勘定の月初有高、当月仕入高、月末有高を記入する。

材料　　　　　　　　　　　　　　　（円）

月初有高	(260,000)	当月消費額		
当月仕入高	(1,400,000)	仕掛品	(	)
		製造間接費	(	)
		月末有高	(340,000)	

月初有高　　@600円×300個 ＋ 80,000円 ＝ 260,000円
　　　　　　　素材　　　　工場消耗品

当月仕入高　@600円×1,500個 ＋ 500,000円 ＝ 1,400,000円
　　　　　　　素材　　　　　工場消耗品

月末有高　　@600円×400個 ＋ 100,000円 ＝ 340,000円
　　　　　　　素材　　　　　工場消耗品

❷材料勘定の当月消費額、仕掛品勘定、製造間接費勘定を記入する。

材料 (円)

月初有高	(260,000)	当月消費額		
当月仕入高	(1,400,000)	仕掛品	(	840,000)
		製造間接費	(	480,000)
		月末有高	(	340,000)

仕掛品 (円)

材料	(840,000)	

製造間接費 (円)

材料	(480,000)	

素材は直接材料費なので、素材の当月消費額840,000円を材料勘定の当月消費額「仕掛品」と仕掛品勘定の「材料」に記入する。

素材の当月消費額　@600円×1,400個＝840,000円
　　　　　　　　　　素材単価　当月消費量

工場消耗品は間接材料費なので、工場消耗品の当月消費額480,000円を材料勘定の当月消費額「製造間接費」と製造間接費勘定の「材料」に記入する。

解答

材料 (円)

月初有高	(260,000)	当月消費額		
当月仕入高	(1,400,000)	仕掛品	(	840,000)
		製造間接費	(	480,000)
		月末有高	(	340,000)

仕掛品 (円)

材料	(840,000)	

製造間接費 (円)

材料	(480,000)	

問題4

（1）

❶ 下書きに先入先出法のBOX図を書き、問題文の情報を書き込む。

月初有高　@1,000円×200個＝200,000円
　　　　　　月初単価　　月初数量

当月仕入高　@1,125円×800個＝900,000円
　　　　　　仕入単価　　仕入数量

❷ 月末有高を計算し、差額で当月消費額を計算する。

先入先出法の場合、先に入ってきた素材は先に消費したと考える。月初の素材の在庫200個は当月にすべて消費し、月末に残っている素材の在庫400個は当月仕入したものと考える。

月初在庫量　200個 ──────→ 当月消費量　200個
当月仕入量　800個 ──────→ 当月消費量　400個
　　　　　　　　　└──────→ 月末在庫量　400個

月末の素材の在庫は当月に仕入したものなので、月末の在庫の材料単価は当月の仕入単価と同じになる。この特徴を利用して月末有高を計算する。

月末有高　@1,125円×400個＝450,000円
　　　　　　仕入単価　　月末数量

当月消費額　200,000円 ＋ 900,000円 － 450,000円 ＝ 650,000円
　　　　　　　月初有高　　当月仕入高　　月末有高

(2)

❶ 下書きに平均法のBOX図を書き、問題文の情報を書き込む。

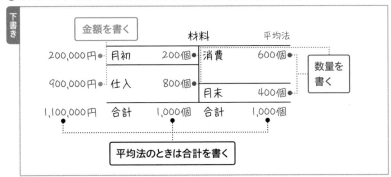

月初有高　　@1,000円×200個＝200,000円
　　　　　　 月初単価　月初数量

当月仕入高　@1,125円×800個＝900,000円
　　　　　　 仕入単価　仕入数量

合計個数　　200個＋800個＝1,000個
　　　　　　 月初数量　仕入数量

合計金額　　200,000円＋900,000円＝1,100,000円
　　　　　　 月初有高　　当月仕入高

❷ 月末有高を計算し、差額で当月消費額を計算する。

		材料	平均法	
200,000円	月初	200個	消費	600個 660,000円
900,000円	仕入	800個		
			月末	400個 440,000円
1,100,000円	合計	1,000個	合計	1,000個

平均法の場合、月末有高は平均単価を使って計算する。

平均単価　　1,100,000円÷1,000個＝@1,100円
　　　　　　 合計金額　　合計数量

月末有高　　@1,100円×400個＝440,000円
　　　　　　 平均単価　月末数量

当月消費額　1,100,000円－440,000円＝660,000円
　　　　　　 合計金額　　月末有高

解答

(1) 当月消費額　650,000円　　月末有高　450,000円
(2) 当月消費額　660,000円　　月末有高　440,000円

Chapter03
労務費

直接労務費と間接労務費

労務費とは、工場で働いている人の賃金や給料のことです。労務費は、直接労務費と間接労務費の2つに分けます。

理解のための用語説明

◎ **工員**
工場で製造に関わる人。

◎ **直接工**
製品の製造に直接関わる人。

◎ **間接工**
製品の製造をサポートする人。

◎ **賃金**
工員に支払われる給与。

◎ **給料**
製造に関わらない事務職員や工場長などに支払う給与。

◎ **賞与**
ボーナスのこと。

◎ **退職給付費用**
退職金に関わる費用。

◎ **法定福利費**
会社が負担する健康保険料、厚生年金保険料など。

直接労務費とは

直接労務費とは、特定の製品を作るために必要な労務費のことをいいます。

直接工とは製品の製造に関わる人のことで、直接工が工場で働く時間には、直接作業時間、間接作業時間、手待時間（故障した機械が動くのを待つ時間）などがあります。

直接作業時間とは、製品を作っている時間のことで、段取時間と加工時間が含まれます。間接作業時間とは、工場の掃除など製品を作る以外の作業をする時間のことです。手待時間とは、事故などで材料が届かない時間や、故障で機械が動かない時間のことです。

このうち、直接労務費となるのは直接作業時間から発生する賃金のみです。

間接労務費とは

間接労務費とは、各製品に共通して必要な労務費のことをいいます。間接労務費には、直接工の間接作業時間から発生する賃金や間接工の賃金、工場の事務員の給料など、工場で発生するさまざまな賃金や給料が含まれます。間接工とは、製品の製造には直接関わりませんが、製品の製造をサポートする人のことです。

直接労務費	● 直接工の直接作業時間から発生する賃金
間接労務費	● 直接工の間接作業時間から発生する賃金 ● 直接工の手待時間から発生する賃金 ● 間接工賃金 ● 工場の事務員の給料 ● 工場長の給料 ● 工場で働くアルバイトの給料 ● 工場で働く従業員の賞与・手当 ● 工場で働く従業員の退職給付費用 ● 工場で働く従業員の法定福利費

直接労務費と間接労務費(仕訳)

賃金を支払った場合や賃金を直接労務費と間接労務費として使った場合、どのように仕訳をするのか見ていきましょう。

労務費の仕訳のポイント

労務費の仕訳は材料費より複雑です。原価計算期間は通常1か月なので、本来であれば4月1日〜4月30日の賃金600円を4月30日に支払えば、「支払った金額」と「費用である賃金の金額」が一致してわかりやすいです。

しかし、実際には支払う賃金の金額を計算するのに数日かかるため4月1日〜4月30日の賃金を、当日である4月30日に支払うのは不可能です。

そこで下の図のように、3月21日〜4月20日分の賃金620円を4月25日に支払い、別に集計した4月1日〜4月30日の賃金600円を費用として原価計算するといった工場が多いです。

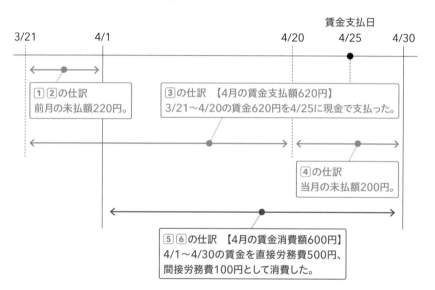

「このような工場では4月の賃金支払額620円と4月の賃金消費額600円にズレが出てしまうので、簿記3級で学習した経過勘定の一種である未払費用(未払賃金)の仕訳を書く必要があります。

労務費の仕訳について

　賃金とは、工場の工員や製造に関わらない事務職員、工場長などに給与を支払うときに使う勘定科目です。賃金は 費用 の勘定科目です。

　左ページの金額を使って、労務費の仕訳を書くと次の1〜6の仕訳になります。1〜4は簿記3級の未払費用で学習した内容です。

資産		負債
現金		未払賃金
仕掛品		純資産

費用		収益
賃金		
製造間接費		

1 前月末の決算整理仕訳（3月31日）

賃金 220 ／ 未払賃金 220

前月末に賃金の未払いが220円あるため、未払費用（未払賃金）の仕訳を書きます。この仕訳は前月末に書くので、当月の仕訳ではありません。

2 月初の再振替仕訳（4月1日）

前月末に未払費用（未払賃金）の仕訳を書いた場合、月初に再振替仕訳（1の逆仕訳）を書きます。仕訳を見ると**賃金220**が右にあるので、賃金勘定の右に220と書きます。

未払賃金 220 ／ 賃金 220

書き写す

賃金

　　　　　　220

3 賃金を支払ったときの仕訳（4月25日）

賃金を支払ったので、賃金が増えます。賃金は費用（ホームポジション左）なので、増えるときは左に書きます。現金が減ったので、現金を右に書きます。仕訳を見ると**賃金620**が左にあるので、賃金勘定の左に**620**と書きます。

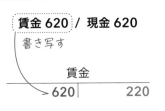

賃金 620 ／ 現金 620

書き写す

賃金

620 ｜ 220

❹ 月末の決算整理仕訳（4月30日）

月末に賃金の未払いが200円あるため、未払費用（未払賃金）の仕訳を書きます。仕訳を見ると**賃金200**が左にあるので、賃金勘定の左に**200**と書きます。

賃金200 / **未払賃金200**

書き写す

賃金	
620	220
200	

❺ 直接労務費として消費したときの仕訳（4月30日）

4月1日〜4月30日に消費した賃金のうち、特定の製品を作るために必要な金額が直接労務費です。賃金を消費するというのは、労働力を工場に投入することです。賃金が減るので右に書き、

仕掛品が増えるので左に書きます。どうして一度発生した費用（賃金）を減らすのか、イメージが付きにくいかと思います。材料を直接材料費として消費したときの仕訳と同じように、❺の仕訳を書くことで直接労務費の金額を「仕掛品」という勘定科目へ集計しているのです。

仕掛品500 / **賃金500**

書き写す

賃金	
620	220
200	500

❻ 間接労務費として消費したときの仕訳（4月30日）

4月1日〜4月30日に消費した賃金のうち、各製品に共通して必要な金額が間接労務費です。賃金が減るので右に書き、製造間接費が増えるので左に書きます。

間接労務費が工場に投入された場合、製品を作る過程で補助的な労働力として使われるため仕掛品では仕訳できません。そこで、いったん製造間接費という勘定科目で仕訳しておき、あとで補助的な労働力を使った分だけ製品に振り分けます。製造間接費をどのように製品へ振り分けるかはChapter05で詳しく学習します。

製造間接費100 / **賃金100**

書き写す

賃金	
620	220
200	500
	100

重要度 ★★★

賃金勘定の記入

　直接労務費と間接労務費の仕訳を学習しましたので、ここでは賃金勘定の記入方法について見ていきましょう。

仕訳と賃金勘定

　賃金勘定は 費用 の勘定科目です。仕訳で賃金が左にあれば賃金勘定の左側に書き、仕訳で賃金が右にあれば賃金勘定の右側に書きます。金額の横には相手勘定科目を書きます。

　当月の仕訳：Chapter03-02の ② ～ ⑥

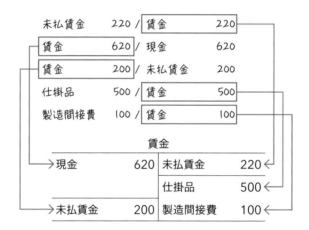

工業簿記の賃金勘定

　簿記3級や簿記2級商業簿記では上のように賃金勘定を書きますが、工業簿記ではP.062のように記入されることが多いです。

　P.034材料勘定の記入と同じで、相手勘定科目ではなく取引の内容を記入します。

金額を記入する位置は商業簿記と同じですが、相手勘定科目ではなく取引の内容を記入します。主に使われるのは次のような名称です。

ぜんげつみばらい 前月未払	P.061の未払賃金220は、前月に賃金の未払いが220あったことを表しているので前月未払と書く。
とうげつしはらいがく 当月支払額	P.061の現金620は、当月に賃金を支払ったことを表しているので当月支払額と書く。
とうげつしょうひがく 当月消費額	P.061の仕掛品500と製造間接費100は、当月に賃金を消費したことを表しているので当月消費額と書く。直接労務費と間接労務費の区別がつくように仕掛品と製造間接費に分けて書くことが多い。
とうげつみばらい 当月未払	P.061の未払賃金200は、当月に賃金の未払いが200あったことを表しているので当月未払と書く。

工業簿記の問題では仕訳を書かずに、資料から賃金勘定へ直接記入することもありますが、慣れるまでは例題の解説のように仕訳を書いて賃金勘定に記入してもよいです。

例題 次の(1)～(4)の取引について、賃金勘定に記入しなさい。
(1) 4月1日に前月未払額220円を未払賃金から賃金へ振り替えた。
(2) 4月25日に賃金620円（3月21日から4月20日分）を現金で支払った。
(3) 4月末に当月未払額200円を賃金から未払賃金へ振り替えた。
(4) 4月1日から30日までの直接工の直接作業時間は10時間、間接作業時間は2時間であり、直接工の実際賃率@50円であった。

[答案用紙]

	賃金		（単位：円）
当 月 支 払 額 （　　　　　）	前 月 未 払 賃 金 （　　　　　）		
当 月 未 払 賃 金 （　　　　　）	当 月 消 費 額		
	仕 掛 品 （　　　　　）		
	製 造 間 接 費 （　　　　　）		
（　　　　　）	（　　　　　）		

· ·

解答

	賃金		（単位：円）
当 月 支 払 額 （　620）	前 月 未 払 賃 金 （　220）		
当 月 未 払 賃 金 （　200）	当 月 消 費 額		
	仕 掛 品 （　500）		
	製 造 間 接 費 （　100）		
（　820）	（　820）		

解説

（1）から（4）の仕訳を書き、賃金勘定に記入します。未払賃金は経過勘定なので、月初の再振替仕訳と月末の決算整理仕訳を行う点に注意が必要です。

（1）月初の再振替仕訳を書きます。

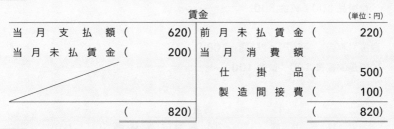

未払賃金 220 / 賃金 220

書き写す

	賃金	（円）
当 月 支 払 額 （　　　　）	前 月 未 払 賃 金 （　220）	
当 月 未 払 賃 金 （　　　　）	当 月 消 費 額	

（2）賃金を支払ったので、賃金が増えます。左に賃金を書きます。現金で支払ったので、現金が減ります。右に現金を書きます。

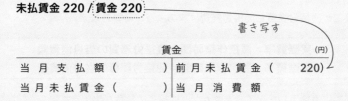

賃金 620 / 現金 620

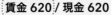

書き写す

	賃金	（円）
当 月 支 払 額 （　620）	前 月 未 払 賃 金 （　220）	
当 月 未 払 賃 金 （　　　　）	当 月 消 費 額	

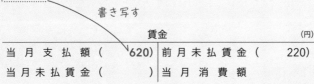

(3) 月末の未払賃金の決算整理仕訳を書きます。

賃金 200 / **未払賃金 200**

書き写す

賃金		(円)
当 月 支 払 額 （ 620)	前 月 未 払 賃 金 （ 220)	
当 月 未 払 賃 金 （ 200)	当 月 消 費 額	

(4) 賃金を直接労務費と間接労務費として消費したときの仕訳を書きます。

直接労務費　@50円×10時間＝500円

仕掛品 500 / **賃金 500**

書き写す

間接労務費　@50円×2時間＝100円

製造間接費 100 / **賃金 100**

書き写す

賃金		(円)
当 月 支 払 額 （ 620)	前 月 未 払 賃 金 （ 220)	
当 月 未 払 賃 金 （ 200)	当 月 消 費 額	
	仕 掛 品 （ 500)	
	製 造 間 接 費 （ 100)	

直接工の直接労務費と間接労務費は次のように計算します。

実際賃率×直接作業時間＝直接労務費の当月消費額
実際賃率×間接作業時間＝間接労務費の当月消費額

本問では直接工しか出てきませんが、間接工の賃金が出てきた場合、間接工の
当月消費額はすべて間接労務費となります。

練習問題 **Chapter03 01-03**

動画解説

問題1 P.056

次の当月の賃金の消費額にもとづいて、当月の直接労務費と間接労務費の
金額を答えなさい。

①工場の事務員の給料　　　420,000円　④間接工賃金　　720,000円
②直接工賃金の直接作業分　1,400,000円　⑤工場長の給料　400,000円
③直接工賃金の間接作業分　680,000円

問題2 P.058

(1)～(4)の取引について仕訳しなさい。ただし、勘定科目は、次の中から
最も適当と思われるものを選びなさい。

| 仕　掛　品 | 製　　　品 | 製造間接費 | 賃　　　金 |
| 未 払 賃 金 | 売　掛　金 | 未　払　金 | 現　　　金 |

(1) 前月の直接工の賃金未払額310,000円を未払賃金勘定から賃金勘定に
振り替える。

(2) 当月の直接工の賃金支給額930,000円を現金で支払った。

(3) 当月の直接工による労務費の消費高を計上する。直接工の当月の実際
直接作業時は800時間、実際間接作業時間は100時間であった。当工
場において適用する直接工の実際賃率は@1,200円である。

(4) 当月の直接工の賃金未払額460,000円を計上した。

問題3 P.061

問題2の取引について、賃金勘定を記入しなさい。

[答案用紙]

	賃金		(円)
当 月 支 払 額 (　　　)	前 月 未 払 賃 金 (　　　)
当 月 未 払 賃 金 (　　　)	当 月 消 費 額	
	仕 　掛 　品 (　　　)
	製 造 間 接 費 (　　　)
(　　　)	(　　　)

問題4　　　　　　　　　　　　　　　　　　　　　　　　P.058

次の取引について仕訳しなさい。ただし、勘定科目は、次の中から最も適当と思われるものを選びなさい。

仕 掛 品	製　　品	製造間接費	賃　　金
未 払 賃 金	売 掛 金	未 払 金	現　　金

当月の間接工による労務費の消費額を計上する。間接工について、前月賃金未払額140,000円、当月賃金支払額900,000円、当月賃金未払額180,000円であった。

問題5　　　　　　　　　　　　　　　　　　　　　　　　P.061

問題4の取引について、賃金勘定を記入しなさい。

[答案用紙]

問題6　　　　　　　　　　　　　　　　　　　　　　　　P.061

工場全体の賃金勘定を作成するため、問題2と問題4の取引について、賃金勘定を記入しなさい。

[答案用紙]

解説・解答

問題1

❶ 直接労務費　②1,400,000円
❷ 間接労務費　①420,000円＋③680,000円＋④720,000円＋⑤400,000円
　　　　　　　＝2,220,000円

直接労務費	1,400,000円
間接労務費	2,220,000円

問題2

(1)

❶ 再振替仕訳を書く。振り替えるとは、ある勘定科目を減らして別の勘定科目を
　増やすことをいう。前月末に計上した未払賃金を減らす。未払賃金は負債（ホ
　ームポジション右）なので、減るときは左に書く。
❷ 賃金を右に書く。

未 払 賃 金	310,000	賃　　　金	310,000

(2)

❶ 賃金を支払ったので、賃金が増える。賃金は費用（ホームポジション左）なの
　で、増えるときは左に書く。
❷ 現金を支払ったので、現金が減る。現金は資産（ホームポジション左）なので、
　減るときは右に書く。

賃　　　金	930,000	現　　　金	930,000

(3)

❶ 直接工の直接作業時間から発生する賃金は直接労務費なので、消費したときは
　仕掛品が増える。仕掛品は資産（ホームポジション左）なので、増えるときは
　左に書く。
　　@1,200円×800時間＝960,000円
　　仕掛品 960,000 /
❷ 直接工の間接作業時間から発生する賃金は間接労務費なので、消費したときは
　製造間接費が増える。製造間接費は費用（ホームポジション左）なので、増え
　るときは左に書く。
　　@1,200円×100時間＝120,000円
　　仕掛品　　960,000 /
　　製造間接費 120,000 /

❸賃金を消費したので、賃金が減る。賃金は費用（ホームポジション左）なので、減るときは右に書く。

    仕掛品   960,000 **|賃金 1,080,000**
    製造間接費 120,000 /

仕 掛 品	960,000	賃 　 金	1,080,000
製造間接費	120,000		

（4）

❶月末に賃金の未払いがあり、期中に何も仕訳をしていないので、決算整理仕訳を書く。未払いの賃金を計上するので、賃金が増える。賃金は費用（ホームポジション左）なので、増えるときは左に書く。

❷賃金が未払いなので、未払賃金を使う。未払賃金は負債（ホームポジション右）なので、増えるときは右に書く。

賃 　 金	460,000	未 払 賃 金	460,000

問題3

問題2(1)～(4)の仕訳から賃金勘定を記入する。

❶前月未払賃金は（1）の仕訳で書いた賃金の金額310,000を記入する。

❷当月支払額は（2）の仕訳で書いた賃金の金額930,000を記入する。

❸当月消費額は仕掛品と製造間接費に金額の内訳が分かれているため、（3）の仕訳で書いた賃金の金額1,080,000を記入するのではなく、仕掛品に振り替えた賃金960,000と製造間接費に振り替えた賃金120,000を分けて記入する。

❹当月未払賃金は（4）の仕訳で書いた賃金の金額460,000を記入する。

解答

	賃金		（円）
当 月 支 払 額 （ 930,000）	前 月 未 払 賃 金 （ 310,000）
当 月 未 払 賃 金 （ 460,000）	当 月 消 費 額
	仕 掛 品 （ 960,000）
	製 造 間 接 費 （ 120,000）
（ 1,390,000）	（ 1,390,000）

問題4

間接工による労務費の消費額を推定する問題。下書きで状況を整理してから、当月の労務費の消費額を計算しよう。

❶問題文を読み、下書きを書く。

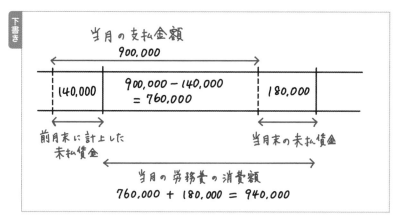

❷下書きから当月の労務費の消費額を計算する。

当月の労務費の消費額　900,000円 − 140,000円 + 180,000円 = 940,000円

　　　　　　　　　　　　　当月支払　　前月未払　　当月未払

❸間接工賃金は間接労務費なので、消費したときは製造間接費が増える。製造間
接費は費用（ホームポジション左）なので、増えるときは左に書く。

　　製造間接費 940,000 /

❹賃金を消費したので、賃金が減る。賃金は費用（ホームポジション左）なので、
減るときは右に書く。

　　製造間接費 940,000 / 賃金 940,000

| 製造間接費 | 940,000 | 賃　　金 | 940,000 |

問題5

問題4の問題文の情報と仕訳から賃金勘定を記入する。

解答

賃金			(円)
当 月 支 払 額 (900,000)	前 月 未 払 賃 金 (140,000)
当 月 未 払 賃 金 (180,000)	当 月 消 費 額
	製 造 間 接 費 (940,000)
(1,080,000)	(1,080,000)

問題6

工場の賃金勘定は直接工と間接工の両方が含まれる。問題文に直接工と間接工の
賃金が出てきた場合、賃金勘定を記入するさいには、直接工と間接工の両方の金
額を合算して記入する点に注意しよう。

前月未払賃金　310,000円 + 140,000円 = 450,000円

　　　　　　　　直接工　　　間接工

当月支払額　　930,000円 ＋ 900,000円 ＝ 1,830,000円
　　　　　　　　直接工　　　　間接工

当月未払賃金　460,000円 ＋ 180,000円 ＝ 640,000円
　　　　　　　　直接工　　　　間接工

当月消費額
　仕掛品　　　960,000円
　　　　　　直接工の直接作業

　製造間接費　120,000円 ＋ 940,000円 ＝ 1,060,000円
　　　　　　直接工の間接作業　間接工

解答

賃金			(円)
当 月 支 払 額 （ 1,830,000）	前 月 未 払 賃 金 （		450,000）
当 月 未 払 賃 金 （ 640,000）	当 月 消 費 額		
	仕 　 掛 　 品 （		960,000）
	製 造 間 接 費 （		1,060,000）
（ 2,470,000）	（		2,470,000）

豆知識　製造直接費と製造間接費の分け方

	製造直接費	製造間接費
材料費	■主要材料費（素材費・原料費） 　ドッグフードの原料となる魚 　自動車工場の鋼板 ■買入部品費 　製品の箱 　自動車工場のタイヤ	■補助材料費 　燃料、塗料 　修繕のための材料 　補修用材料 ■工場消耗品費 　軍手、電球、やすり ■消耗工具器具備品費 　ハンマー、のこぎり
労務費	■直接工賃金 　直接作業時間	■直接工賃金 　間接作業時間 　手待時間 ■間接工賃金 ■工場の事務員、工場長などの給料
経費	■外注加工費 　外部の会社に加工を依頼したとき 　の加工費 ■特許権使用料 　他の会社の特許を使用したときの 　使用料	■減価償却費 ■水道光熱費 ■棚卸減耗費 　直接材料費から出た棚卸減耗費でも 　「間接経費」になるので注意

●覚え方のコツ　製造直接費は 5 つだけ。残りはすべて製造間接費になる。

Chapter04
経費

重要度 ★★

直接経費と間接経費

　材料費、労務費以外の製造原価は、すべて経費になります。経費にはいろいろな費用が含まれるので、ポイントを押さえて整理しましょう。

経費って何？
よくわからないんだ

水道光熱費や修繕費、
ほかの会社に製造の一部を
外注したときの加工費
などを経費というよ

ペラ
ペラ

モット
ワカラナク
ナッタヨー

とにかく材料費と労務費
以外全部だよ

なーんだ
そういうこと！

理解のための用語説明

● 修繕費
建物や機械の修理にかかった費用。

● 棚卸減耗費
材料元帳の残高と実際に材料倉庫に残っている残高（実地棚卸高）の差額を棚卸減耗費という。払出数の記帳ミスや材料の盗難により発生する。

直接経費とは

　直接経費とは、特定の製品を作るために必要な経費のことをいいます。経費には、材料費や労務費以外のさまざまな製造原価が含まれますが、直接経費となるのは外注加工費と特許権使用料の2つだけです。

　<ruby>外注加工費<rt>がいちゅうかこうひ</rt></ruby>とは、外部の会社に加工を依頼したときの加工費のことです。
<ruby>特許権使用料<rt>とっきょけんしようりょう</rt></ruby>とは、他の会社の特許を使用したときの使用料のことです。

外注加工費　　　　　　　　　特許権使用料

間接経費とは

　間接経費とは、各製品に共通して必要な経費のことをいいます。間接経費には、素材や補助材料から発生した棚卸減耗費が含まれます。Chapter02-06で学習したように棚卸減耗費は材料から発生しますが、間接材料費ではなく間接経費となる点に注意しましょう。

直接経費	●特定の製品製造のための外注加工費 ●特定の製品製造のための特許権使用料
間接経費	●工場建物の減価償却費・賃借料 ●製造機械の減価償却費 ●工場の水道光熱費 ●工場の火災保険料 ●製造ラインの修繕費・修繕引当金繰入額 ●工場付設の食堂の費用 ●素材から発生した棚卸減耗費 ●補助材料から発生した棚卸減耗費

重要度 ★★★

直接経費と間接経費（仕訳）

　材料費と労務費以外の製造原価は、すべて経費になると学びました。経費はどのように仕訳をするのか見ていきましょう。

●直接経費の場合

1 外注加工費を支払ったときの仕訳

❶ 外注加工費を支払ったので、外注加工費が増える。外注加工費は費用（ホームポジション左）なので、増えるときは左に書く。

外注加工費 300 /

❷ 現金で支払ったので、現金が減る。現金は資産（ホームポジション左）なので、減るときは右に書く。

外注加工費 300 / 現金 300

2 直接経費として消費したときの仕訳

❶ 外注加工費を消費したので、外注加工費が減る。右に書く。

/ 外注加工費 300

❷ 外注加工費を直接経費として消費したときは、仕掛品が増える。仕掛品は資産（ホームポジション左）なので、増えるときは左に書く。

仕掛品 300 / 外注加工費 300

直接経費の仕訳について

外注加工費とは、特定の製品製造のための外注加工費を支払ったときに使う勘定科目です。外注加工費は 費用 の勘定科目です。

外注加工費は①外注加工費を支払ったときに発生します。後日、②外注加工費を消費したときになくなります。

1 外注加工費を支払ったときの仕訳

外注加工費を支払ったので、工場の費用である外注加工費が発生します。仕訳を見ると**外注加工費300**が左にあるので、外注加工費勘定の左に**300**と書きます。

外注加工費 300 / 現金 300

書き写す

外注加工費
> 300 |

2 直接経費として消費したときの仕訳

❶外注加工費を消費するというのは、外注加工の技術や外注加工されたモノを工場に投入することです。仕訳を見ると**外注加工費300**が右にあるので、外注加工費勘定の右に**300**と書きます。
❷外注加工費が工場に投入されたことで仕掛品（製品を作っている途中のモ

仕掛品 300 / 外注加工費 300

書き写す　　書き写す

外注加工費
300 |　　　300

仕掛品
> 300 |

ノ）が増えたと考えます。仕訳を見ると**仕掛品300**が左にあるので、仕掛品勘定の左に**300**と書きます。

②の仕訳で、どうして一度発生した費用（外注加工費）を減らすのか、イメージが付きにくいかと思います。材料を直接材料費として消費したときの仕訳と同じように、②の仕訳を書くことで直接経費の金額を「仕掛品」という勘定科目へ集計しているのです。

●間接経費の場合

工場の火災保険料
1,000円です

3 保険料を支払ったときの仕訳

❶ 保険料を支払ったので、**保険料が増える**。保険料は費用（ホームポジション左）なので、増えるときは左に書く。
　保険料 1,000 /

❷ **現金が減った**ので、右に書く。
　保険料 1,000 / **現金 1,000**

はい1,000円

工場に火災保険が
かかってるから

工場

4 間接経費として消費したときの仕訳

❶ 保険料を消費したので、**保険料が減る**。保険料は費用（ホームポジション左）なので、減るときは右に書く。
　/ 保険料 1,000

❷ 保険料を間接経費として消費したときは、**製造間接費が増える**。製造間接費は費用（ホームポジション左）なので、増えるときは左に書く。
　製造間接費 1,000 / 保険料 1,000

安心して製品を作れる

間接経費の仕訳について

保険料とは、工場の火災保険料などを支払ったときに使う勘定科目です。保険料は **費用** の勘定科目です。

保険料は ③ 保険料を支払ったときに発生します。後日、④ 保険料を消費したときになくなります。

③ 保険料を支払ったときの仕訳

保険料を支払ったので、工場の費用である保険料が発生します。仕訳を見ると**保険料1,000**が左にあるので、保険料勘定の左に**1,000**と書きます。

> 保険料 1,000 / 現金 1,000

書き写す
保険料
1,000 |

④ 間接経費として消費したときの仕訳

❶ 保険料を消費するというのは、火災保険のかかっている工場で作業するということです。仕訳を見ると**保険料1,000**が右にあるので、保険料勘定の右に**1,000**と書きます。
❷ 保険料が消費された場合、保険料自体が製品になるわけではなく、製品を作る過程で補助的に使われるた

め「仕掛品」という勘定科目は使えないのです。いったん製造間接費という勘定科目で仕訳しておき、あとで製品に振り分けます。製造間接費の製品への振り分け方はChapter05で学習します。

経費の計算方法

経費の消費額には4つの計算方法があります。4つの計算方法を暗記する必要はなく、「工場へ投入＝消費した金額を消費額として原価計算に使用する」という基本的な考え方を理解していれば、どのような経費にも対応できます。

①支払経費	当月の支払額を消費額とする経費のこと。 ● 外注加工費 ● 特許権使用料 ● 修繕費・修繕引当金繰入額 ● 工場付設の食堂の費用
②月割経費	一定期間（1年間、6か月）でまとまって発生する経費のこと。原価計算期間は1か月なので、1か月分の金額が月割経費になる。 ● 工場建物の減価償却費・賃借料 ● 製造機械の減価償却費 ● 火災保険などの保険料
③測定経費	メーターなどで測定した消費量を使って、当月に消費した金額を計算する経費のこと。支払った金額ではなく、実際に消費した量で計算する点に注意。 ● 水道光熱費
④発生経費	当月の発生額を消費額とする経費のこと。 ● 棚卸減耗費

仕訳と経費の勘定記入

基本的な書き方は簿記3級で学習した総勘定元帳と同じですが、相手勘定科目ではなく取引の内容を記入します。どのように記入するのかについては、例題を使って見ていきましょう。

例題　次の(1)から(4)にもとづいて、各勘定を記入しなさい。
(1) 製品Aを製造するための外注加工費300円を現金で支払った。
(2) 工場建物の減価償却費の年間発生見積額は18,000円であり、当月の月割額を計上した。
(3) 当月10日に前月分の電気代1,000円を現金で支払った。当月末にメーターで測定された電気代は900円であったので、当月の経費に計上した。
(4) 棚卸減耗費2,000円を当月の経費に計上した。

[答案用紙]

外注加工費			(円)
当月支払高 ( )	仕掛品	( )	

仕掛品		(円)
外注加工費 ( )		

減価償却費		(円)
減価償却累計額 ( )	製造間接費 ( )	

製造間接費		(円)
減価償却費 ( )		
水道光熱費 ( )		
材料 ( )		

水道光熱費			(円)
当月支払高 ( )	月初未払	1,000	
月末未払 900	製造間接費 ( )		

材料			(円)
月初有高 5,000	当月消費額		
当月仕入高 82,000	仕掛品	81,000	
	製造間接費 ( )		
	月末有高	4,000	

· ·

解答

外注加工費			(円)
当月支払高 (300)	仕掛品	(300)	

仕掛品		(円)
外注加工費 (300)		

減価償却費		(円)
減価償却累計額 (1,500)	製造間接費 (1,500)	

製造間接費		(円)
減価償却費 (1,500)		
水道光熱費 (900)		
材料 (2,000)		

水道光熱費			(円)
当月支払高 (1,000)	月初未払	1,000	
月末未払 900	製造間接費 (900)		

材料			(円)
月初有高 5,000	当月消費額		
当月仕入高 82,000	仕掛品	81,000	
	製造間接費 (2,000)		
	月末有高	4,000	

ステップ1 (1)から(4)の取引について仕訳を書きます。

(1) 外注加工費 300 / 現金 300

　　仕掛品 　　300 / 外注加工費 300

(2) 当月の減価償却費　18,000円÷12か月＝1,500円

　　減価償却費 1,500 / 減価償却累計額 1,500

　　製造間接費 1,500 / 減価償却費 　　1,500

(3) 10日　水道光熱費 　　1,000 / 現金 　　1,000

　　31日　製造間接費 　　　900 / 水道光熱費 900

(4) 製造間接費 2,000 / 材料 2,000

棚卸減耗費は材料から発生するので、材料勘定から製造間接費勘定へ振り替えます。次のように棚卸減耗費という勘定科目を使った仕訳をすることも稀にありますが、その場合には答案用紙の製造間接費勘定に「材料」ではなく「棚卸減耗費」と印字されるはずです。

棚卸減耗費 2,000 / 材料 　　2,000

製造間接費 2,000 / 棚卸減耗費 2,000

ステップ2　仕訳を見て、答案用紙の各勘定を記入します。

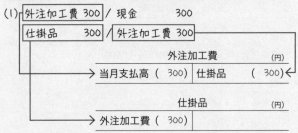

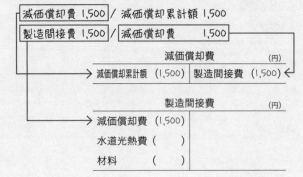

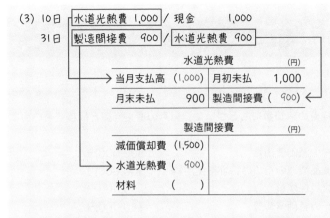

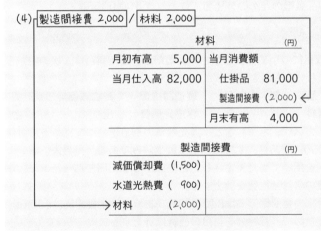

豆知識　**使用できる勘定科目に制限がある場合**

　問題によっては、使用できる勘定科目に「外注加工費」や「減価償却費」がない場合があります。この場合、①と②を合算して仕訳を書くことになります。

直接経費	間接経費
使用できる勘定科目に「外注加工費」がある場合 **①外注加工費 300 / 現金　　　300** **②仕掛品　　 300 / 外注加工費 300**	使用できる勘定科目に「減価償却費」がある場合 **①減価償却費 900 / 建物減価償却累計額 900** **②製造間接費 900 / 減価償却費　　　　 900**
使用できる勘定科目に「外注加工費」がない場合 **仕掛品 300 / 現金 300**	使用できる勘定科目に「減価償却費」がない場合 **製造間接費 900 / 建物減価償却累計額 900**

練習問題 Chapter04 01-02

問題1 P.072

次の当月の経費の消費額にもとづいて、当月の直接経費と間接経費の金額を答えなさい。

①工場建物の減価償却費	800,000円
②特定の製品製造のための特許権使用料	300,000円
③工場の火災保険料	50,000円
④製造機械の減価償却費	740,000円
⑤特定の製品製造のための外注加工費	1,100,000円

問題2 P.074、P.081

(1)～(4)の取引について仕訳しなさい。ただし、勘定科目は、次の中から最も適当と思われるものを選びなさい。

仕 掛 品　　製 　　品　　製造間接費　　建物減価償却累計額
特許権使用料　　材　　　料　　水道光熱費　　現　　　　金

(1) 電気代、ガス代、水道料など水道光熱費の当月現金にて支払った金額は260,000円であり、すでに仕訳は計上済みである。当月末においてメーターを用いて当月測定された金額は245,000円であったので、水道光熱費の当月分経費を計上する。

(2) 材料の月末の帳簿棚卸高は840,000円であり、実地棚卸高は800,000円であったので、減耗分を当月の経費に計上する。

(3) 製品Xを製造するため、外部の塗装業者に外注加工を依頼した。同日に塗装の加工が完了し、外注加工費370,000円を現金で支払った。

(4) 工場の建物の減価償却費の年間発生見積額は5,604,000円であるので、当月分経費を計上する。

解説・解答

問題1

❶直接経費　②300,000円＋⑤1,100,000円＝1,400,000円
❷間接経費　①800,000円＋③50,000円＋④740,000円＝1,590,000円

 直接経費　　1,400,000円
間接経費　　1,590,000円

問題2

(1)

測定経費の問題。現金で支払った260,000円についてはすでに仕訳は計上済みなので、本問は水道光熱費を間接経費として消費した仕訳を解答する。

❶水道光熱費を消費したので、**水道光熱費**が減る。水道光熱費は費用（ホームポジション左）なので、減るときは右に書く。

　　　　　　　　　／ 水道光熱費 245,000

❷水道光熱費を間接経費として消費したときは、**製造間接費**が増える。製造間接費は費用（ホームポジション左）なので、増えるときは左に書く。

　製造間接費 245,000 ／ 水道光熱費 245,000

製造間接費	245,000	水道光熱費	245,000

(2)

発生経費の問題。棚卸減耗費を間接経費として消費した仕訳を解答する。

❶下書きを書いて、問題文の情報を整理する。

帳簿棚卸高　840,000円
　　　　　　　　　　　差額40,000円が棚卸減耗費
実地棚卸高　800,000円

❷帳簿棚卸高840,000円だったが、実地棚卸高は800,000円しか残っていなかった。帳簿棚卸高を40,000円減らして、実地棚卸高と同じ800,000円に調整する。材料が減るので、右に書く。

　　　　　　　　　／ 材料 40,000

❸棚卸減耗費は間接経費で、棚卸減耗費が発生したときは製造間接費が増える。製造間接費は費用（ホームポジション左）なので、増えるときは左に書く。

　製造間接費 40,000 ／ 材料 40,000

製造間接費	40,000	材　　料	40,000

(3)

支払経費の問題。本問では勘定科目の選択肢に「外注加工費」がない（P.081 豆知識 参照）ので、次の手順で仕訳を書く。本問の内容は試験でよく出題されるので、書き方を覚えておこう。

❶外注加工費を現金で支払った仕訳を書く。

　　外注加工費 370,000 / 現金 370,000

❷外注加工費を消費した仕訳を書く。外注加工費は直接経費なので、仕掛品が増える。

　　仕掛品 370,000 / 外注加工費 370,000

❸上記❶と❷を合算する。

　　仕掛品 370,000 / 現金 370,000

仕　掛　品	370,000	現　　金	370,000

(4)

月割経費の問題。本問では勘定科目の選択肢に「減価償却費」がない（P.081 豆知識 参照）ので、次の手順で仕訳を書く。

❶当月の減価償却費を計上した仕訳を書く。年間発生見積額から当月分の減価償却費の金額を計算する。

　　5,604,000円÷12か月＝467,000円

　　減価償却費 467,000 / 建物減価償却累計額 467,000

❷当月の減価償却費を消費した仕訳を書く。減価償却費は間接経費なので、製造間接費が増える。

　　製造間接費 467,000 / 減価償却費 467,000

❸上記❶と❷を合算する。

　　製造間接費 467,000 / 建物減価償却累計額 467,000

製　造　間　接　費	467,000	建物減価償却累計額	467,000

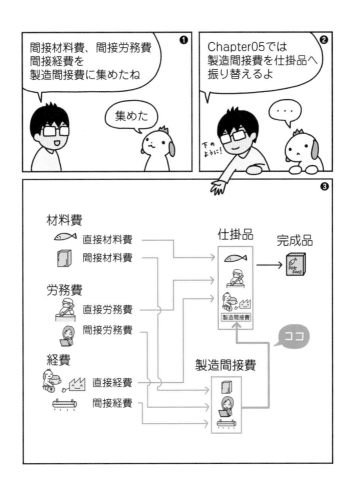

Chapter05
製造間接費

製造直接費と製造間接費

　ここまで学習してきた直接材料費、直接労務費、直接経費をまとめて、製造直接費といいます。間接材料費、間接労務費、間接経費をまとめて、製造間接費といいます。

理解のための用語説明

● 賦課（直課）
製造直接費を各製品に振り分けること。

● 配賦
製造間接費を各製品に振り分けること。

製造直接費と製造間接費について

製造直接費とは、**特定の製品を作るために必要な原価**のことです。

「魚フード」を作るために必要な「魚」の原価➡**製造直接費**

製造間接費とは、**各製品に共通して必要な原価**のことです。

「電気代」は「魚フード」「肉フード」に共通して必要な原価➡**製造間接費**

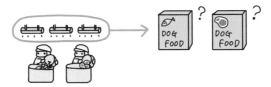

製造直接費と製造間接費の振り分け

製造直接費は、各製品に直接原価を振り分けます。これを賦課（直課）といいます。

製造間接費は、各製品に共通した原価なので、各製品に原価を直接振り分けることができません。そこで、まずは間接材料費、間接労務費、間接経費を製造間接費に集め、そのあとに各製品に振り分けることになります。これを配賦といいます。製造間接費をどのような割合で製品に配賦するのか、ということを配賦基準といいます。

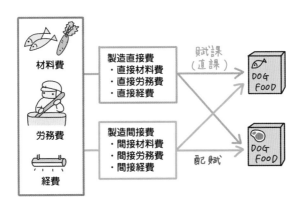

製造間接費の配賦（仕訳）

　製造間接費を仕掛品に振り替えることを配賦といいます。製造間接費を仕掛品に配賦する場合の仕訳を見ていきましょう。

1 間接材料費を消費したときの仕訳

材料を消費して減ったので右に書く。製造間接費が増えたので左に書く。
　　　製造間接費 100 / 材料 100

2 間接労務費を消費したときの仕訳

賃金を消費して減ったので右に書く。製造間接費が増えたので左に書く。
　　　製造間接費 100 / 賃金 100

3 間接経費を消費したときの仕訳

保険料を消費して減ったので右に書く。製造間接費が増えたので左に書く。
　　　製造間接費 900 / 保険料 900

4 製造間接費を配賦したときの仕訳

❶製造間接費を配賦するので、製造間接費が減る。右に書く。
　　　　　　／ 製造間接費 1,100
❷仕掛品が増えるので、左に書く。
　　　仕掛品 1,100 / 製造間接費 1,100

製造間接費の配賦の仕訳について

間接材料費、間接労務費、間接経費を製造間接費に集め、そのあとに各製品に振り分けることを配賦といいます。製造間接費の配賦を行うと製品を作っている途中のモノ（仕掛品）になります。つまり、配賦を行うことで、製造間接費勘定に集計した金額を仕掛品勘定へ振り替えることになります。

①、②、③の仕訳

間接材料費（P.032）、間接労務費（P.060）、間接経費（P.076）を消費し、製造間接費に振り替えたときの仕訳を書きます。

製造間接費勘定の残高は、間接材料費100円、間接労務費100円、間接経費900円の合計1,100円となっています。

製造間接費 100 / 材料	100
製造間接費 100 / 賃金	100
製造間接費 900 / 保険料	900

書き写す

製造間接費

100	
100	
900	

④ 製造間接費を配賦したときの仕訳

製造間接費勘定に集めた製造間接費は、各製品に振り分けます。今回は、工場で製品を1つしか作っていない単純な例で仕訳を見ていきます。

製品を1つしか作っていない場合、製造間接費の金額1,100円を全額、仕掛品（製品を作っている途中のモノ）へ振り替えることになります。補助材料、間接作業の賃金、保険料のすべてを、その製品を作るために使ったと考えるからです。

④の仕訳では製造間接費を仕掛品へ振り替えるので製造間接費が減ります。

仕掛品 1,100 / 製造間接費 1,100

書き写す　　　　　　　書き写す

製造間接費

100	1,100
100	
900	

仕掛品

| 1,100 | |

製造間接費勘定の記入

Chapter05-02で学習した当月の仕訳を製造間接費勘定に記入すると、次のようになります。

製造間接費	100 /	材料	100
製造間接費	100 /	賃金	100
製造間接費	900 /	保険料	900
仕掛品	1,100 /	製造間接費	1,100

製造間接費 (円)

実際発生額		実際配賦額	
間接材料費 →補助材料	100	仕掛品	1,100
間接労務費 →直接工の間接作業賃金	100		
間接経費 →保険料	900		

製造間接費の実際発生額と実際配賦額

当月に製造間接費に計上された「間接材料費」「間接労務費」「間接経費」の合計額を製造間接費の**実際発生額**といいます。また、製造間接費から仕掛品に振り替えることを配賦といいますが、当月に製造間接費から仕掛品に振り替えた金額のことを**実際配賦額**といいます。

製造間接費勘定の借方（左側）には実際発生額が記入され、貸方（右側）には実際配賦額が記入されます。Chapter07予定消費額の製造間接費を学習するときに重要となりますので、覚えておきましょう。

Chapter06
製品と売上原価

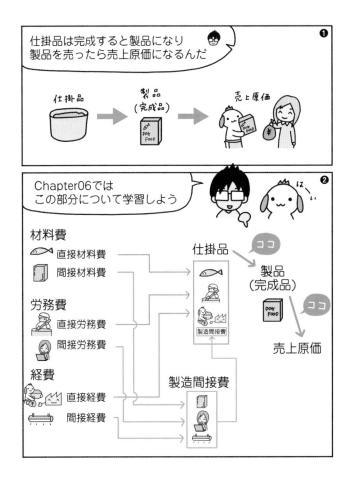

❶

仕掛品は完成すると製品になり
製品を売ったら売上原価になるんだ

仕掛品 → 製品（完成品） → 売上原価

❷

Chapter06では
この部分について学習しよう

材料費
直接材料費
間接材料費

労務費
直接労務費
間接労務費

経費
直接経費
間接経費

仕掛品

製造間接費

ココ
製品（完成品）

ココ
売上原価

製造間接費

重要度 ★

製品と売上原価（仕訳）

作業途中だった仕掛品の作業が完了すると製品になります。ここでは製品が完成したときの仕訳と製品を販売したときの仕訳を見ていきましょう。

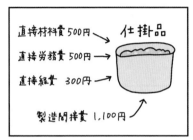

1 製品が完成したときの仕訳

❶ 製品が完成したので、**製品が増える**。製品は資産（ホームポジション左）なので、増えるときは左に書く。

製品 2,400 /

❷ 製品が完成したため、製品を作っている途中のモノ（仕掛品）がなくなるので、**仕掛品が減る**。右に書く。

製品 2,400 / 仕掛品 2,400

2 製品を販売したときの仕訳

❶ 製品を販売したので、売上の仕訳を書く。

現金 3,000 / 売上 3,000

❷ 製品を渡したので、工場から製品がなくなる。製品が減るので、右に書く。

/ 製品 2,400

❸ 製品を作るためにかかった金額を計上する。売上原価は費用（ホームポジション左）なので、増えるときは左に書く。

売上原価 2,400 / 製品 2,400

製品と売上原価の仕訳について

　仕掛品（製品を作っている途中のモノ）の作業が完了すると**製品**が完成します。製品は 資産 の勘定科目です。

　②により、売上3,000－売上原価2,400＝利益600という計算をすることができます。これまで直接材料費や製造間接費を仕掛品に集計した理由は、売上原価を計算し利益の金額を把握するためだったのです。

資産	負債
仕掛品 製品 現金	純資産
費用	収益
売上原価	売上

1 製品が完成したときの仕訳

　仕掛品の金額は、直接材料費500円、直接労務費500円、直接経費300円、製造間接費1,100円の合計2,400円です。製品が完成したので、仕掛品を製品へ振り替えます。
　仕掛品勘定は、製品を作っている途中のモノが残高として計上されます。
　製品勘定は、完成したがまだ販売していないモノが残高として計上されます。

2 製品を販売したときの仕訳

　❶簿記3級で学習したように、製品を販売したときには売上を計上します。製品の販売価格は3,000円なので、3,000を使います。
　❷❸売上の仕訳と同時に、製品を作るためにかかった費用（製造原価）を売上原価へ計上する仕訳をします。製造原価は2,400円なので、製品2,400を売上原価へ振り替えます。

重要度 ★★

勘定連絡図

　これまで学習した勘定記入をまとめると、全体の流れを把握することができます。

┃ 勘定連絡図とは

　Chapter02からChapter06まで学習した勘定記入をまとめると次のようになります。勘定と勘定のつながりを表すことから**勘定連絡図**といいます。勘定連絡図も勘定記入と同じで、仕訳を勘定に書き写しているだけです。

　勘定連絡図を見ると、製品を作るために材料や賃金などでどれだけの費用が発生し、製造間接費や仕掛品に集計され、最終的に製品の製造原価がいくらだったか一目でわかります。

製造直接費の仕訳（Chapter02～04）

A　仕掛品 / 材料

B　仕掛品 / 賃金

C　仕掛品 / 外注加工費

製造間接費の仕訳（Chapter05）

D　製造間接費 / 材料

E　製造間接費 / 賃金

F　製造間接費 / 保険料

製造間接費から仕掛品への振り替え（Chapter05）

G　仕掛品 / 製造間接費

製品が完成したときの仕訳（Chapter06-01）

H　製品 / 仕掛品

製品を販売したときの仕訳（Chapter06-01）

I　売上原価 / 製品

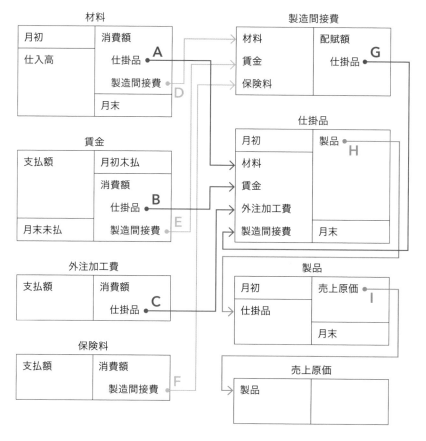

 勘定連絡図って何？

 工業簿記で出てくる勘定記入をまとめたものだよ。勘定連絡図を見れば、今解いている問題はどこの取引の仕訳を書いているのか、理解しやすくなるよ。

 ふむふむ。ほかにも役立つ使い方はあるの？

 そうだね。例えば、材料を消費したときは「材料勘定から出ていくので右側（貸方）に書く」「仕掛品勘定に入っていくので左側（借方）に書く」という勘定科目の流れを意識してみよう。そうすると最終的に売上原価まで、どうやって金額が集計されていくのか、流れがわかるようになるよ。

次の資料にもとづいて、各勘定を記入しなさい。

1. 材料費

	分類	月初有高	当月仕入高	月末有高
原料	直接材料費	180千円	650千円	60千円
補助材料	間接材料費	20千円	260千円	40千円

2. 労務費

		前月未払高	当月支払額	当月未払高
直接工賃金	直接労務費	190千円	510千円	180千円
間接工賃金	間接労務費	30千円	110千円	20千円

3. 経費

		当月発生高・支払額
外注加工費	直接経費	300千円
保険料	間接経費	60千円

4. 仕掛品と製品

	月初有高	月末有高
仕掛品	130千円	200千円
製品	200千円	300千円

5. 製造間接費は実際配賦を行っている。

［答案用紙］

材　料　　　　　　　（千円）

月初有高	（　　）	仕掛品	（　　）
仕入高	（　　）	製造間接費	（　　）
		月末有高	（　　）

製造間接費　　　　　（千円）

材　料	（　　）	仕掛品	（　　）
賃　金	（　　）		
保険料	（　　）		

賃　金　　　　　　　（千円）

支払額	（　　）	月初未払	（　　）
		仕掛品	（　　）
月末未払	（　　）	製造間接費	（　　）

仕掛品　　　　　　　（千円）

月初有高	130	製　品	（　　）
材　料	（　　）		
賃　金	（　　）		

外注加工費　　　　　（千円）

支払額	（　　）	仕掛品	（　　）

外注加工費	（　　）		
製造間接費	（　　）	月末有高	200

保険料　　　　　　　（千円）

支払額	（　　）	製造間接費	（　　）

製品　　　　　　　　（千円）

月初有高	200	売上原価	（　　）
仕掛品	（　　）		
		月末有高	300

売上原価　　　　　　（千円）

製　品	（　　）	損　益	（　　）

解説・解答

勘定連絡図の問題。各勘定はこれまで学習した勘定記入の書き方と同じであるが、勘定連絡図の問題では「材料勘定の仕掛品の金額は、仕掛品勘定の材料の金額と一致する」などの特徴を利用して解く。

材料	● 月初有高　$\underset{\text{原料}}{180千円} + \underset{\text{補助材料}}{20千円} = 200千円$ ● 仕入高　$\underset{\text{原料}}{650千円} + \underset{\text{補助材料}}{260千円} = 910千円$ ● 月末有高　$\underset{\text{原料}}{60千円} + \underset{\text{補助材料}}{40千円} = 100千円$ ● 仕掛品　原料の当月消費額を計算し、記入する。 　$\underset{\text{月初有高}}{180千円} + \underset{\text{当月仕入高}}{650千円} - \underset{\text{月末有高}}{60千円} = \underset{\text{当月消費額}}{770千円}$ ● 製造間接費　補助材料の当月消費額を計算し、記入する。 　$\underset{\text{月初有高}}{20千円} + \underset{\text{当月仕入高}}{260千円} - \underset{\text{月末有高}}{40千円} = \underset{\text{当月消費額}}{240千円}$
賃金	● 月初未払　$\underset{\text{直接工}}{190千円} + \underset{\text{間接工}}{30千円} = 220千円$ ● 支払額　$\underset{\text{直接工}}{510千円} + \underset{\text{間接工}}{110千円} = 620千円$ ● 月末未払　$\underset{\text{直接工}}{180千円} + \underset{\text{間接工}}{20千円} = 200千円$ ● 仕掛品　直接工賃金の当月消費額を計算し、記入する。 　$\underset{\text{当月支払額}}{510千円} + \underset{\text{当月未払高}}{180千円} - \underset{\text{前月未払高}}{190千円} = 500千円$ ● 製造間接費　間接工賃金の当月消費額を計算し、記入する。 　$\underset{\text{当月支払額}}{110千円} + \underset{\text{当月未払高}}{20千円} - \underset{\text{前月未払高}}{30千円} = 100千円$
外注加工費	● 支払額　資料3の当月発生高・支払額300千円を記入する。 ● 仕掛品　問題文の情報に月初未払、月末未払が書いていないので、当月支払額300千円が当月消費額300千円となる。
保険料	● 支払額　資料3の当月発生高・支払額60千円を記入する。 ● 製造間接費　問題文の情報に月初未払、月末未払が書いていないので、当月支払額60千円が当月消費額60千円となる。
製造間接費	● 材料　材料勘定の右側の製造間接費240千円を書き写す。 ● 賃金　賃金勘定の右側の製造間接費100千円を書き写す。 ● 保険料　保険料勘定の右側の製造間接費60千円を書き写す。 ● 仕掛品　実際配賦なので、実際発生額（左側合計400千円）を仕掛品に記入する。 　$\underset{\text{材料}}{240千円} + \underset{\text{賃金}}{100千円} + \underset{\text{保険料}}{60千円} = 400千円$

仕掛品	● 材料　材料勘定の右側の仕掛品770千円を書き写す。 ● 賃金　賃金勘定の右側の仕掛品500千円を書き写す。 ● 外注加工費　外注加工費勘定の右側の仕掛品300千円を書き写す。 ● 製造間接費　製造間接費勘定の右側の仕掛品400千円を書き写す。 ● 製品　左側を合計して、月末有高を差し引き、当月完成した金額1,900千円を計算し、記入する。 $\underset{\text{月初有高}}{130\text{千円}}+(\underset{\text{材料}}{770\text{千円}}+\underset{\text{賃金}}{500\text{千円}}+\underset{\text{外注加工費}}{300\text{千円}}+\underset{\text{製造間接費}}{400\text{千円}})-\underset{\text{月末有高}}{200\text{千円}}$ $=1{,}900\text{千円}$
製品	● 仕掛品　仕掛品勘定の右側の製品1,900千円を書き写す。 ● 売上原価　左側を合計して、月末有高を差し引き、当月販売した金額1,800千円を計算し、記入する。 $\underset{\text{月初有高}}{200\text{千円}}+\underset{\text{仕掛品}}{1{,}900\text{千円}}-\underset{\text{月末有高}}{300\text{千円}}=1{,}800\text{千円}$
売上原価	● 製品　製品勘定の右側の売上原価1,800千円を書き写す。 ● 損益　左側の金額1,800千円を書き写す。 　損益振替の仕訳　**損益 1,800 / 売上原価 1,800**

解答

材　料　　　　　　（千円）

月初有高	（　200）	仕掛品	（　770）
仕入高	（　910）	製造間接費	（　240）
		月末有高	（　100）

製造間接費　　　　　（千円）

材　料	（　240）	仕掛品	（　400）
賃　金	（　100）		
保険料	（　60）		

賃　金　　　　　　（千円）

支払額	（　620）	月初未払	（　220）
		仕掛品	（　500）
月末未払	（　200）	製造間接費	（　100）

仕掛品　　　　　　（千円）

月初有高	130	製　品	（1,900）
材　料	（　770）		
賃　金	（　500）		
外注加工費	（　300）		
製造間接費	（　400）	月末有高	200

外注加工費　　　　　（千円）

支払額	（　300）	仕掛品	（　300）

保険料　　　　　　（千円）

支払額	（　60）	製造間接費	（　60）

製品　　　　　　　（千円）

月初有高	200	売上原価	（1,800）
仕掛品	（1,900）		
		月末有高	300

売上原価　　　　　（千円）

製　品	（1,800）	損　益	（1,800）

Chapter07
予定消費額

❶

これまでは実際にお金を支払った金額で計算をしたり仕訳を書いたりしていました

90円支払います！

❷

Chapter07では
お金を支払う前に予定の金額を
使う場合を学習します

100円使う予定

重要度 ★★★

材料費の予定消費単価

これまでは、材料費を実際に購入した金額で計算していました。今回は、あらかじめ決めておいた予定消費単価で計算します。

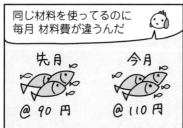

理解のための用語説明

◉ 消費
材料を材料倉庫から出して工場へ投入すること。

◉ 予定消費単価
あらかじめ決めておいた材料の消費単価。

◉ 実際消費単価
実際に材料を購入した金額にもとづいて、先入先出法や平均法によって計算した消費単価。

◉ 予定消費額
予定消費単価を使って計算した金額のこと。簿記では「〇〇額」は「〇〇の金額」という意味。

◉ 実際消費額
実際に材料を消費した金額のこと。

◉ @の意味
材料の単価のこと。「@100円」は、「1個当たり100円」「1kg当たり100円」などを表す。

予定消費単価とは

　予定消費単価とは、あらかじめ決めておいた材料の消費単価のことをいいます。

　予定消費単価を使うと2つのメリットがあります。まず、材料費の消費単価が固定されるので、材料費の価格変動の影響を排除できます。次に、平均法を採用している場合、月末が終わるまで平均単価を計算することができませんが、予定消費単価を採用した場合、月末まで待たずに単価を計算できます。

実際消費額と予定消費額と材料消費価格差異の計算

　まずは材料の実際消費額と予定消費額、また材料消費価格差異の計算方法を学習します。

①材料の実際消費額

　材料の実際消費額の計算式と下書きの図は次のようになります。

材料の実際消費額＝実際消費単価×実際消費数量

19,800円＝@110円×180kg

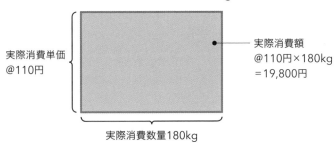

計算式では、実際消費単価「1kg当たり110円」の材料を、実際消費数量

「180kg」消費したので、実際消費額としては@110円×180kg＝19,800円ということを表しています。

　図は計算式を視覚的にわかりやすくしただけです。計算式が掛け算なので、図ではタテ@110円×ヨコ180kgの面積が19,800円と表すことができます。

②材料の予定消費額

　材料の予定消費額の計算式と下書きの図は次のようになります。

> **材料の予定消費額＝予定消費単価×実際消費数量**

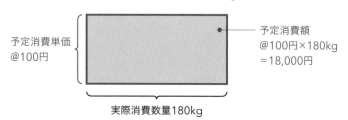

18,000円＝@100円×180kg

予定消費単価
@100円

予定消費額
@100円×180kg
＝18,000円

実際消費数量180kg

　材料の予定消費額も実際消費額と同じで、計算式を視覚的にわかりやすくしたものが面積の図になります。

③材料消費価格差異

　材料の実際消費額と予定消費額の差額を**材料消費価格差異**といいます。材料消費価格差異の計算式は次のようになります。

> **材料消費価格差異＝予定消費額−実際消費額**

△1,800円＝18,000円−19,800円

　計算式を①と②の図を使って表すと次のようになります。材料消費価格差異の計算式を図にしたものなので、単価の大小にかかわらず、予定消費単価を内側に書くのがポイントです。

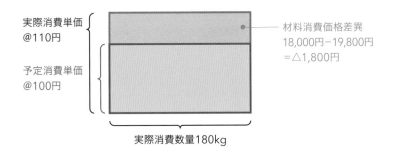

材料消費価格差異の計算式の結果は18,000円 − 19,800円 = − 1,800円になります。簿記2級では、金額のマイナスを△で表すことが多いので、本書も材料消費価格差異は△1,800円と表記しています。

材料の予定消費単価をあらかじめ@100円と決めておいたので、予定消費額は18,000円となります。一方、実際の単価は@110円だったので実際消費額が19,800円となりました。材料費が18,000円かかる予定だったのに、実際は19,800円かかってしまったので、1,800円マイナス、つまり1,800円分、工場にとって不利な材料消費価格差異が発生したことになります。不利な差異、有利な差異について詳しく見ていきましょう。

材料消費価格差異が不利差異の場合

材料消費価格差異が不利差異の場合の仕訳の書き方を見てみましょう。

例題　次の(1)〜(4)の取引について、仕訳しなさい。
(1) 1kg当たり110円の素材180kgを掛けで購入した。月初月末に素材の在庫はなかった。
(2) 1kg当たり110円で購入した素材180kgを消費した。素材の消費額の計算には1kg当たり100円の予定消費単価を用いている。
(3) 上記(2)で発生した材料消費価格差異を計上した。
(4) 当月末に(3)で計上した材料消費価格差異を売上原価に振り替えた。

解答　(1) 材料　　　　　　 19,800 / 買掛金　　　　　 19,800
　　　(2) 仕掛品　　　　　 18,000 / 材料　　　　　　 18,000
　　　(3) 材料消費価格差異　1,800 / 材料　　　　　　　1,800
　　　(4) 売上原価　　　　　1,800 / 材料消費価格差異　1,800

(1) 素材を購入したので、材料が増えます。左に材料を書きます。代金は掛けなので、買掛金が増えます。右に買掛金を書きます。

　　仕入高　@110円×180kg＝19,800円

　　材料 19,800 / 買掛金 19,800

(2) 素材を消費したので、材料が減ります。右に材料を書きます。素材は直接材料費なので、仕掛品が増えます。左に仕掛品を書きます。素材の消費額の計算は予定消費単価を用いているので、予定消費額を使います。

　　予定消費額　@100円×180kg＝18,000円

　　仕掛品 18,000 / 材料 18,000

(3) ❶材料消費価格差異を計算します。

　　予定消費額18,000円－実際消費額19,800円＝△1,800円

　　なお、材料消費価格差異は単価を利用して計算することもできます。

　　（@100円－@110円）×180kg＝△1,800円
　　予定消費単価　実際消費単価　実際消費数量

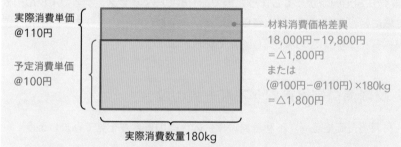

実際消費単価
@110円

予定消費単価
@100円

材料消費価格差異
18,000円－19,800円
＝△1,800円
または
（@100円－@110円）×180kg
＝△1,800円

実際消費数量180kg

　　❷差異が△（マイナス）の場合、不利差異または借方差異といいます。予定していた材料費より実際にかかった材料費が多かったため、余分に費用がかかった状況で、会社に不利な差異です。仕訳を書くと材料消費価格差異が借方（左側）に記入されるので、借方差異といいます。

　　材料消費価格差異 1,800 / 材料 1,800

材料			
月初	0	仕掛品	18,000
仕入高	19,800	材料消費価格差異	1,800
		月末	0

材料消費価格差異			
材料	1,800		

(4) ❶材料消費価格差異は月末か期末のタイミングで売上原価に振り替えます。この仕訳を書くことで、材料消費価格差異の金額が損益計算書に反映されます。

❷(3)の借方残高1,800の材料消費価格差異を残高ゼロにします。貸方（右側）に材料消費価格差異と書きます。

/ 材料消費価格差異 1,800

❸借方（左側）に売上原価と書きます。つまり、不利差異・借方差異が発生したときは、費用である売上原価が増えます。

売上原価 1,800 / 材料消費価格差異 1,800

材料消費価格差異			
材料	1,800	売上原価	1,800

売上原価			
材料消費価格差異	1,800		

材料消費価格差異が有利差異の場合

材料消費価格差異が有利差異の場合の仕訳の書き方を見ていきましょう。

例題　次の(1)〜(4)の取引について、仕訳しなさい。
(1) 1kg当たり95円の素材180kgを掛けで購入した。月初月末に素材の在庫はなかった。
(2) 1kg当たり95円で購入した素材180kgを消費した。素材の消費額の計算には1kg当たり100円の予定消費単価を用いている。
(3) 上記(2)で発生した材料消費価格差異を計上した。
(4) 当月末に(3)で計上した材料消費価格差異を売上原価に振り替えた。

解答　(1) 材料　　　　17,100 / 買掛金　　　17,100
(2) 仕掛品　　　18,000 / 材料　　　　18,000
(3) 材料　　　　　900 / 材料消費価格差異 900
(4) 材料消費価格差異 900 / 売上原価　　　900

(1) 素材を掛けで購入した仕訳を書きます。

　　仕入高　@95円×180kg＝17,100円

　　材料 17,100 / 買掛金 17,100

(2) 素材を直接材料費として消費したときの仕訳を書きます。素材の消費額の計算は予定消費単価を用いているので、予定消費額を使います。

　　予定消費額　@100円×180kg＝18,000円

　　仕掛品 18,000 / 材料 18,000

(3) ❶材料消費価格差異を計算します。

　　予定消費額18,000円−実際消費額17,100円＝＋900円

　　なお、材料消費価格差異は単価を利用して計算することもできます。

　　(@100円 − @95円)×180kg ＝ ＋900円
　　予定消費単価　実際消費単価　実際消費数量

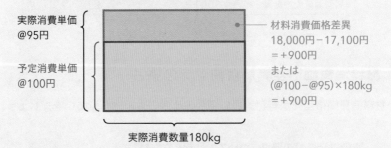

実際消費単価
@95円

予定消費単価
@100円

材料消費価格差異
18,000円−17,100円
＝＋900円
または
(@100−@95)×180kg
＝＋900円

実際消費数量180kg

❷差異が＋（プラス）の場合、**有利差異**または**貸方差異**といいます。予定していた材料費より実際にかかった材料費が少なかったため、費用が節約できた状況で、会社に有利な差異です。仕訳を書くと材料消費価格差異が貸方（右側）に記入されるので、貸方差異といいます。

　　材料 900 / 材料消費価格差異 900

材料

月初	0	仕掛品	18,000
仕入高	17,100		
材料消費価格差異	900	月末	0

材料消費価格差異

		材料	900

(4) ❶材料消費価格差異は月末か期末のタイミングで売上原価に振り替えます。この仕訳を書くことで、材料消費価格差異の金額が損益計算書に反映されます。

❷(3)の貸方残高900の材料消費価格差異を残高ゼロにします。借方（左側）に材料消費価格差異と書きます。

材料消費価格差異 900 /

❸貸方（右側）に売上原価と書きます。つまり、有利差異・貸方差異が発生したときは、費用である売上原価が減ります。

材料消費価格差異 900 / 売上原価 900

材料消費価格差異

売上原価	900	材料	900

売上原価

		材料消費価格差異	900

材料勘定の記入

予定消費単価を使う場合の材料勘定の記入を見ていきましょう。

例題 **次の資料にもとづいて、各勘定を記入しなさい。**

材料費	分類	月初有高	当月仕入高	月末有高
素材	直接材料費	160円	690円	80円
工場消耗品	間接材料費	40円	220円	20円

当月、素材を予定消費額750円、工場消耗品を予定消費額230円で消費した。なお、予定消費額と実際消費額との差額は材料消費価格差異に振り替えた。

[答案用紙]

材料		(円)		仕掛品		(円)
月初有高 ( )	当月消費額			材料 ( )		
当月仕入高 ( )	仕掛品 ( )			製造間接費		(円)
	製造間接費 ( )			材料 ( )		
	材料消費価格差異 ( )			材料消費価格差異		(円)
	月末有高 ( )			材料 ( )		

材料			(円)
月初有高	(200)	当月消費額	
当月仕入高	(910)	仕掛品	(750)
		製造間接費	(230)
		材料消費価格差異	(30)
		月末有高	(100)

仕掛品		(円)
材料	(750)	

製造間接費		(円)
材料	(230)	

材料消費価格差異		(円)
材料	(30)	

解説

ステップ1 材料勘定の月初有高、当月仕入高、月末有高を記入します。月初有高と当月仕入高と月末有高は、素材（直接材料費）と工場消耗品（間接材料費）の金額を合計する点がポイントです。

月初有高　160円 + 40円 = 200円
　　　　　直接材料費　間接材料費

当月仕入高　690円 + 220円 = 910円
　　　　　　直接材料費　間接材料費

月末有高　80円 + 20円 = 100円
　　　　　直接材料費　間接材料費

材料			(円)
月初有高	(200)	当月消費額	
当月仕入高	(910)	仕掛品	( )
		製造間接費	( )
		材料消費価格差異	( )
		月末有高	(100)

ステップ2 材料勘定の当月消費額、仕掛品勘定、製造間接費勘定を記入します。「消費額」を記入するので、問題文の指示に従い、予定消費額を使います。

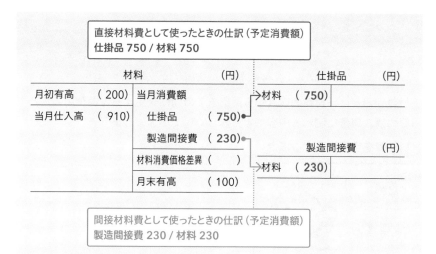

直接材料費として使ったときの仕訳（予定消費額）
仕掛品 750 / 材料 750

材料		(円)
月初有高 （200)	当月消費額	
当月仕入高 （910)	仕掛品 （750)	
	製造間接費 （230)	
	材料消費価格差異（　）	
	月末有高 （100)	

仕掛品		(円)
材料 （750)		

製造間接費		(円)
材料 （230)		

間接材料費として使ったときの仕訳（予定消費額）
製造間接費 230 / 材料 230

ステップ3 材料消費価格差異を記入します。

予定消費額　750円 + 230円 = 980円
　　　　　　直接材料費　間接材料費

実際消費額　200円 + 910円 − 100円 = 1,010円
　　　　　　月初有高　当月仕入高　月末有高

材料消費価格差異　980円 − 1,010円 = △30円
　　　　　　　　　予定消費額　実際消費額

差異がマイナスなので、不利差異・借方差異の仕訳を書く
材料消費価格差異 30 / 材料 30

材料		(円)
月初有高 （200)	当月消費額	
当月仕入高 （910)	仕掛品 （750)	
	製造間接費 （230)	
	材料消費価格差異（ 30)	
	月末有高 （100)	

材料消費価格差異		(円)
材料 （ 30)		

重要度 ★★★

材料副費

材料副費とは、材料の購入から消費までの間に発生する付随費用のことで、材料の購入原価に関わる内容です。詳しく見ていきましょう。

●材料副費を実際配賦する場合

購入時の材料副費（実際配賦）の仕訳

❶ 材料を購入したので、**材料**が増える。材料は資産（ホームポジション左）なので、増えるときは左に書く。引取運賃（材料副費）は材料に加算する。
購入代価500＋材料副費60＝560
　材料 560 /

❷ 材料の代金は後払いなので、**買掛金**が増える。右に書く。
　材料 560 / 買掛金 500

❸ 引取運賃（材料副費）は現金で支払ったので、**現金**が減る。右に書く。
　材料 560 / 買掛金 500
　　　　　 / **現金　　60**

材料副費とは

　材料副費とは、材料の購入から消費までの間に発生する付随費用のことをいいます。材料副費には、外部材料副費と内部材料副費の2つがあります。簿記2級の試験では、材料副費が外部材料副費か内部材料副費かを判断させる問題は出題されません。また、内部材料副費については購入原価に含めずに製造間接費として処理する方法もありますが、出題されません。

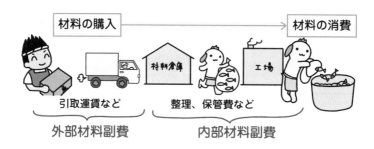

- 外部材料副費…買入手数料、引取運賃、荷役費、保険料、関税など、企業外部で発生する付随費用のこと。
- 内部材料副費…購入事務、検収、整理、選別、手入、保管など、企業内部で発生する付随費用のこと。

材料副費の処理

　材料副費は、材料の購入原価に含めて計算します。

材料の購入原価＝材料の購入代価＋材料副費

材料副費の実際配賦

　実際に発生した材料副費の金額を集計し、材料の購入原価に含めることを材料副費の実際配賦といいます。

●材料副費を予定配賦する場合

1 購入時の材料副費（予定配賦）の仕訳

❶ 材料を購入したので、材料が増える。引取運賃（材料副費）は材料に加算する。

　材料副費　500×10％＝50

　購入代価500＋材料副費50＝550

　材料 550 /

❷ 材料の代金は後払いなので、買掛金が増える。右に書く。

　材料 550 / 買掛金 500

❸ 引取運賃（材料副費）は予定配賦しているので、材料副費を使う。材料副費が減るので、右に書く。

　材料 550 / 買掛金　500

　　　　　／**材料副費 50**

2 材料副費を支払ったときの仕訳

❶ 現金を支払ったので、現金が減る。

❷ 材料副費が増えるので、左に書く。

　材料副費 60 / 現金 60

3 材料副費から材料副費差異に振り替えたときの仕訳

❶ 差異が△（マイナス）なので、借方差異。借方（左）に材料副費差異を書く。

　予定配賦額50－実際発生額60＝△10

❷ 右に材料副費を書く。

　材料副費差異 10 / 材料副費 10

4 材料副費差異を売上原価に振り替えたときの仕訳

❶ 材料副費差異の借方10を減らすので、右に材料副費差異と書く。

❷ 左に売上原価を書く。

　売上原価 10 / 材料副費差異 10

材料副費の予定配賦

材料副費の金額を「材料の購入代価の10%」と決めておき、材料を購入するときに予定した金額を材料の購入原価に含める方法があります。これを**材料副費の予定配賦**といい、「材料の購入代価の10%」の金額を**材料副費の予定配賦額**といいます。また、材料の購入代価の「10%」の割合のことを**予定配賦率**といいます。

材料副費の予定配賦を行うことで、材料の購入原価の計算を素早く簡単に行うことができます。また、材料副費の予定配賦額と実際発生額を比較することで、なぜ差異（材料副費差異）が発生したのかの原因を調査することができるようになり、工場の効率化を進めることが可能となります。

> **材料副費の予定配賦額＝購入代価×予定配賦率**
> **材料の購入原価＝材料の購入代価＋材料副費の予定配賦額**

材料副費と材料副費差異

材料副費という勘定科目は、材料副費を予定配賦するときに使います。材料副費は 費用 の勘定科目です。1の予定配賦で先に減らしておき、2で支払ったときに増やします。

材料副費差異とは、差異の一種で、当月に発生した材料副費の実際発生額と予定配賦額の差額から生じる差異をいいます。当月の材料副費

の実際発生額が予定配賦額より多かった場合、借方差異・不利差異となります。借方差異の場合3の仕訳のように書きます。

当月の材料副費の実際発生額が予定配賦額より少なかった場合、貸方差異・有利差異となります。

> **材料副費差異＝材料副費の予定配賦額−材料副費の実際発生額**

材料副費差異は、他の差異と同様に当月末か当期末に売上原価に振り替えます。4では当期末に売上原価に振り替えています。

重要度 ★★★

労務費の予定賃率

　これまでは、労務費を実際に発生した金額で計算していました。今回は、予定賃率を学びます。

こんにちはー

あっ お兄さん
いいところに！

材料費は予定消費単価を
使ったら便利だったでしょ？

労務費にも
そういうの
ないの？

そしたら
ラクチン♪

パブロフくんが楽ばっかり
しようとする

ねぇねぇ
教えて
教えて

予定賃率があるよ

ほら
やっぱり

> ## 理解のための用語説明
>
> ● 賃率
> 1時間当たりの賃金のこと。
>
> ● @の意味
> 賃率を表している。1時間1,000円の場合、@1,000円や@1,000と書く。

予定賃率とは

予定賃率とは、あらかじめ決めておいた賃率のことをいいます。

予定賃率を使うと2つのメリットがあります。まず、労務費の賃率が固定されるので、労務費の賃率変動の影響を排除できます。次に、月末まで待たずに労務費を計算できます。賃率は決まっているものなので、予定賃率と実際賃率は同じになると思うかもしれません。賃率には基本給と残業代があり、残業代は基本給より時給が高いため、残業が多かったかどうかによって、実際賃率が変わるのです。

実際消費額と予定消費額と賃率差異の計算

まずは賃金の実際消費額と予定消費額、また賃率差異の計算方法を学習します。

①賃金の実際消費額

賃金の実際消費額の計算式と下書きの図は次のようになります。

賃金の実際消費額＝実際賃率×実際作業時間

420,000円＝@1,050円×400時間

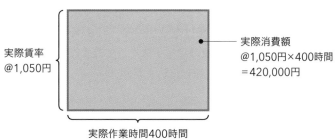

②賃金の予定消費額

賃金の予定消費額の計算式と下書きの図は次のようになります。

賃金の予定消費額＝予定賃率×実際作業時間

400,000円 = @1,000円×400時間

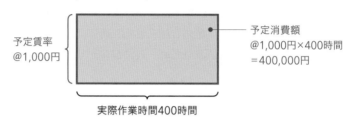

③賃率差異

賃金の実際消費額と予定消費額の差額を**賃率差異**といいます。賃率差異の計算式は次のようになります。

賃率差異＝予定消費額−実際消費額

△20,000円 = 400,000円−420,000円

計算式を①と②の図を使って表すと次のようになります。賃率差異の計算式を図にしたものなので、賃率の大小にかかわらず、予定賃率を内側に書くのがポイントです。

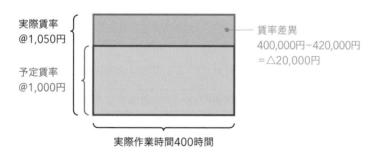

賃率差異の計算式の結果は400,000円−420,000円＝−20,000円になります。簿記2級では、金額のマイナスを△で表すことが多いので、本書も賃率差異は△20,000円と表記しています。

賃率差異が不利差異の場合

例題を使って、賃率差異が不利差異の場合の仕訳の書き方を見てみましょう。

例題 次の(1)～(6)の取引について、仕訳しなさい。

(1) 8月1日に前月の未払賃金40,000円を賃金に振り替えた。

(2) 8月25日に直接工の賃金430,000円を現金で支払った。

(3) 8月31日に当月の賃金30,000円が未払いであった。

(4) 8月の直接工の直接作業時間は400時間であった。直接工の賃金の消費額の計算には1時間当たり1,000円の予定賃率を用いている。

(5) 8月31日に8月の賃率差異を計上した。実際賃率は1時間あたり1,050円であった。

(6) 8月31日に(5)で計上した賃率差異を売上原価に振り替えた。

解答

(1) 未払賃金 40,000 / 賃　金 40,000

(2) 賃　金 430,000 / 現　金 430,000

(3) 賃　金 30,000 / 未払賃金 30,000

(4) 仕 掛 品 400,000 / 賃　金 400,000

(5) 賃率差異 20,000 / 賃　金 20,000

(6) 売上原価 20,000 / 賃率差異 20,000

解説

(1) 月初の未払賃金の再振替仕訳を書きます。

未払賃金 40,000 / 賃金 40,000

(2) 賃金を支払ったので、賃金が増えます。左に賃金を書きます。現金で支払ったので、現金が減ります。右に現金を書きます。

賃金 430,000 / 現金 430,000

(3) 月末の未払賃金の決算整理仕訳を書きます。

賃金 30,000 / 未払賃金 30,000

(4) 賃金を消費したので、賃金が減ります。右に賃金を書きます。直接工の直接作業時間から発生する賃金は直接労務費なので、仕掛品が増えます。左に仕掛品を書きます。賃金の消費額の計算は予定賃率を用いているので、予定消費額を使います。

予定消費額　@1,000円×400時間＝400,000円

仕掛品 400,000 / 賃金 400,000

(5) ❶賃率差異を計算します。

予定消費額　（4）より400,000円

実際消費額　@1,050円×400時間＝420,000円

　予定消費額400,000円－実際消費額420,000円＝△20,000円

なお、賃率差異は賃率を利用して計算することもできます。

　（@1,000円－@1,050円）×400時間＝△20,000円
　　　　予定賃率　　　実際賃率　　実際作業時間

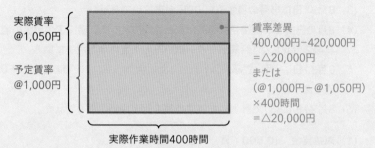

② 差異が△（マイナス）の場合、不利差異または借方差異といいます。予定していた労務費より実際にかかった労務費が多かったため、余分に費用がかかった状況で、会社に不利な差異です。仕訳を書くと賃率差異が借方（左側）に記入されるので、借方差異といいます。

賃率差異 20,000 / 賃金 20,000

賃金			
当月支払額	430,0000	前月未払	40,000
		仕掛品	400,000
当月未払	30,000	賃率差異	20,000

賃率差異		
賃金	20,000	

(6) ❶賃率差異は月末か期末のタイミングで売上原価に振り替えます。この
仕訳を書くことで、賃率差異の金額が損益計算書に反映されます。

❷(5)の借方残高20,000の賃率差異を残高ゼロにします。貸方（右側）に
賃率差異と書きます。

／賃率差異 20,000

❸借方（左側）に売上原価と書きます。つまり、不利差異・借方差異が発
生したときは、費用である売上原価が増えます。

売上原価 20,000 ／賃率差異 20,000

賃率差異			
賃金	20,000	売上原価	20,000

売上原価			
賃率差異	20,000		

賃率差異が有利差異の場合

賃率差異が有利差異の場合の仕訳の書き方を見ていきましょう。

例題　次の(1)(2)の取引について、仕訳しなさい。

(1) 8月31日に8月の賃率差異を計上した。8月の直接工の直接作業時間
は400時間、直接工の賃金の予定賃率は1時間当たり1,000円、実際
賃率は1時間当たり975円であった。

(2) 8月31日に(1)で計上した賃率差異を売上原価に振り替えた。

解答　(1) 賃　　金 10,000 ／賃率差異 10,000

(2) 賃率差異 10,000 ／売上原価 10,000

解説

(1) ❶賃金の予定消費額と実際消費額を計算します。

予定消費額　@1,000円×400時間＝400,000円
　　　　　　 予定賃率　 実際作業時間

実際消費額　@975円×400時間＝390,000円
　　　　　　 実際賃率　実際作業時間

❷賃率差異を計算します。

予定消費額400,000円−実際消費額390,000円＝＋10,000円

なお、賃率差異は賃率を利用して計算することもできます。

（@1,000円 − @975円）× 400時間 ＝ ＋10,000円
予定賃率　　実際賃率　実際作業時間

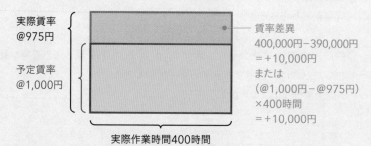

❸ 差異が＋（プラス）の場合、有利差異または貸方差異といいます。予定していた労務費より実際にかかった労務費が少なかったため、費用が節約できた状況で、会社に有利な差異です。仕訳を書くと賃率差異が貸方（右側）に記入されるので、貸方差異といいます。

賃金 10,000 / 賃率差異 10,000

(2) ❶ 賃率差異は月末か期末のタイミングで売上原価に振り替えます。この仕訳を書くことで、賃率差異の金額が損益計算書に反映されます。

❷ (1)の貸方残高10,000の賃率差異を残高ゼロにします。借方（左側）に賃率差異と書きます。

賃率差異 10,000 /

❸ 貸方（右側）に売上原価と書きます。つまり、有利差異・貸方差異が発生したときは、費用である売上原価が減ります。

賃率差異 10,000 / 売上原価 10,000

賃金勘定の記入

例題を使って、予定賃率を使う場合の賃金勘定の記入を見ていきましょう。

例題 次の(1)～(5)の取引について、賃金勘定に記入しなさい。

(1) 4月1日に月初未払額220円を未払賃金から賃金へ振り替えた。

(2) 4月20日に賃金620円（3月21日から4月20日分）を現金で支払った。

(3) 4月末に月末未払額200円を賃金から未払賃金へ振り替えた。

(4) 4月1日から30日までの直接工の直接作業時間は10時間、間接作業時間は2時間であり、直接工の予定賃率は@45円であった。

(5) 月末に実際賃率を計算したところ、@50円であった。4月に発生した賃金勘定の貸借差額を賃率差異に振り替えた。

[答案用紙]

	賃金		（円）
当 月 支 払 額（　　　　）	前 月 未 払 賃 金（　　　　）
当 月 未 払 賃 金（　　　　）	当 月 消 費 額
	仕　　掛　　品（　　　　）
	製 造 間 接 費（　　　　）
	賃 率 差 異（　　　　）
（　　　　）	（　　　　）

解答

	賃金		（円）
当 月 支 払 額（　620）	前 月 未 払 賃 金（　220）
当 月 未 払 賃 金（　200）	当 月 消 費 額
	仕　　掛　　品（　450）
	製 造 間 接 費（　90）
	賃 率 差 異（　60）
（　820）	（　820）

解説

(1)から(5)の仕訳を書き、賃金勘定に記入します。(4)で直接工の賃金を消費するときに、予定賃率を使って仕訳を書きます。

(1) 月初の再振替仕訳を書きます。

未払賃金 220 / 賃金 220

書き写す

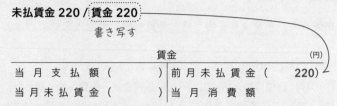

賃金		(円)
当 月 支 払 額 （　　　　）	前 月 未 払 賃 金 （　　　220）	
当 月 未 払 賃 金 （　　　　）	当 月 消 費 額	

(2) 賃金を支払ったので、賃金が増えます。左に賃金を書きます。現金で支払ったので、現金が減ります。右に現金を書きます。

賃金 620 / 現金 620

書き写す

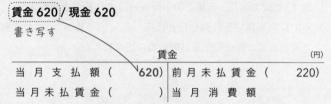

賃金		(円)
当 月 支 払 額 （　　620）	前 月 未 払 賃 金 （　　　220）	
当 月 未 払 賃 金 （　　　　）	当 月 消 費 額	

(3) 月末の未払賃金の決算整理仕訳を書きます。

賃金 200 / 未払賃金 200

書き写す

賃金		(円)
当 月 支 払 額 （　　620）	前 月 未 払 賃 金 （　　　220）	
当 月 未 払 賃 金 （　　200）	当 月 消 費 額	

(4) 賃金を直接労務費と間接労務費として消費したときの仕訳を書きます。

直接労務費　@45円×10時間＝450円

仕掛品 450 / 賃金 450

書き写す

間接労務費　@45円×2時間＝90円

製造間接費 90 / 賃金 90

書き写す

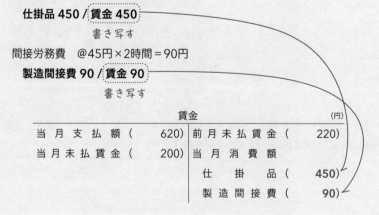

賃金		(円)
当 月 支 払 額 （　　620）	前 月 未 払 賃 金 （　　　220）	
当 月 未 払 賃 金 （　　200）	当 月 消 費 額	
	仕 掛 品 （　　450）	
	製 造 間 接 費 （　　90）	

(5) 賃率差異を計算し、マイナスなので、借方差異の仕訳を書きます。

予定消費額　450円＋90円＝540円

実際消費額　@50円×10時間＋@50円×2時間＝600円

賃率差異　　540円－600円＝△60円（借方差異）

賃率差異 60 / 賃金 60

書き写す

賃金			(円)
当 月 支 払 額 （	620)	前 月 未 払 賃 金 （	220)
当 月 未 払 賃 金 （	200)	当 月 消 費 額	
		仕 掛 品 （	450)
		製 造 間 接 費 （	90)
		賃 率 差 異 （	60)

豆知識　経費の予定消費額について

経費の予定消費額を使う場合はめったに出てきませんので、学習する必要はありません。

重要度 ★★★

製造間接費の予定配賦率

これまでは、製造間接費を実際に発生した金額で配賦していました。今回は、予定配賦率を学びます。

理解のための用語説明

● 製造間接費予算
当期1年間に発生する製造間接費を見積もった金額。

● 操業度
直接工の作業時間や工場の生産設備の稼働時間のこと。直接作業時間や機械作業時間を使用することが多い。

● 基準操業度
当期1年間に稼働することを見積もった時間。

● 実際操業度
実際にかかった稼働時間。

● @の意味
1時間当たりの製造間接費を表している。1時間当たり300円の製造間接費が発生する場合、@300円や@300と書く。

予定配賦率とは

予定配賦率とは、あらかじめ決められた配賦率のことをいいます。

予定配賦率を使うと2つのメリットがあります。まず、製造間接費の配賦率が固定されるので、製造間接費の変動の影響を排除できます。次に、月末まで待たずに製造間接費を計算できます。

実際配賦額と予定配賦額と製造間接費配賦差異の計算

まずは製造間接費の実際配賦額と予定配賦額、また製造間接費配賦差異の計算方法を学習します。

①製造間接費の実際配賦額

製造間接費の実際配賦額の計算式は次のようになります。製造間接費をどのような割合で製品に配賦するのかを配賦基準といいます。配賦基準としては**操業度**を使うことが多いです。操業度とは直接工の作業時間や工場の生産設備の稼働時間のことです。実際操業度としては、当月実際に発生した機械稼働時間などがあります。

> **実際配賦額＝実際配賦率×実際操業度**

②製造間接費の予定配賦額

製造間接費の予定配賦額の計算式は次のようになります。まずは予定配賦率を計算してから、予定配賦額を計算します。製造間接費の年間予算額とは、当期1年間に発生する製造間接費を見積もった金額のことです。基準操業度とは、当期1年間に稼働することを見積もった時間のことです。年間予算額を基準操業度で割ることで、1時間当たりの配賦額である予定配賦率を計算

します。

> 予定配賦率＝製造間接費の年間予算額÷基準操業度（年間予定時間）
> 予定配賦額＝予定配賦率×実際操業度

③製造間接費配賦差異

　製造間接費の実際配賦額と予定配賦額の差額を**製造間接費配賦差異**といいます。製造間接費配賦の計算式は次のようになります。P.090で学習したように実際配賦額と実際発生額は違う意味ですが、金額は同じになるので実際配賦額の代わりに実際発生額を使って計算することが多いです。

> **製造間接費配賦差異＝予定配賦額－実際配賦額**

▌製造間接費配賦差異の分析と図について

　材料消費価格差異や賃率差異については、差異の金額を計算するさいに図を使って説明しました。製造間接費配賦についても図を使って説明したいのですが、内容が複雑なのでChapter15の標準原価計算を学習したあとに図の書き方を説明します。

　また、製造間接費配賦差異をさらに予算差異と操業度差異の2つに分けて差異の分析を行うことがあります。こちらについてもChapter15の標準原価計算を学習したあとに学ぶ方がわかりやすいため、P.374で詳しく学習します。

▌製造間接費配賦差異が不利差異の場合

　製造間接費配賦差異が不利差異の場合の仕訳の書き方を見てみましょう。

例題	次の(1)(2)の取引について、仕訳しなさい。

(1) 当月の製造間接費の予定配賦額は240,000円、実際発生額は245,000円であった。製造間接費配賦差異を計上する。
(2) 当月末に(1)で計上した製造間接費配賦差異を売上原価に振り替える。

解答	

(1) 製造間接費配賦差異 5,000 / 製造間接費　　　　　5,000
(2) 売上原価　　　　　　5,000 / 製造間接費配賦差異 5,000

解説

(1) ❶製造間接費配賦差異を計算します。実際発生額と実際配賦額の金額は
一致するため、本問は実際発生額を使って計算しています。

　　予定配賦額240,000円 − 実際発生額245,000円 = △5,000円

❷差異が△（マイナス）の場合、不利差異または借方差異といいます。予
定していた製造間接費より実際にかかった製造間接費が多かったため、
余分に費用がかかった状況で、会社に不利な差異です。仕訳を書くと製
造間接費配賦差異が借方（左側）に記入されるので、借方差異といいま
す。

製造間接費配賦差異 5,000 / 製造間接費 5,000

仕掛品240,000が予定配賦額の金額になっています。

製造間接費

当月発生額	245,000	仕掛品	240,000
		製造間接費配賦差異	5,000

製造間接費配賦差異

製造間接費	5,000		

(2) ❶製造間接費配賦差異は月末か期末のタイミングで売上原価に振り替え
ます。この仕訳を書くことで、製造間接費配賦差異の金額が損益計算
書に反映されます（P.154参照）。

❷製造間接費配賦差異から売上原価に振り替えるので、(1)の借方残高
5,000を残高ゼロにします。貸方（右側）に製造間接費配賦差異と書き
ます。

/ 製造間接費配賦差異 5,000

❸借方（左側）に売上原価と書きます。つまり、不利差異・借方差異が発
生したときは、費用である売上原価が増えることになります。

売上原価 5,000 / 製造間接費配賦差異 5,000

製造間接費配賦差異

製造間接費	5,000	売上原価	5,000

売上原価

製造間接費配賦差異	5,000		

製造間接費配賦差異が有利差異の場合

例題 (1)(2)について、仕訳を答えなさい。

(1) 当月の製造間接費の予定配賦額は240,000円、実際発生額は238,000円であった。製造間接費配賦差異を計上する。

(2) 当月末に(1)で計上した製造間接費配賦差異を売上原価に振り替える。

解答 (1) 製造間接費　　　　　　2,000 / 製造間接費配賦差異 2,000

(2) 製造間接費配賦差異 2,000 / 売上原価　　　　　　　2,000

解説

(1) ❶製造間接費配賦差異を計算します。

予定配賦額240,000円 − 実際発生額238,000円 ＝ ＋2,000円

❷差異が＋（プラス）の場合、有利差異または貸方差異といいます。予定していた製造間接費より実際にかかった製造間接費が少なかったため、費用が節約できた状況で、会社に有利な差異です。また、仕訳を書くと、製造間接費配賦差異が貸方（右側）に記入されるので、貸方差異といいます。

製造間接費 2,000 / 製造間接費配賦差異 2,000

仕掛品240,000が予定配賦額の金額になっています。

製造間接費			(円)
当月発生額	238,000	仕掛品	240,000
製造間接費配賦差異	2,000		

製造間接費配賦差異		
	製造間接費	2,000

(2) ❶製造間接費配賦差異は月末か期末のタイミングで売上原価に振り替えます。この仕訳を書くことで、製造間接費配賦差異の金額が損益計算書に反映されます（P.154参照）。

❷製造間接費配賦差異から売上原価に振り替えるので、(1)の貸方残高2,000を残高ゼロにします。借方（左側）に製造間接費配賦差異と書きます。

製造間接費配賦差異 2,000 /

❸貸方（右側）に売上原価と書きます。つまり、有利差異・貸方差異が発

生したときは、費用である売上原価が減ることになります。

製造間接費配賦差異 2,000 / 売上原価 2,000

製造間接費配賦差異			(円)
売上原価	2,000	製造間接費	2,000

売上原価			
		製造間接費配賦差異	2,000

製造間接費勘定の記入

予定配賦率を使う場合の製造間接費勘定の記入を見ていきましょう。

例題　次の(1)～(3)の取引について、各勘定を記入しなさい。

(1) 製造間接費を予定配賦した。予定配賦は実際直接作業時間10時間に予定配賦率@35円を掛けて計算している。

(2) 月末に仕訳を集計したところ、製造間接費の実際発生額は、間接材料費200円、間接労務費100円、間接経費60円であったため、材料勘定、賃金勘定、修繕費勘定から製造間接費勘定へ振り替えた。

(3) 予定配賦額と実際発生額との差額を製造間接費配賦差異に振り替えた。

[答案用紙]

材料		(円)
	製造間接費	(　　)

製造間接費				(円)
材料	(　　)	仕掛品	(　　)
賃金	(　　)		
修繕費	(　　)	製造間接費配賦差異	(　　)

賃金		(円)
	製造間接費	(　　)

修繕費		(円)
	製造間接費	(　　)

仕掛品		(円)
製造間接費	(　　)	

製造間接費配賦差異		(円)
製造間接費	(　　)	

129

材料	(円)
	製造間接費 (200)

賃金	(円)
	製造間接費 (100)

修繕費	(円)
	製造間接費 (60)

製造間接費	(円)
材料 (200)	仕掛品 (350)
賃金 (100)	
修繕費 (60)	製造間接費配賦差異 (10)

仕掛品	(円)
製造間接費 (350)	

製造間接費配賦差異	(円)
製造間接費 (10)	

(1) 製造間接費の予定配賦の仕訳を書き、各勘定に記入します。

予定配賦額 @35円×10時間=350円

仕掛品 350 / 製造間接費 350

製造間接費	(円)
材料 ( )	仕掛品 (350)
賃金 ( )	
修繕費 ( )	製造間接費配賦差異 ( )

仕掛品	(円)
製造間接費 (350)	

(2)の仕訳を書き、各勘定に記入します。

製造間接費 200 / 材料 200

製造間接費 100 / 賃金 100

製造間接費 60 / 修繕費 60

材料	(円)
	製造間接費 (200)

賃金	(円)
	製造間接費 (100)

修繕費	(円)
	製造間接費 (60)

製造間接費	(円)
材料 (200)	仕掛品 (350)
賃金 (100)	
修繕費 (60)	製造間接費配賦差異 ( )

(3)の製造間接費配賦差異の仕訳を書き、各勘定に記入します。

①予定配賦額　350円

②実際発生額　200円＋100円＋60円＝360円

③配賦差異　　350円－360円＝△10円

マイナスなので、借方差異の仕訳を書きます。

製造間接費配賦差異 10 / 製造間接費 10

製造間接費			(円)
材料	(200)	仕掛品	(350)
賃金	(100)		
修繕費	(60)	製造間接費配賦差異	(10)

製造間接費配賦差異		(円)
製造間接費	(10)	

豆知識 **複数の製品に配賦する場合**

工場で複数の種類の製品を製造している場合の仕訳は次のようになります。

例題 次の資料にもとづいて、製造間接費を仕掛品に配賦したときの仕訳を書きなさい。当月の製造間接費の実際発生額は400円、配賦基準は直接作業時間である。

	製品A	製品B
実際直接作業時間	600時間	200時間

仕訳 **仕掛品（製品A）300 / 製造間接費 300**
仕掛品（製品B）100 / 製造間接費 100

製造間接費の実際発生額400円を配賦基準である直接作業時間を使って分ける。

製品A　400円÷（600時間＋200時間）×600時間＝300円

仕掛品（製品A）300 / 製造間接費 300

製品B　400円÷（600時間＋200時間）×200時間＝100円

仕掛品（製品B）100 / 製造間接費 100

勘定連絡図

Chapter06-02で学習した勘定連絡図に原価差異を含めるとどうなるか、見ていきましょう。

原価差異とは

原価差異とは「予定の金額」と「実際にかかった金額」の差異の総称です。これまで学習した材料消費価格差異、材料副費差異、賃率差異、製造間接費配賦差異も原価差異に含まれます。

仕訳を書くときや勘定を記入するときに、材料消費価格差異などの勘定科目ではなく原価差異を使うことがあります。例えば右の勘定連絡図の材料勘定には原価差異と書かれており、矢印の先には材料消費価格差異勘定があります。本来であれば材料勘定の原価差異の部分は、相手勘定科目である材料消費価格差異と書くべきです。しかし、勘定記入の学習のさいにも説明しましたが、工業簿記では勘定記入をするときに相手勘定科目ではなく性質を表す用語で記入することがあり、材料消費価格差異ではなく原価差異と書くことがあります。

試験では、仕訳や勘定記入で使うことができる勘定科目は問題文で指示があるので、指示に従って書きましょう。

予定消費額の勘定

予定消費額で勘定を記入した場合、原価差異が発生します。発生した原価差異は最終的に売上原価勘定に振り替えます。

問題1 P.100〜106

(1)〜(3)の取引について仕訳しなさい。ただし、勘定科目は、次の中から最も適当と思われるものを選びなさい。

| 仕 掛 品 | 製 品 | 材 料 | 製 造 間 接 費 |
| 買 掛 金 | 売 掛 金 | 現 金 | 材料消費価格差異 |

(1) 素材700kgを990円/kg、工場消耗品34,000円を掛けで購入した。
(2) 素材690kg、工場消耗品16,000円を消費した。素材の消費額は予定消費価格1,000円/kgを用いて計算している。
(3) 材料の材料消費価格差異を計上した。なお、当月の材料（素材と工場消耗品）の実際消費額は712,000円であった。

問題2 P.107

問題1の取引について、材料勘定を記入しなさい。

［答案用紙］

材 料 (円)

月 初 有 高	60,000	当 月 消 費 額	
		仕 掛 品 （ ）	
当 月 仕 入 高 （ ）		製 造 間 接 費 （ ）	
		材 料 消 費 価 格 差 異 （ ）	
		月 末 有 高	75,000
（ ）		（ ）	

問題3 P.110

(1)〜(3)の取引について仕訳しなさい。ただし、勘定科目は、次の中から最も適当と思われるものを選びなさい。

| 現 金 | 当 座 預 金 | 材 料 | 材料副費差異 |
| 材 料 副 費 | 買 掛 金 | 売 上 原 価 | 製 造 間 接 費 |

(1) 原料を160,000円で買い入れ、代金は掛けとした。なお、原料の運送費12,000円は現金で支払った。
(2) 素材200,000円（購入代価）を掛けで購入した。なお、購入に際しては、購入代価の10％を材料副費として予定配賦している。

(3) 当月の素材に関する材料副費の実際発生額は21,000円であったので、材料副費の予定配賦額20,000円との差額を材料副費差異勘定に振り替える。

問題4　　　　　　　　　　　　　　　　　　　　　P.114～120

(1)～(2)の取引について仕訳しなさい。ただし、勘定科目は、次の中から最も適当と思われるものを選びなさい。

仕　掛　品　　　製　　　品　　　現　　　金　　　製造間接費
預　り　金　　　未　払　金　　　賃率差異　　　賃　　　金

(1) 直接工の実際直接作業時間は500時間、実際間接作業時間は100時間であった。直接工賃金の計算には作業1時間当たり1,600円の予定消費賃率を用いている。

(2) 直接工の賃率差異を計上した。ただし、直接工賃金の前月未払高は143,000円、当月支払額は951,000円、当月未払高は145,000円であった。

問題5　　　　　　　　　　　　　　　　　　　　　　　P.121

問題4の取引について、賃金勘定を記入しなさい。

[答案用紙]

賃金			(円)
当 月 支 払 額 （　　　）	前 月 未 払 賃 金 （　　　）		
当 月 未 払 賃 金 （　　　）	当 月 消 費 額		
賃 率 差 異 （　　　）	仕 　 掛 　 品 （　　　）		
	製 造 間 接 費 （　　　）		
（　　　）	（　　　）		

問題6　　　　　　　　　　　　　　　　　　　　　P.126～129

(1)～(2)の取引について仕訳しなさい。ただし、勘定科目は、次の中から最も適当と思われるものを選びなさい。

仕　掛　品　　　製　　　品　　　現　　　金　　　製　造　間　接　費
預　り　金　　　未　払　金　　　売上原価　　　製造間接費配賦差異

(1) 当月の製造間接費を直接作業時間にもとづいて予定配賦した。なお、年間の製造間接費予算額は8,640,000円、年間の総直接作業時間7,200時間、当月の直接作業時間620時間である。

(2) 当月、実際に発生した製造間接費は750,000円であったので、予定配賦額744,000円との差額を製造間接費配賦差異勘定に振り替えた。

次の資料にもとづいて、各勘定を記入しなさい。

1. 材料費

	分類	月初有高	当月仕入高	月末有高
原料	直接材料費	180千円	650千円	60千円
補助材料	間接材料費	20千円	260千円	40千円

2. 労務費

		前月未払高	当月支払額	当月未払高
直接工賃金	直接労務費	190千円	510千円	180千円
間接工賃金	間接労務費	30千円	110千円	20千円

3. 経費

		当月発生高・支払額
外注加工費	直接経費	300千円
保険料	間接経費	60千円

4. 仕掛品と製品

	月初有高	月末有高
仕掛品	130千円	200千円
製品	200千円	300千円

5. 原料は予定消費価格を使っており、予定消費額は700千円であった。
直接工賃金は予定賃率を使っており、予定賃金消費額は550千円であった。
製造間接費は予定配賦を行っており、予定配賦額は360千円であった。
原価差異は当月末に売上原価へ振り替えた。

[答案用紙]

材　料 （千円）

月初有高	200	仕掛品	（　　　）
仕入高	910	製造間接費	240
		原価差異	（　　　）
		月末有高	100

賃　金 （千円）

支払額	620	月初未払	220
原価差異	（　　　）	仕掛品	（　　　）
月末未払	200	製造間接費	100

外注加工費 （千円）

| 支払額 | 300 | 仕掛品 | 300 |

保険料 （千円）

| 支払額 | 60 | 製造間接費 | 60 |

材料消費価格差異 （千円）

| 材　料 | （　　　） | 売上原価 | （　　　） |

賃率差異 （千円）

| 売上原価 | （　　　） | 賃　金 | （　　　） |

製造間接費配賦差異 （千円）

| 製造間接費 | （　　　） | 売上原価 | （　　　） |

製造間接費 （千円）

材　料	240	仕掛品	（　　　）
賃　金	100		
保険料	60	原価差異	（　　　）

仕掛品 （千円）

月初有高	130)	製　品	（　　　）
材　料	（　　　）		
賃　金	（　　　）		
外注加工費	（　　　）		
製造間接費	（　　　）	月末有高	200

製品 （千円）

月初有高	200	売上原価	（　　　）
仕掛品	（　　　）		
		月末有高	300

売上原価 （千円）

製　品	（　　　）	賃率差異	（　　　）
材料消費価格差異	（　　　）	損　益	（　　　）
製造間接費配賦差異	（　　　）		

137

解説・解答

問題1

(1)

❶ 材料の購入原価を計算する。

@990円×700kg + 34,000円 = 727,000円
　　　素材　　　　工場消耗品

❷ 素材と工場消耗品どちらも購入したときは、材料が増える。左に材料を書く。掛けで材料を購入したので、買掛金が増える。右に買掛金を書く。

材　　　　料	727,000	買　掛　金	727,000

(2)

❶ 素材の予定消費額を計算する。素材は直接材料費として消費するので、仕掛品が増える。左に仕掛品を書く。材料が減るので、右に書く。

　　素材の予定消費額　@1,000円×690kg = 690,000円

　　仕掛品　　690,000 / 材料 690,000

❷ 工場消耗品は間接材料費として消費するので、製造間接費が増える。左に製造間接費を書く。材料が減るので、右に書く。

　　仕掛品　　690,000 / 材料 690,000
　　製造間接費　16,000 / 材料　16,000

❸ 仕訳の1行目と2行目の材料を合算する。日商簿記の試験では貸方に同じ勘定科目が2回以上出てくる際には合算して解答する。

　　仕掛品　　690,000 / 材料 706,000
　　製造間接費　16,000 /

仕　掛　品	690,000	材　　　　料	706,000
製造間接費	16,000		

(3)

❶ 上記(2)で計算した予定消費額706,000円と実際消費額712,000円から材料消費価格差異を計算する。

　　材料消費価格差異　706,000円 － 712,000円 = △6,000円
　　　　　　　　　　　予定消費額　　実際消費額　　マイナスなので、不利差異・借方差異

❷ 材料消費価格差異は△6,000円なので、不利差異・借方差異とわかる。借方（左側）に材料消費価格差異を書く。貸方（右側）に材料を書く。

材料消費価格差異	6,000	材　　　　料	6,000

問題2

材料勘定の空欄は下記の手順で記入する。

　当月仕入高　問題1(1)の解答の材料の金額727,000円を記入する。

　当月消費額

　　仕掛品　問題1(2)❶の材料の金額690,000円を記入する。

　　製造間接費　問題1(2)❷の材料の金額16,000円を記入する。

　材料消費価格差異　問題1(3)の解答の材料の金額6,000円を記入する。

　借方合計　60,000円＋727,000円＝787,000円

　貸方合計　690,000円＋16,000円＋6,000円＋75,000円＝787,000円

解答

		材　　料		(円)
月　初　有　高	60,000	当　月　消　費　額		
当　月　仕　入　高　(	727,000)	仕　　掛　　品　(	690,000)	
		製　造　間　接　費　(	16,000)	
		材　料　消　費　価　格　差　異　(	6,000)	
		月　　末　　有　　高	75,000	
	(787,000)	(787,000)		

問題3

(1)

❶原料を購入したので、材料が増える。左に書く。原料の運送費は原料の購入原価に含める。問題文に材料副費の予定配賦の情報が書いていないので、実際配賦で仕訳を書く。

　　購入原価　160,000円＋12,000円＝172,000円
　　　　　　　購入代価　運送費(材料副費)

❷原料は掛けで購入したので、買掛金が増える。右に書く。

❸運送費は現金で支払ったので、現金が減る。右に書く。

解答

材　　料	172,000	買　掛　金	160,000
		現　　金	12,000

(2)

❶素材を購入したので、材料が増える。左に書く。材料副費は素材の購入原価に含める。

　　材料副費　200,000円×10％＝20,000円

　　購入原価　200,000円＋20,000円＝220,000円
　　　　　　　購入代価　　材料副費

❷素材は掛けで購入したので、買掛金が増える。右に書く。

❸材料副費を予定配賦しているので、材料副費が減る。右に材料副費と書く。

材　　　料	220,000	買　掛　金	200,000
		材 料 副 費	20,000

(3)

❶素材に関する材料副費の予定配賦額20,000円と実際発生額21,000円から材料副費差異を計算する。

　　材料副費差異　　20,000円 － 21,000円 ＝ △1,000円
　　　　　　　　　　予定配賦額　　実際発生額　　マイナスなので、不利差異・借方差異

❷材料副費差異は△1,000円なので、不利差異・借方差異とわかる。借方（左側）に材料副費差異を書く。貸方（右側）に材料副費を書く。

材料副費差異	1,000	材 料 副 費	1,000

問題4

(1)

❶直接工の賃金の予定消費額を計算する。直接作業時間分は直接労務費として消費するので、仕掛品が増える。左に仕掛品を書く。賃金が減るので、右に書く。

　　直接労務費の予定消費額　　@1,600円×500時間＝800,000円

　　仕掛品 800,000 / 賃金 800,000

❷賃金のうち間接作業時間分は間接労務費として消費するので、製造間接費が増える。左に製造間接費を書く。賃金が減るので、右に書く。

　　間接労務費の予定消費額　　@1,600円×100時間＝160,000円

　　仕掛品　　800,000 / 賃金 800,000
　　製造間接費 160,000 / 賃金 160,000

❸仕訳の1行目と2行目の賃金を合算する。日商簿記の試験では貸方に同じ勘定科目が2回以上出てくる際には合算して解答する。

　　仕掛品　　800,000 / 賃金 960,000
　　製造間接費 160,000 /

仕 掛 品	800,000	賃　　　金	960,000
製造間接費	160,000		

(2)

❶直接工の賃金の実際消費額を計算する。本問のように実際賃率がわからない場合は、次のように差額で計算する。

　　実際消費額　　951,000円 ＋ 145,000円 － 143,000円 ＝ 953,000円
　　　　　　　　　当月支払額　　当月未払　　前月未払

❷上記(1)で計算した予定消費額と❶実際消費額から賃率差異を計算する。

　　賃率差異　　960,000円 － 953,000円 ＝ ＋7,000円
　　　　　　　　予定消費額　　実際消費額　　プラスなので、有利差異・貸方差異

❷賃率差異は＋7,000円なので、有利差異・貸方差異とわかる。貸方（右側）に賃率差異を書く。借方（左側）に賃金を書く。

賃　　　金	7,000	賃率差異	7,000

問題5

賃金勘定の空欄は下記の手順で記入する。

　当月支払額　問題4(2)の問題文の当月支払額951,000円を記入する。
　当月未払賃金　問題4(2)の問題文の当月未払高145,000円を記入する。
　賃率差異　問題4(2)の解答の賃金の金額7,000円を記入する。
　前月未払賃金　問題4(2)の問題文の前月未払高143,000円を記入する。
　当月消費額
　　仕掛品　問題4(1)❶の賃金の金額800,000円を記入する。
　　製造間接費　問題4(1)❷の賃金の金額160,000円を記入する。
　借方合計　951,000円＋145,000円＋7,000円＝1,103,000円
　貸方合計　143,000円＋800,000円＋160,000円＝1,103,000円

解答

賃金　　　　　　　　　　　　　　　　　　　　（円）

当　月　支　払　額	（　951,000)	前月未払賃金	（　143,000)
当月未払賃金	（　145,000)	当　月　消　費　額	
賃　率　差　異	（　7,000)	仕　　掛　　品	（　800,000)
		製　造　間　接　費	（　160,000)
	（　1,103,000)		（　1,103,000)

問題6

(1)

❶まずは製造間接費の年間予算額を利用して予定配賦率を計算する。次に当月の予定配賦額を計算する。

　予定配賦率　8,640,000円÷7,200時間＝@1,200円
　予定配賦額　@1,200円×620時間＝744,000円

❷製造間接費を予定配賦したので、製造間接費から仕掛品に振り替える仕訳を書く。

仕　掛　品	744,000	製造間接費	744,000

(2)

❶予定配賦額744,000円と実際発生額750,000円から製造間接費配賦差異を計算する。製造間接費の実際発生額と実際配賦額については P.090 で説明しているが、実際発生額と実際配賦額の金額は一致するため、本問は実際発生額を使って計算している。

製造間接費配賦差異 　744,000円 － 750,000円 ＝ △6,000円
　　　　　　　　　　　予定配賦額　　実際発生額　　マイナスなので、不利差異・借方差異

❷製造間接費配賦差異は△6,000円なので、不利差異・借方差異とわかる。借方
（左側）に製造間接費配賦差異を書く。貸方（右側）に製造間接費を書く。

解答	製造間接費配賦差異	6,000	製 造 間 接 費	6,000

問題7

資料にもとづき次のように計算し、各勘定に記入する。

材料	〈貸方（右側）の記入方法〉 ●仕掛品　予定消費額700千円を記入する。 ●原価差異 ❶実際消費額を計算し、原価差異（材料消費価格差異）を計算する。 　実際消費額　200千円＋910千円－100千円＝1,010千円 　　　　　　　　月初有高　当月仕入高　月末有高 　原価差異　700千円　＋　240千円　－　1,010千円　＝　△70千円 　　　　　　　原料の予定消費額　補助材料消費額　　実際消費額 ❷原価差異はマイナスなので、借方差異の仕訳を書く。仕訳の右に材料を書くので、材料勘定の右に70と記入する。 　原価差異 70 / 材料 70
材料消費 価格差異	●材料　材料勘定の原価差異70千円を書き写す。 ●売上原価　材料勘定の原価差異70千円を書き写す。
賃金	〈貸方（右側）の記入方法〉 ●仕掛品　直接工賃金の予定消費額550千円を記入する。 〈借方（左側）の記入方法〉 ●原価差異 ❶実際消費額を計算し、原価差異（賃率差異）を計算する。 　実際消費額　620千円＋200千円－220千円＝600千円 　　　　　　　　当月支払額　当月未払高　前月未払高 　原価差異　550千円　＋　100千円　－　600千円　＝＋50千円 　　　　　　　直接工の予定消費額　間接工消費額　　実際消費額 ❷原価差異はプラスなので、貸方差異の仕訳を書く。仕訳の左に賃金を書くので、賃金勘定の左に50と記入する。 　賃金 50 / 原価差異 50
賃率差異	●売上原価　賃金勘定の原価差異50千円を書き写す。 ●賃金　賃金勘定の原価差異50千円を書き写す。

製造間接費	〈貸方（右側）の記入方法〉 ● 仕掛品　予定配賦なので、予定配賦額360千円を記入する。 ● 原価差異 ❶原価差異（製造間接費配賦差異）を計算する。 　　実際発生額　$\underset{材料}{240千円}+\underset{賃金}{100千円}+\underset{保険料}{60千円}=400千円$ 　　原価差異　$\underset{予定配賦額}{360千円}-\underset{実際発生額}{400千円}=\triangle40千円$ ❷原価差異はマイナスなので、借方差異の仕訳を書く。仕訳の右に製造間接費を書くので、製造間接費勘定の右に40と記入する。 　　**原価差異 40 / 製造間接費 40**
製造間接費 配賦差異	● 製造間接費　製造間接費勘定の原価差異40千円を書き写す。 ● 売上原価　製造間接費勘定の原価差異40千円を書き写す。
仕掛品	〈借方（左側）の記入方法〉 ● 材料　材料勘定の右側の仕掛品700千円を書き写す。 ● 賃金　賃金勘定の右側の仕掛品550千円を書き写す。 ● 外注加工費　外注加工費勘定の右側の仕掛品300千円を書き写す。 ● 製造間接費　製造間接費勘定の右側の仕掛品360千円を書き写す。 〈貸方（右側）の記入方法〉 ● 製品　借方を合計して、月末有高を差し引き、当月完成した金額1,840千円を計算し、記入する。 　　$\underset{月初有高}{130千円}+(\underset{材料}{700千円}+\underset{賃金}{550千円}+\underset{外注加工費}{300千円}+\underset{製造間接費}{360千円})-\underset{月末有高}{200千円}$ 　　$=1,840千円$
製品	〈借方（左側）の記入方法〉 ● 仕掛品　仕掛品勘定の右側の製品1,840千円を書き写す。
	〈貸方（右側）の記入方法〉 ● 売上原価　借方を合計して、月末有高を差し引き、当月販売した金額1,740千円を計算し、記入する。 　　$\underset{月初有高}{200千円}+\underset{仕掛品}{1,840千円}-\underset{月末有高}{300千円}=1,740千円$
売上原価	● 製品　製品勘定の右側の売上原価1,740千円を書き写す。 ● 材料消費価格差異　材料消費価格差異勘定の70千円を書き写す。 ● 賃率差異　賃率差異勘定の50千円を書き写す。 ● 製造間接費配賦差異　製造間接費配賦差異勘定の40千円を書き写す。 ● 損益　$\underset{製品}{1,740千円}+\underset{価格差異}{70千円}+\underset{配賦差異}{40千円}-\underset{賃率差異}{50千円}=1,800千円$ 損益振替の仕訳　**損益 1,800 / 売上原価 1,800**

材　料 （千円）

月初有高	200	仕掛品	（　700）
仕入高	910	製造間接費	240
		原価差異	（　70）
		月末有高	100

賃　金 （千円）

支払額	620	月初未払	220
原価差異	（　50）	仕掛品	（　550）
月末未払	200	製造間接費	100

外注加工費 （千円）

支払額	300	仕掛品	300

保険料 （千円）

支払額	60	製造間接費	60

材料消費価格差異 （千円）

材　料	（　70）	売上原価	（　70）

賃率差異 （千円）

売上原価	（　50）	賃　金	（　50）

製造間接費配賦差異 （千円）

製造間接費	（　40）	売上原価	（　40）

製造間接費 （千円）

材　料	240	仕掛品	（　360）
賃　金	100		
保険料	60	原価差異	（　40）

仕掛品 （千円）

月初有高	130	製品	（1,840）
材　料	（　700）		
賃　金	（　550）		
外注加工費	（　300）		
製造間接費	（　360）	月末有高	200

製品 （千円）

月初有高	200	売上原価	（1,740）
仕掛品	（1,840）		
		月末有高	300

売上原価 （千円）

製　品	（1,740）	賃率差異	（　50）
材料消費価格差異	（　70）	損　益	（1,800）
製造間接費配賦差異	（　40）		

Chapter08
財務諸表

<ruby>製造原価報告書<rt>せいぞうげんかほうこくしょ</rt></ruby>

<ruby>製造原価報告書<rt>せいぞうげんかほうこくしょ</rt></ruby>は、製品を作るためにかかった原価が書いてある書類です。

期末または月末のタイミングで作成します。

製品を作るのに
いくらかかったか
計算できるようになったね

うん

何のために計算したかわかる？

お兄さんが
計算しろっていうから

・・・　・・・

製造原価報告書を
作るためだよ

？

製造間接費の配賦の仕訳について

製造原価報告書とは、製品を作るためにかかった原価が書いてある書類です。製造原価報告書は、本社や外部の人に原価の内訳を報告するために作成します。

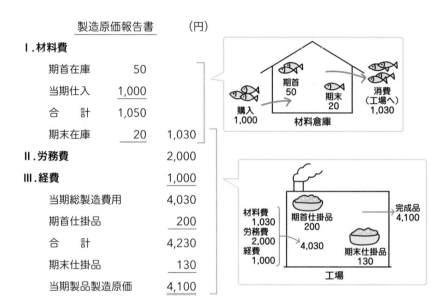

製造原価報告書		（円）
Ⅰ.材料費		
期首在庫	50	
当期仕入	1,000	
合　計	1,050	
期末在庫	20	1,030
Ⅱ.労務費		2,000
Ⅲ.経費		1,000
当期総製造費用		4,030
期首仕掛品		200
合　計		4,230
期末仕掛品		130
当期製品製造原価		4,100

製造原価報告書の書き方

製造原価報告書には、「材料費、労務費、経費で分ける形式」と「製造直接費、製造間接費で分ける形式」の2つの書き方があります。上の図は「材料費、労務費、経費で分ける形式」です。

試験でどちらの書き方を使うかは答案用紙の形式に従いましょう。それでは、製造原価報告書の書き方について、例題を見ていきましょう。

例題 次の資料にもとづいて、（1）（2）の製造原価報告書を書きなさい。

1. 棚卸資産有高

		期首有高		期末有高
原料	①	800,000円	②	700,000円
仕掛品	③	1,200,000円	④	1,400,000円

2. 当期の仕入高・消費高など

原料仕入高	⑤	3,900,000円
直接工賃金消費高	⑥	1,700,000円
間接工賃金消費高	⑦	580,000円
特許権使用料	⑧	500,000円
減価償却費	⑨	100,000円

解答

（1）製造原価報告書（材料費、労務費、経費で分ける形式）

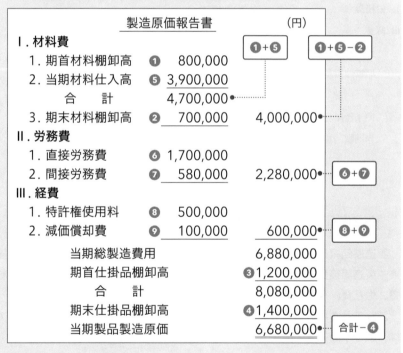

(2) 製造原価報告書（製造直接費、製造間接費で分ける形式）

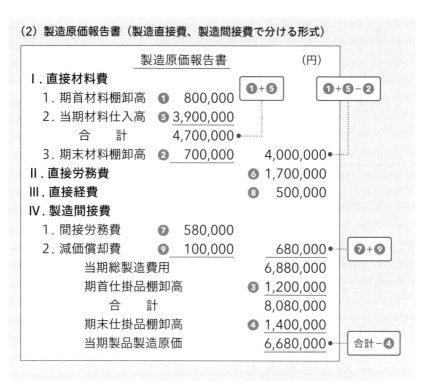

製造原価報告書		（円）
Ⅰ. 直接材料費		
1. 期首材料棚卸高 ❶	800,000	❶+❺
2. 当期材料仕入高 ❺	3,900,000	❶+❺-❷
合　　計	4,700,000	
3. 期末材料棚卸高 ❷	700,000	4,000,000
Ⅱ. 直接労務費	❻	1,700,000
Ⅲ. 直接経費	❽	500,000
Ⅳ. 製造間接費		
1. 間接労務費 ❼	580,000	
2. 減価償却費 ❾	100,000	680,000 ❼+❾
当期総製造費用		6,880,000
期首仕掛品棚卸高 ❸		1,200,000
合　　計		8,080,000
期末仕掛品棚卸高 ❹		1,400,000
当期製品製造原価		6,680,000 合計-❹

解説

問題の❶～❾の金額を製造原価報告書の❶～❾に書き写します。どちらの製造原価報告書でも、当期製品製造原価の金額は同じになります。問題を解くときには、答案用紙の製造原価報告書の形式に合わせて解答しましょう。

損益計算書と貸借対照表

本社では、損益計算書と貸借対照表を作成します。損益計算書と貸借対照表には、工場で計算した製造原価や、本社で行った取引の情報が書いてあります。

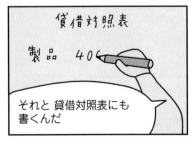

理解のための用語説明

● 損益計算書
会社の売上高や費用の内訳が書いてある報告書。

● 貸借対照表
会社の財産や借金の内訳が書いてある報告書。

● 売上高
売上の金額のこと。損益計算書には「売上」ではなく「売上高」と書く。

損益計算書とは

損益計算書とは、会社の売上高や費用の内訳が書いてある書類です。試験で、どのような数値を与えられ、どのように損益計算書を書くのかについては、P.156にある練習問題で解説します。

製造原価報告書に書いてある「当期製品製造原価」と同じ金額。

損益計算書 （円）

Ⅰ. 売上高　　　　　　　　　❶10,000,000
Ⅱ. 売上原価
　1. 期首製品棚卸高　　❷　　600,000
　2. 当期製品製造原価　❸ 6,680,000　　❷+❸　　❹-❺
　　　合　　計　　　　❹ 7,280,000
　3. 期末製品棚卸高　　❺　　400,000　❻ 6,880,000
　　　売上総利益　　　　　　　❼ 3,120,000
Ⅲ. 販売費及び一般管理費　　　　　❶-❻
　1. 広告宣伝費　　　　❽ 1,800,000　　❽+❾
　2. 本社建物減価償却費 ❾ 1,000,000　❿ 2,800,000
　　　営業利益　　　　　　　　　320,000

❼-❿

貸借対照表とは

貸借対照表とは、会社の財産や借金の内訳が書いてある書類です。工業簿記で使われる、「製品」「材料」「仕掛品」3つの勘定科目について、期末の残高を記入します。

貸借対照表（一部）　　　（円）

　　　　⋮
製品　　　400,000
材料　　　700,000
仕掛品　1,400,000
　　　　⋮

原価差異がある場合の財務諸表

原価差異がある場合の製造原価報告書と損益計算書の書き方を学びます。
試験で出題されますので、書き方を練習しておきましょう。

財務諸表カンターン♪

原価差異がある場合には
製造原価報告書と損益計算書に
書き加えるんだよ

えっ？

これまで出てきた原価差異は
どこかへ消えちゃうんじゃ
なくて
きちんと原価に足さないと
いけないからね

続きを
学習しよう！

まだ
続きが
あったのか…

がんばれ
パブロっくん！

原価差異がある場合の製造原価報告書

原価差異がある場合の製造原価報告書の書き方について、例題を見ていきましょう。

例題　**次の資料にもとづいて、製造原価報告書を書きなさい。**

1. 棚卸資産有高

	期首有高		期末有高
原料	❶ 800,000円	❷	700,000円
仕掛品	❸1,200,000円	❹	1,400,000円

2. 当期の仕入高・消費高など

原料仕入高	❺	3,900,000円
直接工賃金消費高	❻	1,700,000円
間接工賃金消費高	❼	580,000円
特許権使用料	❽	500,000円
減価償却費	❾	100,000円

3. 製造間接費は❿700,000円を予定配賦している。なお、原価差異は売上原価に賦課する。

解答

製造原価報告書 （円）

Ⅰ. **直接材料費**			
1. 期首材料棚卸高	❶	800,000	
2. 当期材料仕入高	❺	3,900,000	
合　　計		4,700,000	
3. 期末材料棚卸高	❷	700,000	4,000,000
Ⅱ. **直接労務費**			❻ 1,700,000
Ⅲ. **直接経費**			❽ 500,000
Ⅳ. **製造間接費**			
1. 間接労務費	❼	580,000	
2. 減価償却費	❾	100,000	
合　　計		680,000	
製造間接費配賦差異		20,000	❿ 700,000
当期総製造費用			6,900,000
期首仕掛品棚卸高			❸ 1,200,000
合　　計			8,100,000
期末仕掛品棚卸高			❹ 1,400,000
当期製品製造原価			6,700,000

> 680,000と700,000の差額

> 予定配賦額

原価差異がある場合の損益計算書

　原価差異がある場合の損益計算書の書き方を、前ページの例題と製造原価報告書をもとに、見ていきましょう。売上高など原価差異に関わらない金額はP.151の損益計算書と同じ設定です。

　「原価差異は売上原価に賦課する」との指示より、売上原価の内訳に「原価差異」を書くことになります。ここで原価差異をプラスにするのか、マイナスにするのか、を判断する必要があります。

①製造間接費配賦差異の計算

　　予定配賦額700,000円－実際配賦額680,000円＝＋20,000円

　　　　　　　　　　　　　　　　　　　　　（プラスなので有利差異）

②原価差異を売上原価にプラスするのか、マイナスするのか？

　　予定配賦額の方が実際配賦額より多かったので、今のままでは製造間接費を20,000円多く計算していることになります。この20,000円を売上原価からマイナスします。その結果、実際配賦額を使った場合の売上原価6,880,000円と同じ金額になります（P.151と同じになる）。

損益計算書		（円）
Ⅰ. 売上高		10,000,000
Ⅱ. 売上原価		
1. 期首製品棚卸高	600,000	
2. 当期製品製造原価	6,700,000	
合　　計	7,300,000	
3. 期末製品棚卸高	400,000	
原価差異	**20,000**•	6,880,000
売上総利益		3,120,000
Ⅲ. 販売費及び一般管理費		
1. 広告宣伝費	1,800,000	
2. 本社建物減価償却費	1,000,000	2,800,000
営業利益		320,000

> 有利差異の場合、売上原価からマイナスする。

原価差異の仕訳について

　これまで学習した製造間接費配賦差異の仕訳と製造原価報告書、損益計算書の関係は次のようになります。

　製造間接費を予定配賦したことにより原価差異（左の例でいうと20,000円）が発生したときの仕訳を行います。このとき原価差異を、製造原価報告書に「製造間接費配賦差異」として記入します。

有利差異の場合	不利差異の場合
❶ 製造間接費配賦差異を計算すると、 予定－実際＝＋20,000円 ❷ プラスなので、有利差異（貸方差異）になる。貸方差異なので、貸方（右側）に製造間接費配賦差異20,000と書く。 ／製造間接費配賦差異 20,000 ❸ 左に製造間接費20,000と書く。 製造間接費 20,000／製造間接費配賦差異 20,000 ❹ 製造原価報告書 製造間接費にプラスする。	❶ 製造間接費配賦差異を計算すると、 予定－実際＝△20,000円 ❷ マイナスなので、不利差異（借方差異）になる。借方差異なので、借方（左側）に製造間接費配賦差異20,000と書く。 製造間接費配賦差異 20,000／ ❸ 右に製造間接費20,000と書く。 製造間接費配賦差異 20,000／製造間接費 20,000 ❹ 製造原価報告書 製造間接費からマイナスする。

　原価差異を売上原価に賦課したときの仕訳を行います。このとき原価差異を、損益計算書に「原価差異」として記入します。

有利差異の場合	不利差異の場合
❶ 製造間接費配賦差異を0円まで減らすので、左に製造間接費配賦差異20,000と書く。 製造間接費配賦差異 20,000／ ❷ 「売上原価に賦課する」ので、右に売上原価20,000と書く。 製造間接費配賦差異 20,000／売上原価 20,000 ❸ 損益計算書 売上原価からマイナスする。	❶ 製造間接費配賦差異を0円まで減らすので、右に製造間接費配賦差異20,000と書く。 ／製造間接費配賦差異 20,000 ❷ 「売上原価に賦課する」ので、左に売上原価20,000と書く。 売上原価 20,000／製造間接費配賦差異 20,000 ❸ 損益計算書 売上原価にプラスする。

練習問題 Chapter08 01-03

次の資料にもとづいて、3月の製造原価報告書と損益計算書を完成しなさい。

1. 棚卸資産有高 （円）

	月初有高	月末有高
素材	800,000	700,000
燃料	80,000	70,000
仕掛品	1,200,000	1,400,000
製品	800,000	600,000

2. 3月中の支払高等 （円）

素材仕入高	3,000,000
燃料仕入高	300,000
直接工賃金当月支払高	1,600,000
直接工賃金前月未払高	200,000
直接工賃金当月未払高	300,000
間接工賃金（当月消費高）	580,000
電力料金（測定額）	150,000

3. 製造間接費は直接材料費の30％を予定配賦している。なお、配賦差異は売上原価に賦課する。

［答案用紙］

製造原価報告書 （円）

Ⅰ 直接材料費
　月初棚卸高 　（　　　　　　　　）
　当月仕入高 　（　　　　　　　　）
　　合　計 　（　　　　　　　　）
　月末棚卸高 　（　　　　　　　　）（　　　　　　　　）
Ⅱ 直接労務費 　　　　　　　　　　（　　　　　　　　）
Ⅲ 製造間接費
　間接材料費 　（　　　　　　　　）
　間接労務費 　（　　　　　　　　）
　水道光熱費 　（　　　　　　　　）
　　合　計 　（　　　　　　　　）
　製造間接費配賦差異 （　　　　　　　　）（　　　　　　　　）
　　当月総製造費用 　　　　　　　　（　　　　　　　　）
　　月初仕掛品原価 　　　　　　　　（　　　　　　　　）
　　　合　計 　　　　　　　　　　（　　　　　　　　）
　　月末仕掛品原価 　　　　　　　　（　　　　　　　　）
　　当月製品製造原価 　　　　　　　（　　　　　　　　）

損益計算書 （円）

Ⅰ 売上高　　　　　　　　　　　　　　　　　　　10,000,000
Ⅱ 売上原価
　　月初製品有高　　　　（　　　　　　　　）
　　当月製品製造原価　　（　　　　　　　　）
　　　合　計　　　　　　（　　　　　　　　）
　　月末製品有高　　　　（　　　　　　　　）
　　原価差異　　　　　　（　　　　　　　　）（　　　　　　　　　　）
　　　　売上総利益　　　　　　　　　　　　（　　　　　　　　　　）

解説・解答

製造原価報告書と損益計算書の問題は、当月（1か月）と当期（1年間）の2種類が出題される。本問は当月である3月の製造原価報告書と損益計算書を作成する。

ステップ1 製造原価報告書を記入する。

	記入方法
Ⅰ 直接材料費	
月初棚卸高	素材の月初有高800,000円を書き写す。
当月仕入高	素材の仕入高3,000,000円を書き写す。
合　計	800,000円＋3,000,000円＝3,800,000円を記入。
月末棚卸高	素材の月末有高700,000円を書き写す。
当月消費額 （右の列の空欄）	3,800,000円－700,000円＝3,100,000円を記入。
Ⅱ 直接労務費	
当月消費額 （右の列の空欄）	下書きを書き、賃金の当月消費額を計算する。
Ⅲ 製造間接費	

間接材料費	下書きを書き、間接材料費の当月消費額を計算する。
	燃　料 月初 80,000　　間接材料費 　　　　　　　　　310,000 仕入 　300,000 　　　　　　　月末 70,000
間接労務費	間接工賃金（当月消費高）580,000円を書き写す。
水道光熱費	電力料金（測定額）150,000円を書き写す。
合　計	310,000円＋580,000円＋150,000円＝1,040,000円を記入。 合計は製造間接費の実際発生額を表している。
製造間接費配賦差異	問題文に「製造間接費は直接材料費の30％を予定配賦している」と指示があるので、予定配賦額は次のとおり。 予定配賦額　3,100,000円×30％＝930,000円 　　　　　　Ⅰ直接材料費の当月消費額 実際発生額　1,040,000円 　　　　　　Ⅲ製造間接費の合計 配賦差異　930,000円－1,040,000円＝△110,000円 　　　　　予定配賦額　　実際発生額　　マイナスなので,不利差異
予定配賦額 （右の列の空欄）	1,040,000円－110,000円＝930,000円を記入する。 　　合　計　　製造間接費配賦差異 または予定配賦額930,000円を記入する。
当月総製造費用	Ⅰ、Ⅱ、Ⅲの金額を合計して記入する。 3,100,000円＋1,700,000円＋930,000円＝5,730,000円
月初仕掛品原価	仕掛品の月初有高1,200,000円を書き写す。
合　計	5,730,000円＋1,200,000円＝6,930,000円を記入する。
月末仕掛品原価	仕掛品の月末有高1,400,000円を書き写す。
当月製品製造原価	6,930,000円－1,400,000円＝5,530,000円を記入する。

ステップ2 損益計算書を記入する。

I 売上高	答案用紙にあらかじめ記入されている。
II 売上原価	
月初製品有高	製品の月初有高800,000円を書き写す。
当月製品製造原価	製造原価報告書の当月製品製造原価5,530,000円を書き写す。
合　計	800,000円＋5,530,000円＝6,330,000円
月末製品有高	製品の月末有高600,000円を書き写す。
原価差異	製造原価報告書の製造間接費配賦差異110,000円を書き写す。
売上原価 （右の列の空欄）	原価差異（製造間接費配賦差異）は不利差異なので、損益計算書の売上原価に加算する。 6,330,000円－600,000円＋110,000円＝5,840,000円 　　合　計　　　月末製品有高　　原価差異
売上総利益	売上高から売上原価を差し引いて、売上総利益を記入する。 10,000,000円－5,840,000円＝4,160,000円 　売上高　　　　売上原価

製造原価報告書 (円)

I 直接材料費
  月初棚卸高   (800,000)
  当月仕入高   (3,000,000)
    合 計   (3,800,000)
  月末棚卸高   (700,000) (3,100,000)
II 直接労務費   (1,700,000)
III 製造間接費
  間接材料費   (310,000)
  間接労務費   (580,000)
  水道光熱費   (150,000)
    合 計   (1,040,000)
  製造間接費配賦差異   (110,000) (930,000)
    当月総製造費用   (5,730,000)
    月初仕掛品原価   (1,200,000)
      合 計   (6,930,000)
    月末仕掛品原価   (1,400,000)
    当月製品製造原価   (5,530,000)

損益計算書 (円)

I 売上高   10,000,000
II 売上原価
  月初製品有高   (800,000)
  当月製品製造原価   (5,530,000)
    合 計   (6,330,000)
  月末製品有高   (600,000)
  原価差異   (110,000) (5,840,000)
      売上総利益   (4,160,000)

Chapter09
製造間接費の部門別計算

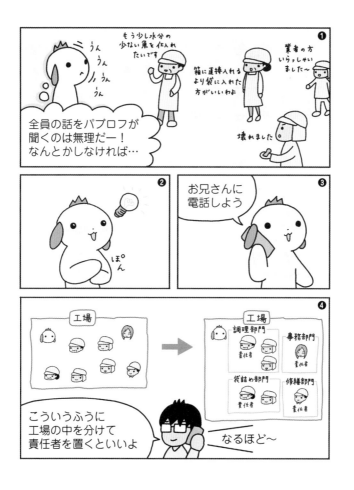

重要度 ★

製造間接費の第1次集計

　Chapter09では製造間接費の部門別計算について学習します。まずは第1次集計について、見ていきましょう。

理解のための用語説明

◉ **部門**

工場をいくつかに分けて管理するためのグループのこと。製品を作る製造部門とそれ以外の補助部門に分けることができる。

工場を部門に分けて責任者を置くことで、管理がしやすくなるだけでなく、製造間接費をより正確に計算することもできるようになる。

◉ **配賦**

製造間接費を分けること。

◉ **第1次集計**

部門共通費を各部門に配賦すること。
　　第1次集計…部門共通費の配賦
　　第2次集計…補助部門費の配賦

部門個別費と部門共通費

　ドッグフードを調理するために必要な機械の減価償却費は、調理部門で使われた製造間接費です。もし、これが袋詰め部門に負担されると、使用していない製造間接費が負担されるため、正確に原価を計算できなくなります。そのため調理用機械の減価償却費は、調理部門の**部門個別費**として、調理部門にのみ負担させます。

　一方、工場の建物の減価償却費は、調理部門にも袋詰め部門にも関わりがあります。このように各部門に共通して発生した製造間接費を**部門共通費**といい、関わりのある部門に配賦します。

　いくつかの部門のある工場では、製造間接費を部門個別費と部門共通費に分けて考えることで、より正確な原価計算を行うことができます。

部門個別費	特定の部門で発生した製造間接費のこと。 ● 調理部門で使う間接材料費 ● 調理用機械の減価償却費
部門共通費	共通して発生した製造間接費のこと。 ● 工場の建物の減価償却費 ● 工場の水道代

製造間接費の第1次集計とは

　第1次集計では、製造間接費を部門個別費と部門共通費に分け、部門個別費は各部門に負担させます。さらに部門共通費を調理部門、袋詰め部門、修繕部門、事務部門に振り分けます。

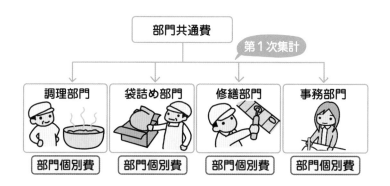

製造間接費の第1次集計の計算方法

例題を使って、製造間接費の第1次集計の計算方法について見ていきましょう。

例題 次の資料にもとづいて、各部門の部門費を計算しなさい。

1. 当月の製造間接費

	調理部門	袋詰め部門	修繕部門	事務部門
部門個別費	800,000円	200,000円	55,000円	30,000円
部門共通費	120,000円			

2. 部門共通費の配賦資料

	配賦基準	調理部門	袋詰め部門	修繕部門	事務部門
部門共通費	占有面積(120㎡)	80㎡	25㎡	5㎡	10㎡

[答案用紙]

製造間接費部門別配賦表 (円)

概　要	合　計	調理部門	袋詰め部門	修繕部門	事務部門
部門個別費					
部門共通費					
部　門　費					

解答

製造間接費部門別配賦表 (円)

概　要	合　計	調理部門	袋詰め部門	修繕部門	事務部門
部門個別費	1,085,000	800,000	200,000	55,000	30,000
部門共通費	120,000	80,000	25,000	5,000	10,000
部　門　費	1,205,000	880,000	225,000	60,000	40,000

解説

ステップ1 部門個別費を記入します。資料1の金額をそのまま書き写します。
問題文の「1. 当月の製造間接費」の「調理部門の部門個別費800,000円」を答案用紙の調理部門の部門個別費に書き写します。同様に袋詰め部門、修繕部門、事務部門の部門個別費を答案用紙の部門個別費に書き写します。最後に合計欄を書きます。

　合　計　800,000円＋200,000円＋55,000円＋30,000円＝1,085,000円

製造間接費部門別配賦表 　　　　　　　　　　　　　　 (円)

	合　計	調理部門	袋詰め部門	修繕部門	事務部門
部門個別費	1,085,000	800,000	200,000	55,000	30,000

ステップ2 　部門共通費を配賦計算します。

❶ 問題文の「2.部門共通費の配賦資料」の工場の「占有面積」の割合で、部門
共通費を分けます。

部門共通費の配賦単価　120,000円÷120㎡＝＠1,000円

調理部門　　＠1,000円×80㎡＝80,000円

袋詰め部門　＠1,000円×25㎡＝25,000円

修繕部門　　＠1,000円×5㎡＝5,000円

事務部門　　＠1,000円×10㎡＝10,000円

合　計　　　80,000円＋25,000円＋5,000円＋10,000円＝120,000円

製造間接費部門別配賦表 　　　　　　　　　　　　　　 (円)

概　要	合　計	調理部門	袋詰め部門	修繕部門	事務部門
部門個別費	1,085,000	800,000	200,000	55,000	30,000
部門共通費	120,000	80,000	25,000	5,000	10,000

❷ 部門個別費と部門共通費を合計して部門費を記入します。

調理部門　　800,000円＋80,000円＝880,000円

袋詰め部門　200,000円＋25,000円＝225,000円

修繕部門　　55,000円＋5,000円＝60,000円

事務部門　　30,000円＋10,000円＝40,000円

合　計　　　880,000円＋225,000円＋60,000円＋40,000円＝1,205,000円

製造間接費部門別配賦表 　　　　　　　　　　　　　　 (円)

概　要	合　計	調理部門	袋詰め部門	修繕部門	事務部門
部門個別費	1,085,000	800,000	200,000	55,000	30,000
部門共通費	120,000	80,000	25,000	5,000	10,000
部　門　費	1,205,000	880,000	225,000	60,000	40,000

製造間接費の第2次集計

　工場には、製品を作っている部門だけではなく、サポートする補助部門が存在します。ここでは、補助部門の製造間接費を振り分ける方法を見ていきましょう。

> 理解のための用語説明
>
> ● 第2次集計
> 補助部門の製造間接費を製造部門へ配賦すること。
> 　第1次集計…部門共通費の配賦
> 　第2次集計…補助部門費の配賦

製造間接費の第2次集計とは

　第2次集計とは、補助部門の製造間接費（補助部門費）を製造部門へ分けることをいいます。

　製造部門、補助部門、部門共通費の関係は次の図のようになっています。初めて勉強するときは理解できなくても大丈夫です。Chapter09が終わってから読みなおすと、理解できるようになっているでしょう。

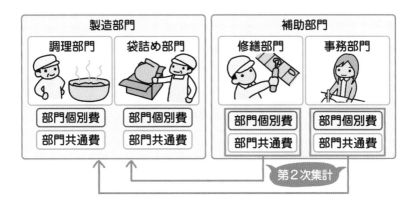

製造部門と補助部門とは

　製造部門とは、製品を作っている部門のことです。上のイラストでは、調理部門と袋詰め部門が製造部門になります。

　補助部門とは、他の製造部門のサポートを行っている部門のことです。上のイラストでは、修繕部門と事務部門が補助部門になります。

　補助部門から製造部門へ配賦する方法として、<ruby>直接配賦法<rt>ちょくせつはいふほう</rt></ruby>と<ruby>相互配賦法<rt>そうごはいふほう</rt></ruby>の2つがあります。詳しくは、次のページから見ていきましょう。

直接配賦法の計算方法

直接配賦法とは、補助部門費を製造部門だけに配賦する方法です。
例題を使って、直接配賦法の解き方を見ていきましょう。

例題 次の資料にもとづいて、部門別配賦表を作成しなさい。補助部門費の配賦は直接配賦法による。

1. 当月の製造間接費

	製造部門		補助部門	
	調理部門	袋詰め部門	修繕部門	事務部門
部門個別費	800,000円	200,000円	55,000円	30,000円
部門共通費	120,000円			

2. 部門共通費と補助部門費の配賦資料

	配賦基準	調理部門	袋詰め部門	修繕部門	事務部門
部門共通費	占有面積(120㎡)	80㎡	25㎡	5㎡	10㎡
修繕部門費	修繕回数(6回)	3回	2回	—	1回
事務部門費	従業員数(30人)	10人	10人	5人	5人

[答案用紙]

製造間接費部門別配賦表 (円)

概　要	合　計	製造部門		補助部門	
		調理部門	袋詰め部門	修繕部門	事務部門
部門個別費					
部門共通費					
部　門　費					
修繕部門費					
事務部門費					
製造部門費					

製造間接費部門別配賦表　　　　　　　　(円)

概　要	合　計	製造部門		補助部門	
		調理部門	袋詰め部門	修繕部門	事務部門
部門個別費	1,085,000	800,000	200,000	55,000	30,000
部門共通費	120,000	80,000	25,000	5,000	10,000
部　門　費	1,205,000	880,000	225,000	60,000	40,000
修繕部門費	60,000	36,000	24,000		
事務部門費	40,000	20,000	20,000		
製造部門費	1,205,000	936,000	269,000		

解説

製造間接費を直接配賦法で計算する場合、次の3つのステップで解きます。ステップ1と2はP.164と同じ解き方です。

ステップ1 部門個別費を記入します。 ⎫
ステップ2 部門共通費を配賦計算します（第1次集計）。 ⎬ **P.164で学習済み**
ステップ3 直接配賦法で補助部門費を配賦計算します（第2次集計）。 ⎭

ステップ1 部門個別費を記入します。資料1の金額を書き写し、合計を書きます。

　合　計　800,000円＋200,000円＋55,000円＋30,000円＝1,085,000円

製造間接費部門別配賦表　　　　　　　　(円)

概　要	合　計	製造部門		補助部門	
		調理部門	袋詰め部門	修繕部門	事務部門
部門個別費	1,085,000	800,000	200,000	55,000	30,000

ステップ2 部門共通費を配賦計算します。

❶ 問題文の「2.部門共通費と補助部門費の配賦資料」の工場の「占有面積」の割合で、部門共通費を分けます。

　部門共通費の配賦単価　120,000円÷120㎡＝@1,000円
　調理部門　@1,000円×80㎡＝80,000円
　袋詰め部門　@1,000円×25㎡＝25,000円
　修繕部門　@1,000円×5㎡＝5,000円
　事務部門　@1,000円×10㎡＝10,000円
　合　計　80,000円＋25,000円＋5,000円＋10,000円＝120,000円

❷ 部門個別費と部門共通費を合計して部門費を記入します。

調理部門　　800,000円＋80,000円＝880,000円

袋詰め部門　200,000円＋25,000円＝225,000円

修繕部門　　55,000円＋5,000円＝60,000円

事務部門　　30,000円＋10,000円＝40,000円

合　計　　　880,000円＋225,000円＋60,000円＋40,000円＝1,205,000円

製造間接費部門別配賦表　　　　　　　　　（円）

概　要	合　計	製造部門		補助部門	
		調理部門	袋詰め部門	修繕部門	事務部門
部門個別費	1,085,000	800,000	200,000	55,000	30,000
部門共通費	120,000	80,000	25,000	5,000	10,000
部　門　費	1,205,000	880,000	225,000	60,000	40,000

ステップ3 　直接配賦法で補助部門費を配賦計算します（第2次集計）。

❶ 修繕部門の部門費は修繕回数にもとづいて配賦計算をします。直接配賦法の場合、製造部門である調理部門と袋詰め部門の修繕回数だけを使います。

修繕部門費の配賦単価　60,000円÷（　3回　＋　2回　）＝＠12,000円
　　　　　　　　　　　　修繕部門費　　調理部門　袋詰め部門

調理部門　　＠12,000円×3回＝36,000円

袋詰め部門　＠12,000円×2回＝24,000円

合　計　　　36,000円＋24,000円＝60,000円

❷ 事務部門の部門費は従業員数にもとづいて配賦計算をします。直接配賦法の場合、製造部門である調理部門と袋詰め部門の従業員数だけを使います。

事務部門費の配賦単価　40,000円÷（　10人　＋　10人　）＝＠2,000円
　　　　　　　　　　　　事務部門費　　調理部門　袋詰め部門

調理部門　　＠2,000円×10人＝20,000円

袋詰め部門　＠2,000円×10人＝20,000円

合　計　　　20,000円＋20,000円＝40,000円

製造間接費部門別配賦表　　　　　　　　　（円）

概　要	合　計	製造部門		補助部門	
		調理部門	袋詰め部門	修繕部門	事務部門
部　門　費	1,205,000	880,000	225,000	60,000	40,000
修繕部門費	60,000	36,000	24,000		
事務部門費	40,000	20,000	20,000		

❸製造部門費を計算し、記入します。

調理部門　880,000円＋36,000円＋20,000円＝936,000円

袋詰め部門　225,000円＋24,000円＋20,000円＝269,000円

合　計　936,000円＋269,000円＝1,205,000円

製造間接費部門別配賦表　　　　　　　（円）

概　要	合　計	製造部門		補助部門	
		調理部門	袋詰め部門	修繕部門	事務部門
部　門　費	1,205,000	880,000	225,000	60,000	40,000
修繕部門費	60,000	36,000	24,000		
事務部門費	40,000	20,000	20,000		
製造部門費	1,205,000	936,000	269,000		

相互配賦法の計算方法

相互配賦法は、補助部門の製造間接費を製造部門と**他の補助部門**にも**配賦**します。計算の手間は増えますが、直接配賦法より正確に計算ができます。例題を使って、相互配賦法の解き方を見ていきましょう。

例題　次の資料にもとづいて、部門別配賦表を作成しなさい。補助部門費の配賦は相互配賦法による。

1. 当月の製造間接費

	製造部門		補助部門	
	調理部門	袋詰め部門	修繕部門	事務部門
部門個別費	800,000円	200,000円	55,000円	30,000円
部門共通費	120,000円			

2. 部門共通費と補助部門費の配賦資料

	配賦基準	調理部門	袋詰め部門	修繕部門	事務部門
部門共通費	占有面積(120㎡)	80㎡	25㎡	5㎡	10㎡
修繕部門費	修繕回数(6回)	3回	2回	—	1回
事務部門費	従業員数(30人)	10人	10人	5人	5人

製造間接費部門別配賦表 (円)

概　要	合　計	製造部門		補助部門	
		調理部門	袋詰め部門	修繕部門	事務部門
部門個別費					
部門共通費					
部　門　費					
第1次配賦					
修繕部門費					
事務部門費					
第2次配賦					
修繕部門費					
事務部門費					
製造部門費					

解答

製造間接費部門別配賦表 (円)

概　要	合　計	製造部門		補助部門	
		調理部門	袋詰め部門	修繕部門	事務部門
部門個別費	1,085,000	800,000	200,000	55,000	30,000
部門共通費	120,000	80,000	25,000	5,000	10,000
部　門　費	1,205,000	880,000	225,000	60,000	40,000
第1次配賦					
修繕部門費	60,000	30,000	20,000	—	10,000
事務部門費	40,000	16,000	16,000	8,000	—
第2次配賦				8,000	10,000
修繕部門費	8,000	4,800	3,200		
事務部門費	10,000	5,000	5,000		
製造部門費	1,205,000	935,800	269,200		

解説

製造間接費を相互配賦法で計算する場合、次の4つのステップで解きます。ス
テップ1と2はP.164と同じ解き方です。

ステップ1　部門個別費を記入します。
ステップ2　部門共通費を配賦計算します（第1次集計）。　⎫ P.164で学習済み

ステップ3、ステップ4　相互配賦法で補助部門費を配賦計算します（第2次集計）。

ステップ1　部門個別費を記入します。P.169と同じなので、解説は省略します。

ステップ2　部門共通費を配賦計算します。P.169と同じなので、解説は省略します。

製造間接費部門別配賦表 （円）

概　　要	合　　計	製造部門		補助部門	
		調理部門	袋詰め部門	修繕部門	事務部門
部門個別費	1,085,000	800,000	200,000	55,000	30,000
部門共通費	120,000	80,000	25,000	5,000	10,000
部　門　費	1,205,000	880,000	225,000	60,000	40,000

ステップ3　相互配賦法で補助部門費を配賦計算します（第2次集計）。相互配賦法の第1次配賦を行います。補助部門費を製造部門と他の補助部門へ配賦します。

修繕部門費

修繕部門費の配賦単価　$60,000円÷(\underline{3回} + \underline{2回} + \underline{1回})=@10,000円$
　　　　　　　　　　　　　修繕部門費　調理部門　袋詰め部門　事務部門

調理部門　　@10,000円×3回＝30,000円

袋詰め部門　@10,000円×2回＝20,000円

修繕部門　　自部門で発生した製造間接費は、自部門に配賦計算しない。

事務部門　　@10,000円×1回＝10,000円

合　計　　　30,000円＋20,000円＋10,000円＝60,000円

事務部門費

事務部門費の配賦単価　$40,000円÷(\underline{10人} + \underline{10人} + \underline{5人})=@1,600円$
　　　　　　　　　　　　　事務部門費　調理部門　袋詰め部門　修繕部門

調理部門　　@1,600円×10人＝16,000円

袋詰め部門　@1,600円×10人＝16,000円

修繕部門　　@1,600円×5人＝8,000円

事務部門　　自部門で発生した製造間接費は、自部門に配賦計算しない。

合　計　　　16,000円＋16,000円＋8,000円＝40,000円

第2次配賦の修繕部門と事務部門　第1次配賦の合計を記入する。

製造間接費部門別配賦表　　　　　　　　　　（円）

概　要	合　計	製造部門		補助部門	
		調理部門	袋詰め部門	修繕部門	事務部門
部　門　費	1,205,000	880,000	225,000	60,000	40,000
第1次配賦					
修繕部門費	60,000	30,000	20,000	—	10,000
事務部門費	40,000	16,000	16,000	8,000	—
第2次配賦				8,000	10,000

ステップ4　さらに相互配賦法で補助部門費を配賦計算します。

❶相互配賦法の第2次配賦を行います。第2次配賦は直接配賦法と同じ計算を行います。補助部門費を製造部門へ配賦します。

修繕部門費

　修繕部門費の配賦単価　8,000円÷（　3回　＋　2回　）＝@1,600円
　　　　　　　　　　　　　　　　修繕部門費　調理部門　袋詰め部門

　調理部門　　@1,600円×3回＝4,800円

　袋詰め部門　@1,600円×2回＝3,200円

　合　計　　　4,800円＋3,200円＝8,000円

事務部門費

　事務部門費の配賦単価　10,000円÷（　10人　＋　10人　）＝@500円
　　　　　　　　　　　　　　　　事務部門費　調理部門　袋詰め部門

　調理部門　　@500円×10人＝5,000円

　袋詰め部門　@500円×10人＝5,000円

　合　計　　　5,000円＋5,000円＝10,000円

製造間接費部門別配賦表　　　　　　　　　　（円）

概　要	合　計	製造部門		補助部門	
		調理部門	袋詰め部門	修繕部門	事務部門
第2次配賦				8,000	10,000
修繕部門費	8,000	4,800	3,200		
事務部門費	10,000	5,000	5,000		

❷製造部門費を計算し、記入します。

調理部門　880,000円＋30,000円＋16,000円＋4,800円＋5,000円＝935,800円
袋詰め部門　225,000円＋20,000円＋16,000円＋3,200円＋5,000円＝269,200円
合　計　　935,800円＋269,200円＝1,205,000円

製造間接費部門別配賦表　　　　　　（円）

概　　要	合　計	製造部門		補助部門	
		調理部門	袋詰め部門	修繕部門	事務部門
部　門　費	1,205,000	880,000	225,000	60,000	40,000
第1次配賦					
修繕部門費	60,000	30,000	20,000	—	10,000
事務部門費	40,000	16,000	16,000	8,000	—
第2次配賦				8,000	10,000
修繕部門費	8,000	4,800	3,200		
事務部門費	10,000	5,000	5,000		
製造部門費	1,205,000	935,800	269,200		

製品への配賦

　製造間接費の第2次集計のあと、どのように製造間接費を製品へ配賦するのか、学習しましょう。

製造間接費を製品に配賦

部門別計算の場合、製造間接費を製品に配賦する流れは次のとおりです。

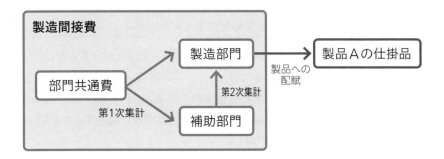

　なお、部門に分かれていない場合、製造間接費を製品に配賦する流れは次のとおりで、計算や仕訳についてはChapter05-02とChapter07-04で学習済みです。

　次のページから、製造部門が調理部門と袋詰め部門に分かれている場合について、製品への配賦の計算や仕訳について見ていきましょう。

実際配賦と予定配賦の仕訳

製造間接費を製品に配賦する場合、実際配賦額か予定配賦額を使います。
実際配賦額とは、当月、実際に発生した製造間接費の合計額のことです。

実際配賦額＝実際配賦率×実際操業度

予定配賦額とは、年間予算額から計算した単価である予定配賦率を使い、計
算した製造間接費の見積額のことです。

基準操業度とは、1年間の予定配賦基準のことです。例えば、配賦基準が
直接作業時間の場合、1年間で直接作業時間がどれくらい発生するか見積も
った時間が基準操業度として使われます。

予定配賦率＝製造間接費の年間予算額÷基準操業度（年間予定時間） 予定配賦額＝予定配賦率×実際操業度

製造間接費を実際配賦した場合の仕訳と、予定配賦した場合の仕訳につい
て見ていきましょう。

例題 次の資料にもとづいて、製造間接費を仕掛品へ配賦する場合、（1）実際
配賦による仕訳、（2）予定配賦による仕訳を調理部門と袋詰め部門に分
けて答えなさい。

	調理部門	袋詰め部門
製造間接費の配賦基準	直接作業時間	機械作業時間
製造間接費の年間予算額	14,400,000円	7,200,000円
年間の基準操業度	14,400時間	24,000時間
製造間接費の実際発生額	1,155,000円	635,500円
当月の実際操業度	1,100時間	2,050時間

解答 （1）調理部門 　　仕掛品 1,155,000 / 製造間接費 1,155,000
　　　　袋詰め部門　仕掛品　 635,500 / 製造間接費　 635,500
　　（2）調理部門 　　仕掛品 1,100,000 / 製造間接費 1,100,000
　　　　袋詰め部門　仕掛品　 615,000 / 製造間接費　 615,000

解説

（1）実際配賦の仕訳

❶「実際配賦」なので、資料の実際発生額（実際配賦額）を使います。

❷「製造間接費を仕掛品へ配賦する」ので、仕掛品が増えて、製造間接費が減ります。

調理部門　　仕掛品 1,155,000 / 製造間接費 1,155,000

袋詰め部門　仕掛品　 635,500 / 製造間接費　 635,500

（2）予定配賦の仕訳

❶「予定配賦」なので、予定配賦額を使います。まず、予定配賦率を計算し、次に予定配賦額を求めます。

調理部門　予定配賦率　$\underset{\text{年間予算}}{14,400,000円} \div \underset{\text{年間の基準操業度}}{14,400時間} = @1,000円$

予定配賦額　$\underset{\text{予定配賦率}}{@1,000円} \times \underset{\text{実際操業度}}{1,100時間} = 1,100,000円$

袋詰め部門　予定配賦率　$\underset{\text{年間予算}}{7,200,000円} \div \underset{\text{年間の基準操業度}}{24,000時間} = @300円$

予定配賦額　$\underset{\text{予定配賦率}}{@300円} \times \underset{\text{実際操業度}}{2,050時間} = 615,000円$

❷「製造間接費を仕掛品へ配賦する」ので、仕掛品が増えて、製造間接費が減ります。

調理部門　　仕掛品 1,100,000 / 製造間接費 1,100,000

袋詰め部門　仕掛品　 615,000 / 製造間接費　 615,000

> **豆知識** **部門別の製造間接費配賦差異**
>
> 　部門別の製造間接費を予定配賦している場合、製造間接費配賦差異を計算することができます。調理部門と袋詰め部門の製造間接費配賦差異を計算すると次のようになります。
>
> 調理部門　$1,100,000円 - 1,155,000円 = \triangle 55,000円$
>
> 袋詰め部門　$\underset{\text{予定配賦額}}{615,000円} - \underset{\text{実際発生額}}{635,000円} = \underset{\text{マイナスなので、不利差異・借方差異}}{\triangle 20,000円}$
>
> 　部門別の製造間接費配賦差異の仕訳を書くと次のようになります。借方差異なので、借方（左側）に製造間接費配賦差異を書きます。右に製造間接費を書きます。
>
> 調理部門　　製造間接費配賦差異 55,000 / 製造間接費 55,000
>
> 袋詰め部門　製造間接費配賦差異 20,000 / 製造間接費 20,000

練習問題　Chapter09 01-03

問題1　　　　　　　　　　　　　　　　　　　　　　P.168、P.171

次の資料にもとづいて、(1)(2)に答えなさい。

1. 当月の製造間接費

	製造部門		補助部門	
	加工部門	組立部門	動力部門	事務部門
部門個別費	580,000円	360,000円	160,000円	80,000円
部門共通費	建物減価償却費　120,000円			

2. 部門共通費と補助部門費の配賦資料

	配賦基準	合計	加工部門	組立部門	動力部門	事務部門
部門共通費	占有面積	120㎡	60㎡	30㎡	20㎡	10㎡
動力部門費	動力消費量	100kw-h	50kw-h	40kw-h	－	10kw-h
事務部門費	従業員数	10人	6人	3人	1人	－

(1) 補助部門費の配賦を直接配賦法によって行う場合の製造間接費部門別配賦表を完成させなさい。

[答案用紙]

製造間接費部門別配賦表　　　　　　　　　　　(円)

概　要	合　計	製造部門		補助部門	
		加工部門	組立部門	動力部門	事務部門
部門個別費					
部門共通費					
部　門　費					
動力部門費					
事務部門費					
製造部門費					

(2) 補助部門費の配賦を相互配賦法によって行う場合の製造間接費部門別配賦表を完成させなさい。

［答案用紙］

製造間接費部門別配賦表　　　　　　　　　　（円）

概　　要	合　計	製造部門		補助部門	
		加工部門	組立部門	動力部門	事務部門
部門個別費					
部門共通費					
部　門　費					
第1次配賦					
動力部門費					
事務部門費					
第2次配賦					
動力部門費					
事務部門費					
製造部門費					

問題2
P.176

次の資料にもとづいて、(1)〜(3)に答えなさい。

	第1製造部門	第2製造部門
1. 製造間接費の年間予算額	4,320,000円	1,400,000円
2. 年間の予定機械作業時間	7,200時間	2,800時間
3. 製造間接費の実際発生額	432,000円	114,400円
4. 実際機械作業時間	640時間	220時間

(1) 製造間接費の実際配賦額を計算しなさい。

(2) 製造間接費の予定配賦額を計算しなさい。

(3) 製造間接費を予定配賦したときの仕訳を答えなさい。なお、第1製造部門と第2製造部門の金額を合算して仕訳を書くこと。

(1) 実際配賦額 ＿＿＿＿＿＿ 円
(2) 予定配賦額 ＿＿＿＿＿＿ 円
(3)

借　方	金　額	貸　方	金　額

解説・解答

問題1

(1)

ステップ1 部門個別費を記入する。資料1の金額を書き写し、合計欄を書く。

合　計　580,000円 + 360,000円 + 160,000円 + 80,000円 = 1,180,000円

製造間接費部門別配賦表　　　　　　　　(円)

概　要	合　計	製造部門		補助部門	
		加工部門	組立部門	動力部門	事務部門
部門個別費	1,180,000	580,000	360,000	160,000	80,000

ステップ2 部門共通費を配賦計算する。

❶資料2の占有面積の割合で、部門共通費を分ける。

共通費の配賦単価　120,000円 ÷ 120㎡ = @1,000円
加工部門　@1,000円 × 60㎡ = 60,000円
組立部門　@1,000円 × 30㎡ = 30,000円
動力部門　@1,000円 × 20㎡ = 20,000円
事務部門　@1,000円 × 10㎡ = 10,000円
合　計　60,000円 + 30,000円 + 20,000円 + 10,000円 = 120,000円

❷部門個別費と部門共通費を合計して部門費を記入する。加工部門の計算を説明し、その他については同様の方法なので省略する。

加工部門　580,000円 + 60,000円 = 640,000円

製造間接費部門別配賦表　　　　　　　　(円)

概　要	合　計	製造部門		補助部門	
		加工部門	組立部門	動力部門	事務部門
部門個別費	1,180,000	580,000	360,000	160,000	80,000
部門共通費	120,000	60,000	30,000	20,000	10,000
部　門　費	1,300,000	640,000	390,000	180,000	90,000

ステップ 3 直接配賦法で補助部門費を配賦計算する。

❶ 動力部門と事務部門の部門費を配賦計算する。直接配賦法の場合、製造部門である加工部門と組立部門の数字だけを使う。

動力部門費

配賦単価　$180,000円 \div (\underset{加工部門}{50kw\text{-}h} + \underset{組立部門}{40kw\text{-}h}) = @2,000円$
　　　　　　動力部門費

加工部門　@2,000円 × 50kw-h = 100,000円
組立部門　@2,000円 × 40kw-h = 80,000円
合　計　　100,000円 + 80,000円 = 180,000円

事務部門費

配賦単価　$90,000円 \div (\underset{加工部門}{6人} + \underset{組立部門}{3人}) = @10,000円$
　　　　　　事務部門費

加工部門　@10,000円 × 6人 = 60,000円
組立部門　@10,000円 × 3人 = 30,000円
合　計　　60,000円 + 30,000円 = 90,000円

❷ 製造部門費を計算し、記入する。

製造部門費

加工部門　640,000円 + 100,000円 + 60,000円 = 800,000円
組立部門　390,000円 + 80,000円 + 30,000円 = 500,000円
合　計　　800,000円 + 500,000円 = 1,300,000円

製造間接費部門別配賦表　　　　　　　　（円）

概　要	合　計	製造部門		補助部門	
		加工部門	組立部門	動力部門	事務部門
動力部門費	180,000	100,000	80,000		
事務部門費	90,000	60,000	30,000		
製造部門費	1,300,000	800,000	500,000		

製造間接費部門別配賦表　　　　　　　　　　（円）

概　要	合　計	製造部門		補助部門	
		加工部門	組立部門	動力部門	事務部門
部門個別費	1,180,000	580,000	360,000	160,000	80,000
部門共通費	120,000	60,000	30,000	20,000	10,000
部　門　費	1,300,000	640,000	390,000	180,000	90,000
動力部門費	180,000	100,000	80,000		
事務部門費	90,000	60,000	30,000		
製造部門費	1,300,000	800,000	500,000		

(2)

ステップ1とステップ2は(1)と同じ解き方なので、説明は省略する。

ステップ1 部門個別費を記入する。資料1の金額を書き写し、合計欄を書く。

ステップ2 部門共通費の配賦計算する。

ステップ3 相互配賦法で補助部門費を配賦計算する。相互配賦法の第1次配賦を
行う。補助部門費を製造部門と補助部門へ配賦する。

動力部門費

　配賦単価　180,000円 ÷（50kw-h ＋ 40kw-h ＋ 10kw-h）＝ @1,800円
　　　　　　　動力部門費　　加工部門　　組立部門　　事務部門

　加工部門　@1,800円 × 50kw-h ＝ 90,000円

　組立部門　@1,800円 × 40kw-h ＝ 72,000円

　動力部門　自部門で発生した製造間接費は、自部門に配賦計算しない。

　事務部門　@1,800円 × 10kw-h ＝ 18,000円

　合　計　　90,000円 ＋ 72,000円 ＋ 18,000円 ＝ 180,000円

事務部門費

　配賦単価　90,000円 ÷（　6人　＋　3人　＋　1人　）＝ @9,000円
　　　　　　　事務部門費　　加工部門　組立部門　動力部門

　加工部門　@9,000円 × 6人 ＝ 54,000円

　組立部門　@9,000円 × 3人 ＝ 27,000円

　動力部門　@9,000円 × 1人 ＝ 9,000円

　事務部門　自部門で発生した製造間接費は、自部門に配賦計算しない。

　合　計　　54,000円 ＋ 27,000円 ＋ 9,000円 ＝ 90,000円

製造間接費部門別配賦表　　　　　　（円）

概　要	合　計	製造部門		補助部門	
		加工部門	組立部門	動力部門	事務部門
第 1 次 配 賦					
動力部門費	180,000	90,000	72,000	－	18,000
事務部門費	90,000	54,000	27,000	9,000	－
第 2 次 配 賦				9,000	18,000

ステップ4　さらに相互配賦法で補助部門費を配賦計算する。

❶ 相互配賦法の第2次配賦を行う。第2次配賦は直接配賦法と同じ計算を行う。補助部門費を製造部門へ配賦する。

動力部門費

配賦単価　$9,000$円 ÷ ($\underset{加工部門}{50\text{kw-h}}$ + $\underset{組立部門}{40\text{kw-h}}$) = @100円
　　　　　$\underset{動力部門費}{}$

加工部門　@100円 × 50kw-h = 5,000円
組立部門　@100円 × 40kw-h = 4,000円
合　計　　5,000円 + 4,000円 = 9,000円

事務部門費

配賦単価　$18,000$円 ÷ ($\underset{加工部門}{6人}$ + $\underset{組立部門}{3人}$) = @2,000円
　　　　　$\underset{事務部門費}{}$

加工部門　@2,000円 × 6人 = 12,000円
組立部門　@2,000円 × 3人 = 6,000円
合　計　　12,000円 + 6,000円 = 18,000円

❷ 製造部門費を計算し、記入する。

加工部門　640,000円 + 90,000円 + 54,000円 + 5,000円 + 12,000円 = 801,000円
組立部門　390,000円 + 72,000円 + 27,000円 + 4,000円 + 6,000円 = 499,000円
合　計　　801,000円 + 499,000円 = 1,300,000円

製造間接費部門別配賦表　　　　　　（円）

概　要	合　計	製造部門		補助部門	
		加工部門	組立部門	動力部門	事務部門
動力部門費	9,000	5,000	4,000		
事務部門費	18,000	12,000	6,000		
製造部門費	1,300,000	801,000	499,000		

製造間接費部門別配賦表 (円)

概 要	合 計	製造部門		補助部門	
		加工部門	組立部門	動力部門	事務部門
部門個別費	1,180,000	580,000	360,000	160,000	80,000
部門共通費	120,000	60,000	30,000	20,000	10,000
部 門 費	1,300,000	640,000	390,000	180,000	90,000
第1次配賦					
動力部門費	180,000	90,000	72,000	—	18,000
事務部門費	90,000	54,000	27,000	9,000	—
第2次配賦				9,000	18,000
動力部門費	9,000	5,000	4,000		
事務部門費	18,000	12,000	6,000		
製造部門費	1,300,000	801,000	499,000		

問題2

(1)

第1製造部門と第2製造部門の製造間接費の実際発生額を合計することで、実際配賦額を計算する。

<u>432,000円</u> + <u>114,400円</u> = 546,400円
第1製造部門　第2製造部門

(2)

❶ 第1製造部門と第2製造部門の製造間接費の予定配賦率を計算する。

第1製造部門　<u>4,320,000円 ÷ 7,200時間</u> = @600円

第2製造部門　<u>1,400,000円 ÷ 2,800時間</u> = @500円
　　　　　　　年間予算　　　年間予定時間

❷ 予定配賦率を使って、第1製造部門と第2製造部門の製造間接費の予定配賦額を計算し、合計する。

第1製造部門　<u>@600円</u> × <u>640時間</u> = 384,000円

第2製造部門　<u>@500円</u> × <u>220時間</u> = 110,000円
　　　　　　　予定配賦率　実際時間

合　計　　384,000円 + 110,000円 = 494,000円

(3)

製造間接費を予定配賦するので、仕掛品が増えて、製造間接費が減る。

仕掛品 494,000 / 製造間接費 494,000

解答

(1) 実際配賦額　<u>546,400円</u>
(2) 予定配賦額　<u>494,000円</u>
(3)

借　方	金　額	貸　方	金　額
仕　掛　品	494,000	製造間接費	494,000

製造間接費の部門別計算って、試験ではどの問題がよく出るの？

 直接配賦法の部門別配賦表の問題がよく出るよ。

 相互配賦法の問題は試験であんまり出ないってこと？

 相互配賦法の問題は過去にほとんど出題されたことはないね。書き方を理解しておけば十分だよ。

 そうなんだ、なるほど。

 それと仕訳の問題はたまに出題されるよ。仕訳の書き方は製造間接費と同じだけど、部門別計算の場合は製造間接費の金額を自分で計算しないといけない点がポイントだね。

 よーし、直接配賦法の練習問題をやるぞやるぞ〜♪

Chapter10
個別原価計算

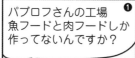
❶
パブロフさんの工場
魚フードと肉フードしか
作ってないんですか？

そうだよ

❷
ダイエットドッグフードを
作ってほしいんです

太っちゃって…

うーん

❸
お願いします！

わかったよー

すり
すり

❹
製造ラインの機械は
使えないから
手作りしなきゃ

しかたない
なぁ…

特注
ダイエットドッグ

❺
パブロフさんのおかげで
痩せました

嘘だぁ

違うだよね…？

個別原価計算とは

オーダーメイドを受けて製品を作る場合の原価計算を、個別原価計算といいます。

お客さんにお願いされた
製品を作るために
どれだけ原価を使ったの？

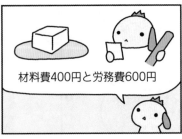

材料費400円と労務費600円

経費100円と製造間接費300円

それなら
ダイエットドッグフードの
製造原価は1,400円だね

使った分だけ集計する
のが個別原価計算！

┃ 理解のための用語説明 ┃

● オーダーメイド
お客さんの注文に合わせて製品の仕様を
決めること。今回はお客さんから依頼さ
れた特別なドッグフードをオーダーメイ
ドで生産している。

個別原価計算とは

オーダーメイド（個別の注文）を受けて製品を作る場合、大量生産ができずに手間がかかり、販売価格が高くなります。このような製品を作る場合の原価計算を、**個別原価計算**といいます。

個別原価計算の特徴

個別原価計算は一つひとつの製品の仕様が異なり、販売価格が高く、生産量が少ない製品に適しています。一方、工場で同じ製品を大量に生産する原価計算を**総合原価計算**といいます。総合原価計算については、Chapter11で学習します。

個別原価計算	総合原価計算
• 注文を受けてから製品を作る生産方法（受注生産）で主に使われる。 • 一つひとつの製品がオーダーメイド。 • 建物や船を作る場合に利用される。 • 製造指図書（P.193）にもとづいて製品原価を計算する。	• 一つの製品を大量に生産する。 • 家電製品、食料品、鉄などを作る場合に利用される。 • 1か月ごとに月末仕掛品と完成品の個数にもとづいて製品原価を計算する。

製造指図書と原価計算表

個別原価計算では、製造指図書に従って製品を作ります。そして、個々の製造指図書をまとめて原価計算表を作成し、各製品の製造原価を集計します。

理解のための用語説明

● 製造指図書
工場で原価を集計するために使われる紙で、特定製品の製造に必要な情報が書いてある。

● 原価計算表
工場で使われている製造指図書を集めた表。

製造指図書とは

製造指図書とは、注文内容などが書いてある紙です。製造指図書は、作っている製品ごとに発行されます。

No.1 ダイエット	
材料費	400円
労務費	600円
経費	100円
製造間接費	300円

No.2 減塩	
材料費	600円
労務費	900円
経費	200円
製造間接費	450円

No.3 野菜	
材料費	200円
労務費	400円
経費	100円
製造間接費	200円

原価計算表とは

原価計算表とは、各製品の製造原価を集計した表のことです。試験では原価計算表を埋める問題が出題されます。下の表の**備考欄**には月末の作業の状況を書きます。

原 価 計 算 表

（単位：円）

費　　目	No.1ダイエット	No.2減塩	No.3野菜	合　　計
直接材料費	400	600	200	1,200
直接労務費	600	900	400	1,900
直接経費	100	200	100	400
製造間接費	300	450	200	950
合　　計	1,400	2,150	900	4,450
備　　考	完成・引渡済	完成・未引渡	未完成	―

売上原価

当月に売った製品
⇒**売上原価**勘定

完成品(製品)

当月に完成したモノ
⇒**製品**勘定

仕掛品

作業途中のモノ
⇒**仕掛品**勘定

例題　次の資料にもとづき、4月の原価計算表を完成させなさい。

[資料] 4月の製造指図書

製造指図書番号	直接材料費	直接労務費	製造間接費	備　考
No.101	1,200円	900円	1,800円	4/1製造着手、4/14完成、4/15販売
No.102	400円	600円	1,200円	4/10製造着手、4/25完成、4/30在庫
No.103	2,500円	300円	600円	4/25製造着手、4/30仕掛

[答案用紙]

原 価 計 算 表　　　　　　　　　　（円）

費　目	No.101	No.102	No.103	合　計
直接材料費				
直接労務費				
製造間接費				
合　計				
備　考				―

· ·

解答

原 価 計 算 表　　　　　　　　　　（円）

費　目	No.101	No.102	No.103	合　計
直接材料費	1,200	400	2,500	4,100
直接労務費	900	600	300	1,800
製造間接費	1,800	1,200	600	3,600
合　計	3,900	2,200	3,400	9,500
備　考	完成・引渡済	完成・未引渡	未完成	―

解説

ステップ1　資料の製造指図書No.101の直接材料費、直接労務費、製造間接費を原価計算表に書き写し、合計を記入します。No.102とNo.103も同様に記入します。

　　No.101合計　1,200円＋900円＋1,800円＝3,900円

　　No.102合計　400円＋600円＋1,200円＝2,200円

　　No.103合計　2,500円＋300円＋600円＝3,400円

　　直接材料費合計　1,200円＋400円＋2,500円＝4,100円

直接労務費合計　900円＋600円＋300円＝1,800円

製造間接費合計　1,800円＋1,200円＋600円＝3,600円

合計　4,100円＋1,800円＋3,600円＝9,500円

原 価 計 算 表　　　　　　　　　　(円)

費　目	No.101	No.102	No.103	合　　計
直接材料費	1,200	400	2,500	4,100
直接労務費	900	600	300	1,800
製造間接費	1,800	1,200	600	3,600
合　計	3,900	2,200	3,400	9,500
備　考				―

ステップ2 資料の備考欄を見て、原価計算表の備考欄を記入します。

No.101　4/14完成、4/15販売と書いてあるので、4月末時点では完成し販売したので引き渡し済みの状況。備考欄には**完成・引渡済**と記入します。

No.102　4/25完成、4/30在庫と書いてあるので、4月末時点では完成したあと在庫としてまだ引き渡していない状況。備考欄には**完成・未引渡**と記入します。

No.103　4/30仕掛と書いてあるので、4月末時点ではまだ完成していない状況。備考欄には**未完成**と記入します。

原 価 計 算 表　　　　　　　　(単位：円)

費　目	No.101	No.102	No.103	合　　計
直接材料費	1,200	400	2,500	4,100
直接労務費	900	600	300	1,800
製造間接費	1,800	1,200	600	3,600
合　計	3,900	2,200	3,400	9,500
備　考	完成・引渡済	完成・未引渡	未完成	―

個別原価計算の仕訳と勘定の記入

個別原価計算の仕訳と勘定元帳について見ていきましょう。

原価計算表と仕訳

原価計算表と仕訳の対応関係について、次の原価計算表を例に見ていきます。原価計算表の❶～❻は、仕訳の❶～❻と対応しています。

原 価 計 算 表　　　　　　　(円)

費　目	No.1ダイエット	No.2減塩	No.3野菜	合　計
直接材料費	400	600	200	1,200 ❶
直接労務費	600	900	400	1,900 ❷
直接経費	100	200	100	400 ❸
製造間接費	300	450	200	950 ❹
合　計	❺❻1,400	❺ 2,150	900	4,450
備　考	完成・引渡済	完成・未引渡 ❼	未完成 ❽	―

❶直接材料費を消費したときの仕訳

　製造指図書No.1に400円、No.2に600円、No.3に200円の原料を消費しました。

仕掛品 1,200 / 材料 1,200

❷直接労務費を消費したときの仕訳

　製造指図書No.1に6時間、No.2に9時間、No.3に4時間の直接作業時間を消費しました。直接工の賃金は1時間当たり100円の予定賃率を用いています。
　@100円×6時間 + @100円×9時間 + @100円×4時間 = 1,900円

仕掛品 1,900 / 賃金 1,900

❸直接経費を消費したときの仕訳

　製造指図書No.1に100円、No.2に200円、No.3に100円の外注加工費を消費しました。

仕掛品 400 / 外注加工費 400

❹製造間接費を配賦したときの仕訳

製造間接費は❷の直接作業時間にもとづいて予定配賦しています。予定配賦率は1時間当たり50円です。

@50円×6時間 + @50円×9時間 + @50円×4時間＝950円

仕掛品 950 / 製造間接費 950

❺製品が完成したときの仕訳

製造指図書No.1とNo.2が完成したので、仕掛品から製品に振り替えます。1,400円 + 2,150円＝3,550円

製品 3,550 / 仕掛品 3,550

❻製品を販売したときの仕訳

製造指図書No.1を販売したので、製品から売上原価に振り替えます。

売上原価 1,400 / 製品 1,400

勘定の記入

ここまで学習した原価計算表と仕訳から仕掛品勘定、製品勘定、売上原価勘定を記入すると次のようになります。原価計算表と仕訳の❶～❻は、各勘定の❶～❻に対応しています。原価計算表の❼と❽については、次のように記入します。

❼No.2は完成・未引渡なので、当月末の製品の在庫となります。よって、製品勘定の月末有高に2,150を記入します。

❽No.3は未完成なので、当月末の仕掛品の在庫となります。よって、仕掛品勘定の月末有高に900を記入します。

仕掛品			(円)
月初有高	0	製品 ❺	3,550
材料 ❶	1,200	月末有高 ❽	900
賃金 ❷	1,900		
外注加工費 ❸	400		
製造間接費 ❹	950		

製品			(円)
月初有高	0	売上原価 ❻	1,400
仕掛品 ❺	3,550	月末有高 ❼	2,150

売上原価		(円)
製品 ❻	1,400	

個別原価計算(仕損品)

製造している途中で失敗したモノを仕損品といいます。仕損品をどのように処理するのか、見ていきましょう。

> ＼ 理解のための用語説明 ／
>
> ◎ 仕損費
> 失敗したモノ（仕損品）の費用のこと。
>
> ◎ 仕損の種類
> 簿記2級では補修指図書を発行する問題（本書で扱っている内容）だけが出題される。
>
> ◎ 補修指図書
> 製造指図書の一部を補修して合格品とするために発行した指図書のこと。

仕損とは

（しそんじ）

仕損とは、製造している途中で失敗することをいいます。また、失敗したモノを仕損品といいます。簿記2級では、失敗したけれど補修すれば直る問題が出題されます。仕損品となったNo.1の一部を補修して完成品とするために発行するのがNo.1-2です。このNo.1-2の指図書を補修指図書といいます。

（ほしゅうさしずしょ）

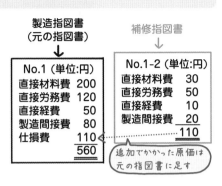

製造指図書
（元の指図書）
↓

No.1（単位:円）
直接材料費	200
直接労務費	120
直接経費	50
製造間接費	80
仕損費	110
	560

補修指図書
↓

No.1-2（単位:円）
直接材料費	30
直接労務費	50
直接経費	10
製造間接費	20
	110

追加でかかった原価は元の指図書に足す

原 価 計 算 表　　　　（円）

費　目	No.1	No.1-2	合　計
直 接 材 料 費	200	30	230
直 接 労 務 費	120	50	170
直 接 経 費	50	10	60
製 造 間 接 費	80	20	100
仕 　 損 　 費			
合 　 計			
備 　 考			―

❶製造指図書から書き写したもの

❷補修指図書から書き写したもの

原 価 計 算 表　　　　（円）

費　目	No.1	No.1-2	合　計
直 接 材 料 費	200	30	230
直 接 労 務 費	120	50	170
直 接 経 費	50	10	60
製 造 間 接 費	80	20	100
仕 　 損 　 費	110	△110	0
合 　 計	560	0	560
備 　 考	完成・引渡済	No.1へ	―

❸No1-2の原価の合計をNo.1の仕損費に振り替える

❹No.1-2は合計欄が0になる

❺振替先を書く

199

問題1   P.192、P.196

次の資料にもとづいて、9月の原価計算表と各勘定を完成しなさい。

1. 8月の製造指図書

製造指図書番号	直接材料費	直接作業時間	備　考
No.901	100,000円	40時間	8/21製造着手、8/31仕掛

2. 9月の製造指図書

製造指図書番号	直接材料費	直接作業時間	備　考
No.901	500,000円	160時間	8/21製造着手、9/16完成、9/20販売
No.902	200,000円	50時間	9/18製造着手、9/29完成、9/30在庫
No.903	300,000円	100時間	9/21製造着手、9/30仕掛

3. 直接工の消費賃率は、1時間当たり1,000円を用いている。

4. 製造間接費は直接作業時間を配賦基準として予定配賦している。予定配賦率は、1時間当たり2,000円である。

[答案用紙]

原 価 計 算 表　　　　　　　　　　　　　　　　（円）

費　目	No.901	No.902	No.903	合　計
月初仕掛品				
直接材料費				
直接労務費				
製造間接費				
合　計				
備　考				―

	仕掛品	（円）	
月初有高（　　　）	製品	（　　　）	
材料　　（　　　）	月末有高	（　　　）	
賃金　　（　　　）			
製造間接費（　　　）			

	製品	（円）	
月初有高（　　　）	売上原価	（　　　）	
仕掛品　（　　　）	月末有高	（　　　）	

	売上原価	（円）	
製品　　（　　　）			

P.192

問題2

次の(1)〜(4)の一連の取引について仕訳し、(5)原価計算表を完成しなさい。ただし、勘定科目は次の中からもっとも適当と思われるものを選ぶこと。

仕 掛 品　　製 　 品　　製造間接費　　賃 　 金
買 掛 金　　材 　 料　　現 　 金　　売 上 原 価

(1) 当月払い出したD原料は1,200kgであり、うち、製造指図書＃1向けの消費は700kg、製造指図書＃2向けの消費は500kgであった。なお、D原料の月初在庫は0であり、実際払出単価2,000円を用いている。

(2) 直接工賃金の計算には、直接作業時間当たり1,000円の予定消費賃率を用いている。製造指図書＃1向けの直接作業時間は1,100時間、製造指図書＃2向けの直接作業時間は800時間であった。

(3) 製造間接費の計算には、実際機械運転時間にもとづく予定配賦率1,200円を用いている。製造指図書＃1向けの実際機械運転時間は500時間、製造指図書＃2向けの実際機械運転時間は200時間であった。

(4) 製造指図書＃1が完成した。当月の製造費用は、(1)〜(3)のみである。月末時点で製造指図書＃1はまだ販売しておらず、製造指図書＃2は作業途中である。

(5)

原 価 計 算 表　　　　（円）

費　目	#1	#2	合　計
直接材料費			
直接労務費			
製造間接費			
合　計			
備　考			―

問題3

次の資料にもとづいて、5月の原価計算表を完成しなさい。

[資料] 5月の製造指図書

製造指図書番号	直接材料費	直接労務費	製造間接費	備　考
No.501	828,000円	252,000円	336,000円	5/1製造着手、5/22完成、5/24販売
No.501-2	100,000円	36,000円	48,000円	5/18製造着手、5/20補修完了

- 指図書No.501について仕損が発生したが、補修により合格品となった。補修指図書No.501-2は、この補修に対して発行したものである。

[答案用紙]
原 価 計 算 表　　　　　　（円）

費　目	No.501	No.501-2	合　計
直接材料費			
直接労務費			
製造間接費			
仕　損　費			
合　計			
備　考			―

解説・解答

問題1

原価計算表と各勘定の記入の問題。本問は月初仕掛品が出てくるが、8月の月末仕掛品の金額を計算し、9月の月初仕掛品の金額として解くことになる。

ステップ1 原価計算表の金額を記入する。

月初仕掛品　8月の製造指図書より金額を計算する。

$$\underset{\text{直接材料費}}{100{,}000\text{円}} + \underset{\text{直接労務費}}{@1{,}000\text{円} \times 40\text{時間}} + \underset{\text{製造間接費}}{@2{,}000\text{円} \times 40\text{時間}} = 220{,}000\text{円}$$

直接材料費　9月の製造指図書の直接材料費を原価計算表に書き写す。

直接労務費	No.901	@1,000円×160時間＝160,000円
	No.902	@1,000円×50時間＝50,000円
	No.903	@1,000円×100時間＝100,000円
製造間接費	No.901	@2,000円×160時間＝320,000円
	No.902	@2,000円×50時間＝100,000円
	No.903	@2,000円×100時間＝200,000円

No.901合計　220,000円＋500,000円＋160,000円＋320,000円＝1,200,000円
No.902合計　200,000円＋50,000円＋100,000円＝350,000円
No.903合計　300,000円＋100,000円＋200,000円＝600,000円

原 価 計 算 表　　　　　　　　　（円）

費　目	No.901	No.902	No.903	合　計
月初仕掛品	220,000			220,000
直接材料費	500,000	200,000	300,000	1,000,000
直接労務費	160,000	50,000	100,000	310,000
製造間接費	320,000	100,000	200,000	620,000
合　計	1,200,000	350,000	600,000	2,150,000
備　考				―

ステップ2 資料の備考欄を見て、原価計算表の備考欄を記入する。

No.901　9/16完成、9/20販売と書いてあるので、9月末時点では完成し販売したので引き渡し済みの状況。備考欄には**完成・引渡済**と記入する。

No.902　9/29完成、9/30在庫と書いてあるので、9月末時点では完成したあと在庫としてまだ引き渡していない状況。備考欄には**完成・未引渡**と記入する。

No.903　9/30仕掛と書いてあるので、9月末時点ではまだ完成していない状況。備考欄には**未完成**と記入する。

原 価 計 算 表　　　　　　　　　　(円)

費　目	No.901	No.902	No.903	合　計
月初仕掛品	220,000			220,000 ❶
直接材料費	500,000	200,000	300,000	1,000,000 ❷
直接労務費	160,000	50,000	100,000	310,000 ❸
製造間接費	320,000	100,000	200,000	620,000 ❹
合　計	❺ ❻ 1,200,000	❺ ❼ 350,000	❽ 600,000	2,150,000
備　考	完成・引渡済	完成・未引渡	未完成	―

ステップ3 　上記の原価計算表の❶〜❽を各勘定に書き写す。❺はNo.901と No.902の金額を合計した1,550,000円を記入する。

仕掛品　　　　　(円)

月初有高❶(220,000) 製品　　❺(1,550,000)
材料　❷(1,000,000) 月末有高❽(600,000)
賃金　❸(310,000)
製造間接費❹(620,000)

製品　　　　　(円)

月初有高　(　　　0) 売上原価❻(1,200,000)
仕掛品　❺(1,550,000) 月末有高❼(350,000)

売上原価　　　　(円)

製品　❻(1,200,000)

解答

原 価 計 算 表　　　　　　　　　　(円)

費　目	No.901	No.902	No.903	合　計
月初仕掛品	220,000			220,000
直接材料費	500,000	200,000	300,000	1,000,000
直接労務費	160,000	50,000	100,000	310,000
製造間接費	320,000	100,000	200,000	620,000
合　計	1,200,000	350,000	600,000	2,150,000
備　考	完成・引渡済	完成・未引渡	未完成	―

仕掛品　　　　　(円)

月初有高 (220,000) 製品　(1,550,000)
材料 (1,000,000) 月末有高 (600,000)
賃金 (310,000)
製造間接費(620,000)

製品　　　　　(円)

月初有高 (　　　0) 売上原価 (1,200,000)
仕掛品 (1,550,000) 月末有高 (350,000)

売上原価　　　　(円)

製品 (1,200,000)

問題2

仕訳を書いたあとに(5)の原価計算表を記入すると簡単に解くことができる。

(1)

❶ D原料を消費したので、材料を減らし、仕掛品を増やす仕訳を書く。

直接材料費の消費額 　#1 　@2,000円×700kg＝1,400,000円

　　　　　　　　　　 #2 　@2,000円×500kg＝1,000,000円

　　　　　　　　　　 合計 　1,400,000円＋1,000,000円＝2,400,000円

❷ 原価計算表を記入する。

原 価 計 算 表 　　　　　　　(円)

費　目	#1	#2	合　計
直接材料費	1,400,000	1,000,000	2,400,000

仕　掛　品	2,400,000	材　　料	2,400,000

(2)

❶ 賃金を消費したので、賃金を減らし、仕掛品を増やす仕訳を書く。

直接労務費の消費額 　#1 　@1,000円×1,100時間＝1,100,000円

　　　　　　　　　　 #2 　@1,000円×800時間＝800,000円

　　　　　　　　　　 合計 1,100,000円＋800,000円＝1,900,000円

❷ 原価計算表を記入する。

原 価 計 算 表 　　　　　　　(円)

費　目	#1	#2	合　計
直接材料費	1,400,000	1,000,000	2,400,000
直接労務費	1,100,000	800,000	1,900,000

仕　掛　品	1,900,000	賃　　金	1,900,000

(3)

❶ 製造間接費を配賦したので、製造間接費を減らし、仕掛品を増やす仕訳を書く。

製造間接費の配賦額 　#1 　@1,200円×500時間＝600,000円

　　　　　　　　　　 #2 　@1,200円×200時間＝240,000円

　　　　　　　　　　 合計 　600,000円＋240,000円＝840,000円

❷原価計算表を記入する。

原 価 計 算 表　　　　(円)

費　目	#1	#2	合　計
直接材料費	1,400,000	1,000,000	2,400,000
直接労務費	1,100,000	800,000	1,900,000
製造間接費	600,000	240,000	840,000

仕　掛　品	840,000	製造間接費	840,000

(4)

❶原価計算表の合計欄を計算する。

❷「製造指図書＃1が完成した」ので、仕掛品から製品に振り替える仕訳を書く。

❸原価計算表の備考欄を記入する。「製造指図書＃1が完成した」が「まだ販売しておらず」と指示があるので、**完成・未引渡**と書く。「製造指図書＃2は作業途中」なので、**未完成**と書く。

原 価 計 算 表　　　　(円)

費　目	#1	#2	合　計
直接材料費	1,400,000	1,000,000	2,400,000
直接労務費	1,100,000	800,000	1,900,000
製造間接費	600,000	240,000	840,000
合　計	3,100,000	2,040,000	5,140,000
備　考	完成・未引渡	未完成	—

製　　品	3,100,000	仕　掛　品	3,100,000

(5)

解答

原 価 計 算 表　　　　　　(円)

費　目	#1	#2	合　計
直接材料費	1,400,000	1,000,000	2,400,000
直接労務費	1,100,000	800,000	1,900,000
製造間接費	600,000	240,000	840,000
合　計	3,100,000	2,040,000	5,140,000
備　考	完成・未引渡	未完成	—

問題3

ステップ1　製造指図書の金額を書き写す。

原 価 計 算 表　　　　　　(円)

費　目	No.501	No.501-2	合　計
直接材料費	828,000	100,000	
直接労務費	252,000	36,000	
製造間接費	336,000	48,000	
仕　損　費			
合　計			
備　考			—

ステップ2　No.501-2を合計し、No.501へ振り替える。仕損費の行に記入する。
100,000円＋36,000円＋48,000円＝184,000円
No.501-2の仕損費を全額振り替えるので、△184,000と記入する。
No.501は仕損費を計上するので、184,000と記入する。

原 価 計 算 表　　　　　　(円)

費　目	No.501	No.501-2	合　計
直接材料費	828,000	100,000	
直接労務費	252,000	36,000	
製造間接費	336,000	48,000	
仕　損　費	184,000	△184,000	
合　計			
備　考			—

ステップ3 合計を記入し、備考欄を記入する。

No.501　　5/22完成、5/24販売なので、**完成・引渡済**と記入する。

No.501-2　5/20補修完了なので、**No.501へ**と記入する。

原 価 計 算 表　　　　　　　　（円）

費　目	No.501	No.501-2	合　計
直接材料費	828,000	100,000	928,000
直接労務費	252,000	36,000	288,000
製造間接費	336,000	48,000	384,000
仕　損　費	184,000	△184,000	0
合　計	1,600,000	0	1,600,000
備　考	完成・引渡済	No.501へ	―

原 価 計 算 表　　　　　　　　（円）

費　目	No.501	No.501-2	合　計
直接材料費	828,000	100,000	928,000
直接労務費	252,000	36,000	288,000
製造間接費	336,000	48,000	384,000
仕　損　費	184,000	△184,000	0
合　計	1,600,000	0	1,600,000
備　考	**完成・引渡済**	**No.501へ**	―

Chapter11
総合原価計算（1）

総合原価計算とは

工場で同じ製品を大量に作る場合に使う原価計算を、総合原価計算といいます。

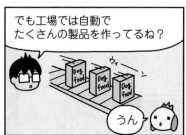

理解のための用語説明

● 個別原価計算
一つひとつ仕様が違う製品を作る場合に利用する原価計算のこと。

● 総合原価計算
同じ製品を大量生産する場合に利用する原価計算のこと。

総合原価計算とは

総合原価計算は、一つの製品を大量生産する場合に使います。

個別原価計算	総合原価計算
● 注文を受けてから製品を作る生産方法（受注生産）で主に使われる。 ● 一つひとつの製品がオーダーメイド。 ● 建物や船を作る場合に利用される。	● 一つの製品を大量に生産する。 ● 家電製品、食料品、鉄などを作る場合に利用される。 ● 1か月ごとに月末仕掛品と完成品の個数にもとづいて製品原価を計算する。

加工費とは

個別原価計算では、直接材料費や直接労務費など、その製品を作るためにかかった製造原価を厳密に集計しました。一方、総合原価計算では、製造原価を直接材料費と加工費の2つに分けることで、計算を簡単にしています。

直接材料費はChapter02-01で学習した内容と同じです。素材費や原料費は、製品を作る過程の最初にすべて投入し、その後、製品が完成するまで増やしません。

加工費とは、加工が進むにつれて増える製造原価のことです。製造原価のうち、直接労務費、直接経費、製造間接費が加工費になります。

工場における直接材料費と加工費の発生のタイミングが違うため、直接材料費と加工費を別々に計算するのです。詳しい計算方法は次のページから見ていきましょう。

個別原価計算
①直接材料費
②直接労務費
③直接経費
④製造間接費

総合原価計算
①直接材料費
②加工費

重要度 ★★★

仕掛品の計算（先入先出法）

　総合原価計算では、同じ製品を大量に作っているので、個数にもとづいて月末仕掛品と完成品の原価を計算します。個別原価計算とは計算方法が異なります。

加工進捗度と加工費のイメージ
かこうしんちょくど

　総合原価計算では**加工進捗度**という考え方が重要です。加工進捗度とは、完成までの加工の進み具合のことで、パーセントで表されます。開始時点では、加工費は0円で、加工進捗度が50%になると加工費の50%が発生している、完成したときには加工費の全額が発生していると考えます。

　なお、直接材料費は、開始時点で投入されます。材料費をあとから追加するパターンは、Chapter13で学びます。

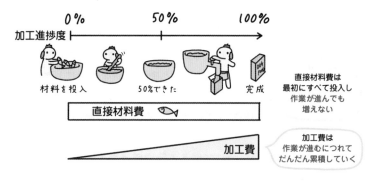

　仕掛品の個数に加工進捗度を掛けた数量を**完成品換算量**といいます。よく出てくる用語なので、覚えておきましょう。
かんせいひんかんざんりょう

　例えば、月初仕掛品10個、加工進捗度50%の場合は、完成品換算量は次のように計算します。

完成品換算量　　10個×50%＝5個

仕掛品の先入先出法の計算方法

　総合原価計算では、仕掛品のBOX図を書いて問題を解きます。仕掛品の
BOX図の書き方はChapter02-04で学習した材料のBOX図と同じです。ま
た、仕掛品のBOX図にも先入先出法と平均法の2種類があります。先入先出
法のBOX図の書き方について、例題を使って見ていきましょう。

例題　**次の資料にもとづいて、先入先出法により、月末仕掛品原価と完成品総合
原価を計算しなさい。**

1. 生産データ　　　　　　　　　　2. 原価データ

月初仕掛品量	20個（20%）	月初仕掛品原価	
当月投入量	120個	直接材料費	5,080円
投入合計	140個	加工費	364円
当月完成品量	130個	当月製造費用	
月末仕掛品量	10個（80%）	直接材料費	28,800円
産出合計	140個	加工費	21,440円

注：（　）内数値は加工費の進捗度である。
　　直接材料は工程の始点で投入している。

解答　**月末仕掛品原価 3,680円　　完成品総合原価 52,004円**

解説　総合原価計算の問題は、資料に生産データと原価データが与えられます。
　　　資料の読み方を補足すると次のとおりです。

状況を下書きに整理します。Chapter12以降の応用的な問題を解く場合に、この下書きで状況を整理することが重要になります。

❶月初仕掛品

資料の1. 生産データの月初仕掛品量は20個で加工進捗度は20％なので、下書きの線表に次のように書きます。月初仕掛品は当月完成品になるので、矢印を100％まで伸ばして、最終的には完成品になることをわかるようにしておきます。

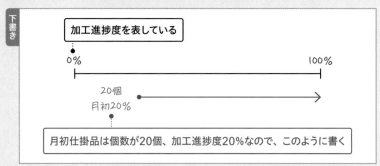

❷当月投入

資料の1. 生産データの当月投入量は120個です。当月投入量の120個には、当月完成品となるものと月末仕掛品になるものがあるので、矢印を分けて書きます。

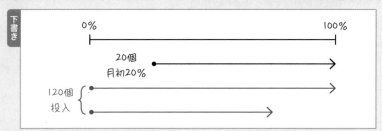

❸当月完成品

資料の1. 生産データの当月完成品量は130個です。これは、月初仕掛品から当月完成した20個と当月投入から当月完成した110個の合計130個です。

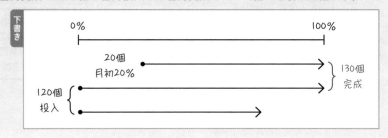

❹月初仕掛品

資料の1.生産データの月末仕掛品量は10個で加工進捗度は80%なので、下書きの線表に次のように書きます。

ステップ2 仕掛品のBOX図の下書きを材料費と加工費の2つに分けて書きます。

ステップ3 材料費と加工費のBOX図に問題文の情報を書き写します。加工費の個数は次のステップで記入しますので、ここでは記入しません。

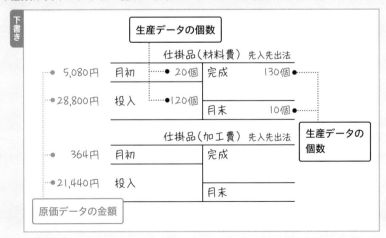

加工費のBOX図の月初の個数、完成品の個数、月末の個数を計算します。次に投入の個数を差額で計算します。加工費のBOX図に書く個数は、加工進捗度を使って計算します。加工進捗度はステップ1の下書きに書いてあります。

下書き				
		仕掛品（材料費）	先入先出法	
5,080円	月初	20個	完成	130個
28,800円	投入	120個		
			月末	10個
		仕掛品（加工費）	先入先出法	
364円	月初	4個	完成	130個
21,440円	投入	134個		
			月末	8個

月初　　20個×20％＝4個

完成品　130個×100％＝130個

月末　　10個×80％＝8個

投入　　BOX図は右側合計と左側合計が一致するので、それを利用して計算する。

　　　　完成品130個＋月末8個－月初4個＝134個
　　　　　BOX図の右側合計

月末の金額を計算します。先入先出法の場合、月末仕掛品は当月投入した材料単価、加工費単価と同じになるという特徴を利用して計算します。

下書き					
		仕掛品（材料費）	先入先出法		
5,080円	月初	20個	完成	130個	
28,800円	投入	120個			
			月末	10個	2,400円
		仕掛品（加工費）	先入先出法		
364円	月初	4個	完成	130個	
21,440円	投入	134個			
			月末	8個	1,280円

〈月末〉

材料費 $\underline{28,800円} \div \underline{120個} \times \underline{10個} = 2,400円$ ⎤ 月末仕掛品原価
加工費 $\underline{21,440円} \div \underline{134個} \times \underline{8個} = 1,280円$ ⎦ 3,680円
　　　　 投入金額　 投入の個数　月末の個数

ステップ 6 完成品の金額を計算します。

┌─────────────────────────────────┐
│ **月初＋投入－月末＝完成** │
└─────────────────────────────────┘

下書き

仕掛品（材料費） 先入先出法

5,080円	月初	20個	完成	130個	31,480円
28,800円	投入	120個			
			月末	10個	2,400円

仕掛品（加工費） 先入先出法

364円	月初	4個	完成	130個	20,524円
21,440円	投入	134個			
			月末	8個	1,280円

〈完成品〉

材料費 $\underline{5,080円} + \underline{28,800円} - \underline{2,400円} = 31,480円$ ⎤ 完成品総原価
加工費 $\underline{364円} + \underline{21,440円} - \underline{1,280円} = 20,524円$ ⎦ 52,004円
　　　 月初　　　　 投入　　　 月末

217

仕掛品の計算（平均法）

　月末の仕掛品の金額を計算するもう一つの方法が平均法です。平均法は、平均単価を使って、月末の仕掛品の金額を計算します。

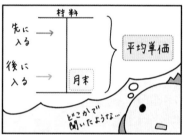

理解のための用語説明

● 平均法

月初仕掛品と当月投入の平均単価を使って計算する方法。月末の金額の計算方法が先入先出法と違うと覚えておこう。

仕掛品の平均法の計算方法

平均法のBOX図の書き方について、例題を使って見ていきましょう。

例題 次の資料にもとづいて、平均法により、月末仕掛品原価と完成品総合原価を計算しなさい。

1. 生産データ

月初仕掛品量	20個（20%）
当月投入量	120個
投入合計	140個
当月完成品量	130個
月末仕掛品量	10個（80%）
産出合計	140個

2. 原価データ

月初仕掛品原価	
直接材料費	5,080円
加工費	364円
当月製造費用	
直接材料費	28,800円
加工費	21,440円

注：（ ）内数値は加工費の進捗度である。
直接材料は工程の始点で投入している。

解答 月末仕掛品原価 3,684円　　完成品総合原価 52,000円

解説

ステップ1 状況を下書きに整理します。下書きの書き方はP.214参照。実際の作業の進捗度の図は先入先出法と平均法で同じなので、下書きの図も同じになります。月末仕掛品と完成品総合原価の計算方法が異なる点に注意しましょう。

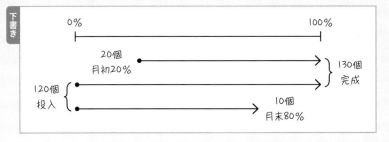

ステップ2 仕掛品のBOX図の下書きを材料費と加工費の2つに分けて書きます。平均法の場合は、一番下に合計を書く点がポイントです。

下書き

<table>
<tr><td colspan="2" align="center">仕掛品（材料費）</td><td>平均法</td></tr>
<tr><td>月初</td><td>完成</td><td></td></tr>
<tr><td>投入</td><td>月末</td><td></td></tr>
<tr><td>合計</td><td>合計</td><td></td></tr>
</table>

<table>
<tr><td colspan="2" align="center">仕掛品（加工費）</td><td>平均法</td></tr>
<tr><td>月初</td><td>完成</td><td></td></tr>
<tr><td>投入</td><td>月末</td><td></td></tr>
<tr><td>合計</td><td>合計</td><td></td></tr>
</table>

ステップ3 材料費と加工費のBOX図に問題文の情報を書き写し、合計を記入します。加工費の個数は次のステップで記入しますので、ここでは記入しません。

下書き

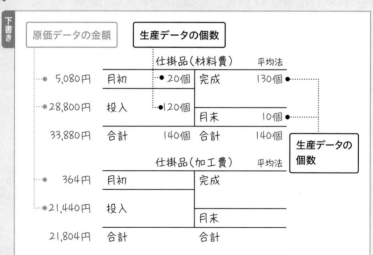

原価データの金額　生産データの個数

仕掛品（材料費）　平均法

5,080円	月初 20個	完成	130個
28,800円	投入 120個	月末	10個
33,880円	合計 140個	合計	140個

生産データの個数

仕掛品（加工費）　平均法

364円	月初	完成
21,440円	投入	月末
21,804円	合計	合計

材料費の合計個数　20個＋120個＝140個
材料費の合計金額　5,080円＋28,800円＝33,880円
加工費の合計金額　364円＋21,440円＝21,804円

ステップ4 加工費のBOX図の月初の個数、完成品の個数、月末の個数を計算します。次に投入の個数を差額で計算します。最後に合計を記入します。

下書き			仕掛品（材料費）		平均法
5,080円	月初	20個	完成		130個
28,800円	投入	120個			
			月末		10個
33,880円	合計	140個	合計		140個

			仕掛品（加工費）		平均法
364円	月初	4個	完成		130個
21,440円	投入	134個			
			月末		8個
21,804円	合計	138個	合計		138個

月初　　20個×20％＝4個
完成品　130個×100％＝130個
月末　　10個×80％＝8個
投入　　完成品130個＋月末8個－月初4個＝134個
　　　　　BOX図の右側合計
合計　　4個＋134個＝138個

ステップ5 月末の金額を計算します。平均法の場合、平均単価を使って計算します。

下書き			仕掛品（材料費）		平均法	
5,080円	月初	20個	完成		130個	
28,800円	投入	120個				
			月末		10個	2,420円
33,880円	合計	140個	合計		140個	

			仕掛品（加工費）		平均法	
364円	月初	4個	完成		130個	
21,440円	投入	134個				
			月末		8個	1,264円
21,804円	合計	138個	合計		138個	

〈月末〉

材料費 　<u>33,880円</u> ÷ <u>140個</u> × <u>10個</u> = 2,420円 ⎤ 月末仕掛品原価
加工費 　<u>21,804円</u> ÷ <u>138個</u> × <u>8個</u> = 1,264円 ⎦ 3,684円
　　　　 合計金額　　合計の個数　月末の個数

ステップ6 完成品の金額を計算します。

合計 − 月末 = 完成

下書き			仕掛品（材料費）		平均法	
	5,080円	月初	20個	完成	130個	31,460円
	28,800円	投入	120個	月末	10個	2,420円
	33,880円	合計	140個	合計	140個	

			仕掛品（加工費）		平均法	
	364円	月初	4個	完成	130個	20,540円
	21,440円	投入	134個	月末	8個	1,264円
	21,804円	合計	138個	合計	138個	

〈完成品〉

材料費 　<u>33,880円</u> − <u>2,420円</u> = 31,460円 ⎤ 完成品総合原価
加工費 　21,804円 − 1,264円 = 20,540円 ⎦ 52,000円
　　　　 合計　　　 月末

動画解説

練習問題　Chapter11 01-03

問題1

P.212

次の資料にもとづいて、先入先出法により、月末仕掛品原価、完成品総合原価を計算しなさい。

1. 生産データ

月初仕掛品量	100個（80%）
当月投入量	800
投入合計	900個
当月完成品量	780個
月末仕掛品量	120　（30%）
産出合計	900個

2. 原価データ

月初仕掛品原価	
直接材料費	31,000円
加工費	24,200円
当月製造費用	
直接材料費	256,000円
加工費	213,440円

注：（　）内数値は加工費の進捗度である。
　　直接材料は工程の始点で投入している。

[答案用紙]

月末仕掛品原価 ＿＿＿＿＿＿＿＿ 円　　完成品総合原価 ＿＿＿＿＿＿＿＿ 円

問題2

P.218

次の資料にもとづいて、平均法により、月末仕掛品原価、完成品総合原価を計算しなさい。

1. 生産データ

月初仕掛品量	100個（30%）
当月投入量	510
投入合計	610個
当月完成品量	530個
月末仕掛品量	80　（60%）
産出合計	610個

2. 原価データ

月初仕掛品原価	
直接材料費	26,100円
加工費	24,820円
当月製造費用	
直接材料費	102,000円
加工費	229,500円

注：（　）内数値は加工費の進捗度である。
　　直接材料は工程の始点で投入している。

[答案用紙]

月末仕掛品原価 ＿＿＿＿＿＿＿＿ 円　　完成品総合原価 ＿＿＿＿＿＿＿＿ 円

Part 3　総合原価計算

Ch 11　総合原価計算（1）

解説・解答

問題1

ステップ1 状況を下書きに整理する。

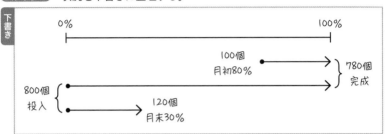

ステップ2 仕掛品のBOX図の下書きを材料費と加工費の2つに分けて書く。

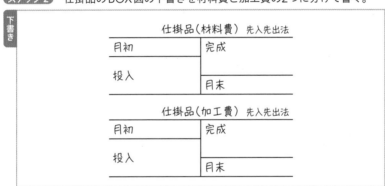

ステップ3 材料費と加工費のBOX図に問題文の情報を書き写す。加工費の個数は次のステップで記入するので、ここでは記入しない。

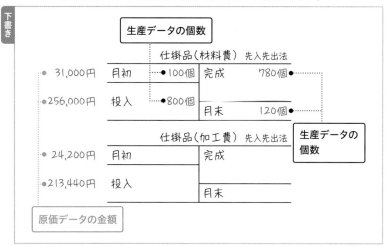

下書き

生産データの個数

仕掛品（材料費） 先入先出法

31,000円	月初	●100個	完成	780個●
256,000円	投入	●800個		
			月末	120個●

仕掛品（加工費） 先入先出法

生産データの個数

24,200円	月初		完成	
213,440円	投入			
			月末	

原価データの金額

ステップ4 加工費のBOX図の月初の個数、完成品の個数、月末の個数を計算する。次に投入の個数を差額で計算する。加工費のBOX図に書く個数は、加工進捗度を使って計算する。加工進捗度はステップ1の下書きに書いてある。

下書き

仕掛品（材料費） 先入先出法

31,000円	月初	100個	完成	780個
256,000円	投入	800個		
			月末	120個

仕掛品（加工費） 先入先出法

24,200円	月初	80個	完成	780個
213,440円	投入	736個		
			月末	36個

月初　　100個×80％＝80個
完成品　780個×100％＝780個
月末　　120個×30％＝36個
投入　　完成品780個＋月末36個－月初80個＝736個
　　　　　BOX図の右側合計

225

ステップ5 月末の金額を計算する。先入先出法の場合、月末仕掛品は当月投入した材料単価、加工費単価と同じになるという特徴を利用して計算する。

下書き

仕掛品（材料費）　先入先出法

31,000円	月初	100個	完成	780個	
256,000円	投入	800個			
			月末	120個	38,400円

仕掛品（加工費）　先入先出法

24,200円	月初	80個	完成	780個	
213,440円	投入	736個			
			月末	36個	10,440円

〈月末〉

材料費　256,000円 ÷ 800個 × 120個 = 38,400円 ┐月末仕掛品原価
加工費　213,440円 ÷ 736個 × 36個 = 10,440円 ┘48,840円

投入金額　投入の個数　月末の個数

ステップ6 完成品の金額を計算する。

下書き

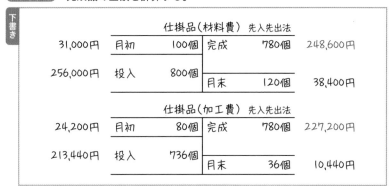

仕掛品（材料費）　先入先出法

31,000円	月初	100個	完成	780個	248,600円
256,000円	投入	800個			
			月末	120個	38,400円

仕掛品（加工費）　先入先出法

24,200円	月初	80個	完成	780個	227,200円
213,440円	投入	736個			
			月末	36個	10,440円

〈完成品〉

材料費　31,000円 + 256,000円 − 38,400円 = 248,600円 ┐完成品総合原価
加工費　24,200円 + 213,440円 − 10,440円 = 227,200円 ┘475,800円

月初　　　投入　　　月末

解答

月末仕掛品原価　　**48,840** 円　　　完成品総合原価　　**475,800** 円

問題2

ステップ 1 状況を下書きに整理する。

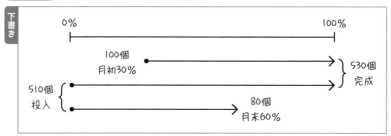

ステップ 2 仕掛品のBOX図の下書きを材料費と加工費の2つに分けて書く。平均法の場合は、一番下に合計を書く点がポイント。

下書き

仕掛品（材料費） 平均法	
月初	完成
投入	月末
合計	合計

仕掛品（加工費） 平均法	
月初	完成
投入	月末
合計	合計

Part 3 総合原価計算

Ch 11 総合原価計算（1）

227

材料費と加工費のBOX図に問題文の情報を書き写し、合計を記入する。加工費の個数は次のステップで記入するので、ここでは記入しない。

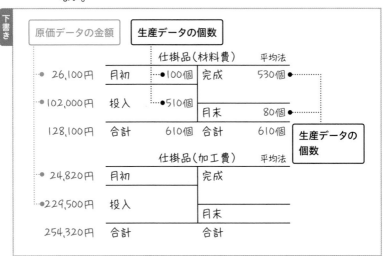

材料費の合計個数　100個＋510個＝610個
材料費の合計金額　26,100円＋102,000円＝128,100円
加工費の合計金額　24,820円＋229,500円＝254,320円

ステップ 4 加工費のBOX図の月初の個数、完成品の個数、月末の個数を計算する。次に投入の個数を差額で計算する。最後に合計を記入する。

下書き		仕掛品（材料費）		平均法
26,100円	月初	100個	完成	530個
102,000円	投入	510個		
			月末	80個
128,100円	合計	610個	合計	610個
		仕掛品（加工費）		平均法
24,820円	月初	30個	完成	530個
229,500円	投入	548個		
			月末	48個
254,320円	合計	578個	合計	578個

月初　　100個×30％＝30個
完成品　530個×100％＝530個
月末　　80個×60％＝48個
投入　　完成品530個＋月末48個－月初30個＝548個
　　　　　　BOX図の右側合計
合計　　30個＋548個＝578個

ステップ5　月末の金額を計算する。平均法の場合、平均単価を使って計算する。

<table>
<tr><td rowspan="7">下書き</td><td colspan="4" align="center">仕掛品（材料費）</td><td>平均法</td><td></td></tr>
<tr><td>26,100円</td><td>月初</td><td>100個</td><td>完成</td><td>530個</td><td></td></tr>
<tr><td>102,000円</td><td>投入</td><td>510個</td><td></td><td></td><td></td></tr>
<tr><td></td><td></td><td></td><td>月末</td><td>80個</td><td>16,800円</td></tr>
<tr><td>128,100円</td><td>合計</td><td>610個</td><td>合計</td><td>610個</td><td></td></tr>
<tr><td colspan="4" align="center">仕掛品（加工費）</td><td>平均法</td><td></td></tr>
<tr><td>24,820円</td><td>月初</td><td>30個</td><td>完成</td><td>530個</td><td></td></tr>
</table>

<table>
<tr><td>229,500円</td><td>投入</td><td>548個</td><td></td><td></td><td></td></tr>
<tr><td></td><td></td><td></td><td>月末</td><td>48個</td><td>21,120円</td></tr>
<tr><td>254,320円</td><td>合計</td><td>578個</td><td>合計</td><td>578個</td><td></td></tr>
</table>

〈月末〉
材料費　128,100円÷610個×80個＝16,800円　┐月末仕掛品原価
加工費　254,320円÷578個×48個＝21,120円　┘37,920円
　　　　合計金額　　合計の個数　月末の個数

ステップ6　完成品の金額を計算する。

<table>
<tr><td rowspan="5">下書き</td><td colspan="4" align="center">仕掛品（材料費）</td><td>平均法</td><td></td></tr>
<tr><td>26,100円</td><td>月初</td><td>100個</td><td>完成</td><td>530個</td><td>111,300円</td></tr>
<tr><td>102,000円</td><td>投入</td><td>510個</td><td></td><td></td><td></td></tr>
<tr><td></td><td></td><td></td><td>月末</td><td>80個</td><td>16,800円</td></tr>
<tr><td>128,100円</td><td>合計</td><td>610個</td><td>合計</td><td>610個</td><td></td></tr>
</table>

<table>
<tr><td colspan="4" align="center">仕掛品（加工費）</td><td>平均法</td><td></td></tr>
<tr><td>24,820円</td><td>月初</td><td>30個</td><td>完成</td><td>530個</td><td>233,200円</td></tr>
<tr><td>229,500円</td><td>投入</td><td>548個</td><td></td><td></td><td></td></tr>
<tr><td></td><td></td><td></td><td>月末</td><td>48個</td><td>21,120円</td></tr>
<tr><td>254,320円</td><td>合計</td><td>578個</td><td>合計</td><td>578個</td><td></td></tr>
</table>

〈完成品〉

材料費　<u>128,100円</u> − <u>16,800円</u> = 111,300円 ┐ 完成品総合原価
加工費　<u>254,320円</u> − <u>21,120円</u> = 233,200円 ┘ 344,500円
　　　　　　合計　　　　月末

 解答 月末仕掛品原価 <u>　37,920　</u>円　　完成品総合原価 <u>　344,500　</u>円

豆知識 **仕掛品のBOX図をまとめて書く場合**

　仕掛品（材料費）と仕掛品（加工費）のBOX図を2つ書く解き方に慣れたら、1つのBOX図にまとめて書いても構いません。下のBOX図は、P.217ステップ6で書いた仕掛品（材料費）と仕掛品（加工費）のBOX図をまとめて書いたものです。

　こうすることで、試験で配られる計算用紙（下書き用紙）に、省スペースな下書きを書くことができます。

　まとめたBOX図を書く場合は、加工費の数字にカッコを付けるとわかりやすくなります。

		仕掛品		先入先出法	
5,080円 （364円）	月初	20個 （4個）	完成	130個 （130個）	31,480円 （20,524円）
28,800円 （21,440円）	投入	120個 （134個）	月末	10個 （8個）	2,400円 （1,280円）

Chapter12
総合原価計算（2）

Chapter12-01

重要度 ★

仕損と減損とは

作業の途中で失敗してしまうことを仕損、蒸発などで材料が減ってしまうことを減損といいます。

●仕損が発生したとき

●減損が発生したとき

仕損と減損とは

失敗してしまうことを**仕損**といい、失敗してしまった不合格品のことを仕損品といいます。一方、蒸発などにより材料が減ってしまうことを**減損**といいます。

総合原価計算では、仕損と減損のどちらも出題されます。この2つは同じ方法で解くことができますので、ここから先は、仕損の例を使って説明します。

仕損と減損の違い

仕損では失敗したモノが存在しますが、減損ではモノが残りません。仕損の場合、失敗したモノである仕損品を売ることができます。仕損品を売った場合の売却額のことを仕損品の評価額（仕損品の処分価額）といいます。一方、減損はモノがないので、評価額はありません。

	意　味	評価額
仕損	失敗すること	あり
減損	蒸発などにより数量が減ってしまうこと	なし

正常仕損と異常仕損

工場では、完成時点の検査ですべてが合格品となることは困難で、ある程度の仕損や減損が発生してしまいます。例えば、100個に1個の仕損が発生するのが通常の仕損の発生状況だとします。これを正常仕損といいます。一方、100個に20個の仕損が発生した場合、異常な仕損の発生状況といえます。これを異常仕損といいます。簿記2級では、正常仕損（正常減損）のみが出題されます。

	意　味	試験範囲
正常仕損（正常減損）	日常的に発生する仕損（減損）のこと	簿記2級
異常仕損（異常減損）	異常な原因により発生した仕損（減損）のこと	簿記1級

> 豆知識　**度外視法**（どがいしほう）
>
> 総合原価計算の仕損や減損の問題文に**度外視法**という用語が出てくることがあります。度外視法とは、仕損品にかかった原価（仕損費）を別個に計算せず、仕損の発生を無視して計算する方法です。度外視法は減損の場合にも利用されます。簿記2級では、すべて度外視法を前提とした問題が出題されます。

仕損① 完成品原価に含めて処理

　仕損によってムダにしてしまった原価を、完成品原価に含めて処理する方法を学びましょう。

もうすぐ完成だったのに…
仕損になっちゃった

仕損費を完成品原価に含めて
処理するパターンだね
…聞いてる？

もぐ
もぐ

理解のための用語説明

● 仕損品
失敗したモノのこと。

● 仕損品の評価額
仕損品が売れる値段のこと。評価額がない場合は、0円として解けばよい。仕損品の処分価額ということもある。

完成品原価に含めて処理する場合

　失敗したモノである仕損品にかかった材料費や加工費のことを**仕損費**といいます。仕損費は製品を作るために一定割合発生する費用なので、製造原価に含める必要があります。仕損は、仕損が何％の地点で発生したのかによって、「仕損費を完成品原価に含めて処理する方法」と「仕損費を完成品原価と月末仕掛品原価の両方に含めて処理する方法」のどちらかで計算することになります。今回は仕損費を完成品原価に含めて処理する方法を学習します。

　仕損が**月末仕掛品の加工進捗度よりもあと**に発生した場合は、仕損にかかった原価を完成品原価に含めて処理します。月末仕掛品は、仕損の発生点を通過していないので、仕損にかかった原価を含めません。また、仕損にかかった原価を完成品のみに負担させることから、完成品のみ負担ということもあります。

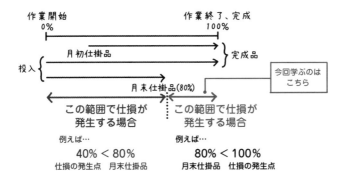

Part 3 総合原価計算

Ch 12 総合原価計算（2）

先入先出法の解き方

　完成品のみ負担で先入先出法の解き方について、例題を使って見ていきましょう。

例題 次の資料にもとづいて、先入先出法により、完成品総合原価を計算しなさい。

1. 生産データ

月初仕掛品量	20個（20%）
当月投入量	120個
投入合計	140個
当月完成品量	125個
正常仕損品量	5個（100%）
月末仕掛品量	10個（80%）
産出合計	140個

2. 原価データ

月初仕掛品原価

材料費	5,080円
加工費	698円

当月製造費用

材料費	28,800円
加工費	18,760円

注：（ ）内数値は加工費の進捗度である。
　　直接材料は工程の始点で投入している。
　　正常仕損は工程の終点で発生したものであり、仕損品の評価額（処分価額）は500円である。

・・・

解答 完成品総合原価　49,318円

解説

ステップ1 状況を下書きに整理します。資料の1．生産データの正常仕損品量は5個で加工進捗度は100%なので、下書きの線表に次のように書きます。「仕損は工程の終点で発生」というのは、工場における作業がすべて終わった後に確認したところ、仕損が発生していたことが判明したということです。**仕損の発生点（100%）が月末仕掛品（80%）よりあと**なので、完成品原価に含めて処理します。

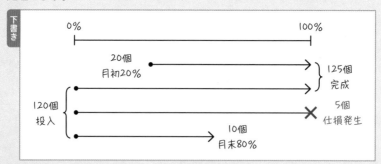

ステップ2 仕掛品のBOX図の下書きを書きます。
ステップ3 材料費と加工費のBOX図に問題文の情報を書き写します。
ステップ4 加工費のBOX図の個数を計算し、記入します。

仕掛品（材料費）			先入先出法	
5,080円	月初	20個	完成	125個
28,800円	投入	120個	仕損	5個
			月末	10個

500円

仕損品の評価額

仕掛品（加工費）			先入先出法	
698円	月初	4個	完成	125個
18,760円	投入	134個	仕損	5個
			月末	8個

月初　　20個×20％＝4個

完成品　125個×100％＝125個

仕損　　5個×100％＝5個

月末　　10個×80％＝8個

投入　　<u>完成品125個＋仕損5個＋月末8個−月初4個＝134個</u>
　　　　　　　BOX図の右側合計

ステップ5 月末の金額を計算します。

仕掛品（材料費）			先入先出法		
5,080円	月初	20個	完成	125個	
28,800円	投入	120個	仕損	5個	500円
			月末	10個	2,400円

仕掛品（加工費）			先入先出法		
698円	月初	4個	完成	125個	
18,760円	投入	134個	仕損	5個	
			月末	8個	1,120円

〈月末〉

材料費　<u>28,800円</u>÷<u>120個</u>×<u>10個</u>＝2,400円　月末仕掛品原価

加工費　<u>18,760円</u>÷<u>134個</u>×　<u>8個</u>＝1,120円　3,520円
　　　　投入金額　投入の個数　月末の個数

完成品の金額を計算します。

下書き

	仕掛品（材料費）　先入先出法				
5,080円	月初	20個	完成	125個	30,980円
28,800円	投入	120個	仕損	5個	500円
			月末	10個	2,400円

	仕掛品（加工費）　先入先出法				
698円	月初	4個	完成	125個	18,338円
18,760円	投入	134個	仕損	5個	
			月末	8個	1,120円

〈完成品〉

材料費　5,080円 ＋ 28,800円 － 2,400円 － 500円 ＝ 30,980円
　　　　月初　　　投入　　　　月末　　仕損品の評価額

加工費　698円 ＋ 18,760円 － 1,120円 ＝ 18,338円
　　　　月初　　　投入　　　　月末

完成品総合原価 49,318円

仕損品の評価額とは、材料（鉄）を使う場合、仕損品に含まれている鉄を買取業者に売るときの価格（鉄の買取価格）です。仕損品の評価額は、材料費から発生するため、材料費からマイナスします。

豆知識　**完成品原価に含めて処理している状況**

　材料費を見てみると、本来は完成125個ですが、仕損が終点で発生した場合には、仕損品5個を含めた130個を完成品と考えて計算します。ただし、仕損品には500円で外部に売却できるので、その分は原価からマイナスします。

月初	20個	完成	125個
投入	120個	仕損	5個
		月末	10個

完成品総合原価＝125個の原価＋仕損費
仕損費＝5個の原価－評価額500円
　　↓2つの計算式を合算
完成品総合原価＝130個の原価－評価額500円

豆知識　**仕損品の仕訳**

仕損品の評価額がある場合、次の仕訳を書きます。

仕損品 500 / 仕掛品 500

平均法の解き方

完成品のみ負担で平均法の解き方について、例題を使って見ていきましょう。

例題 **次の資料にもとづいて、平均法により、完成品総合原価を計算しなさい。**

1. 生産データ

月初仕掛品量	20個（20%）
当月投入量	120個
投入合計	140個
当月完成品量	125個
正常仕損品量	5個（100%）
月末仕掛品量	10個（80%）
産出合計	140個

2. 原価データ

月初仕掛品原価	
材料費	5,080円
加工費	698円
当月製造費用	
材料費	28,800円
加工費	18,760円

注：（　）内数値は加工費の進捗度である。
直接材料は工程の始点で投入している。
正常仕損は工程の終点で発生したものであり、仕損品の評価額（処分価額）は500円である。

解答 **完成品総合原価　49,290円**

解説

ステップ1　状況を下書きに整理します。資料の1. 生産データの正常仕損品量は5個で加工進捗度は100%なので、下書きの線表に次のように書きます。仕損の発生点（100%）が月末仕掛品（80%）よりあとなので、完成品原価に含めて処理します。

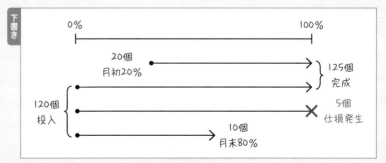

ステップ2　仕掛品のBOX図の下書きを書きます。

ステップ 3　材料費と加工費のBOX図に問題文の情報を書き写します。
ステップ 4　加工費のBOX図の個数を計算し、記入します。

下書き

仕掛品（材料費）　　　平均法

5,080円	月初	20個	完成	125個	
28,800円	投入	120個	仕損	5個	500円
			月末	10個	
33,880円	合計	140個	合計	140個	

仕損品の評価額

仕掛品（加工費）　　　平均法

698円	月初	4個	完成	125個	
18,760円	投入	134個	仕損	5個	
			月末	8個	
19,458円	合計	138個	合計	138個	

ステップ 5　月末の金額を計算します。

下書き

仕掛品（材料費）　　　平均法

5,080円	月初	20個	完成	125個	
28,800円	投入	120個	仕損	5個	500円
			月末	10個	2,420円
33,880円	合計	140個	合計	140個	

仕掛品（加工費）　　　平均法

698円	月初	4個	完成	125個	
18,760円	投入	134個	仕損	5個	
			月末	8個	1,128円
19,458円	合計	138個	合計	138個	

〈月末〉

材料費　33,880円÷140個×10個＝2,420円 ┐月末仕掛品原価
加工費　19,458円÷138個× 8個＝1,128円 ┘3,548円
　　　　合計金額　合計の個数　月末の個数

240

下書き

		仕掛品（材料費）		平均法	
5,080円	月初	20個	完成	125個	30,960円
28,800円	投入	120個	仕損	5個	500円
			月末	10個	2,420円
33,880円	合計	140個	合計	140個	

		仕掛品（加工費）		平均法	
698円	月初	4個	完成	125個	18,330円
18,760円	投入	134個	仕損	5個	
			月末	8個	1,128円
19,458円	合計	138個	合計	138個	

〈完成品〉

材料費　$\underset{\text{合計}}{33,880円} - \underset{\text{月末}}{2,420円} - \underset{\text{仕損品の評価額}}{500円} = 30,960円$

加工費　$\underset{\text{合計}}{19,458円} - \underset{\text{月末}}{1,128円} = 18,330円$

完成品総合原価
49,290円

Part
3
総合原価計算

Ch
12
総合原価計算（2）

241

仕損② 完成品原価と月末仕掛品原価に含めて処理

仕損によってムダにしてしまった原価を、完成品原価と月末仕掛品原価に含めて処理する方法を学びましょう。

242

完成品原価と月末仕掛品原価に含めて処理する場合

仕損が月末仕掛品の加工進捗度より前に発生した場合は、仕損にかかった原価を、完成品原価と月末仕掛品原価の両方に含めて処理します。完成品も月末仕掛品も、仕損の発生点を通過しているので、仕損にかかった原価を両方に含めます。また、仕損にかかった原価を完成品と月末仕掛品の両方に負担させることから、両者負担ということもあります。

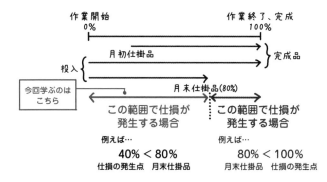

先入先出法の解き方

両者負担で先入先出法の解き方について、例題を使って見ていきましょう。

Part 3 総合原価計算

Ch 12 総合原価計算（2）

| 例題 | 次の資料にもとづいて、先入先出法により、完成品総合原価を計算しなさい。 |

1. 生産データ

月初仕掛品量	20個（20%）
当月投入量	120個
投入合計	140個
当月完成品量	125個
正常仕損品量	5個（40%）
月末仕掛品量	10個（80%）
産出合計	140個

2. 原価データ

月初仕掛品原価

| 材料費 | 5,055円 |
| 加工費 | 733円 |

当月製造費用

| 材料費 | 28,800円 |
| 加工費 | 19,350円 |

注：（　）内数値は加工費の進捗度である。
直接材料は工程の始点で投入している。
正常仕損は工程の40%で発生したものであり、仕損品の評価額（処分価額）は510円である。

解答 **完成品総合原価　49,768円**

解説

ステップ 1　状況を下書きに整理します。資料の1. 生産データの正常仕損品量は5個で加工進捗度は40%なので、下書きの線表に次のように書きます。仕損の発生点（40%）が月末仕掛品（80%）より前なので、完成品原価と月末仕掛品原価の両方に含めて処理します。

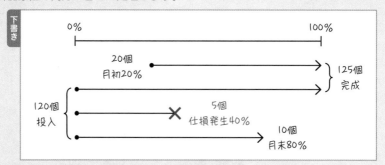

ステップ 2　仕掛品のBOX図の下書きを書きます。

ステップ 3　材料費と加工費のBOX図に問題文の情報を書き写します。

ステップ 4　加工費のBOX図の個数を計算し、記入します。

月初	20個×20%＝4個
完成品	125個×100%＝125個
仕損	5個×40%＝2個
月末	10個×80%＝8個
投入	完成品125個＋仕損2個＋月末8個－月初4個＝131個

　　　　　　BOX図の右側合計

ステップ5 まず、材料費の投入金額から仕損品の評価額をマイナスします。次に材料費、加工費の投入個数から仕損品の個数をマイナスします。

下書き

仕掛品（材料費）　先入先出法

5,055円	月初	20個	完成	125個	
28,290 ~~28,800円~~	投入	115 ~~120個~~	仕損	5個	~~510円~~
			月末	10個	

仕掛品（加工費）　先入先出法

733円	月初	4個	完成	125個	
19,350円	投入	129 ~~131個~~	仕損	~~2個~~	
			月末	8個	

〈投入〉

材料費の金額　28,800円 − 510円 = 28,290円
　　　　　　　投入金額　　仕損品の評価額

材料費の個数　120個 − 5個 = 115個

加工費の個数　131個 − 2個 = 129個
　　　　　　　投入　　仕損品

ステップ6 月末の金額を計算します。

下書き

仕掛品（材料費）　先入先出法

5,055円	月初	20個	完成	125個	
28,290 ~~28,800円~~	投入	115 ~~120個~~	仕損	5個	~~510円~~
			月末	10個	2,460円

仕掛品（加工費）　先入先出法

733円	月初	4個	完成	125個	
19,350円	投入	129 ~~131個~~	仕損	~~2個~~	
			月末	8個	1,200円

〈月末〉

材料費　28,290円÷115個×10個＝2,460円　┐月末仕掛品原価
加工費　19,350円÷129個× 8個＝1,200円　┘3,660円
　　　　　投入金額　投入の個数　月末の個数

ステップ7　完成品の金額を計算します。

下書き

	仕掛品（材料費）　先入先出法		
5,055円	月初　　20個	完成　　125個	30,885円
28,290 ~~28,800~~円	投入　115 ~~120~~個	仕損　　5個	~~510~~円
		月末　　10個	2,460円

	仕掛品（加工費）　先入先出法		
733円	月初　　4個	完成　　125個	18,883円
19,350円	投入　129 ~~131~~個	仕損　　~~2~~個	
		月末　　8個	1,200円

〈完成品〉

材料費　5,055円＋28,290円－2,460円＝30,885円　┐完成品総合原価
加工費　　733円＋19,350円－1,200円＝18,883円　┘49,768円
　　　　　月初　　　投入　　　月末

豆知識　**完成品原価と月末仕掛品原価に含めて処理している状況**

　材料費を見てみると、本来は投入は120個28,800円ですが、両者負担の場合には、仕損品5個をなかったものとして、投入を115個28,290円に修正して計算します。投入単価を比較すると@240円から@246円に高くなっています。この高くなった単価が仕損によって発生した仕損費で、完成品原価と月末仕掛品に含まれます。

月初　　20個	完成　　125個
投入　115 ~~120~~個	仕損　　5個
	月末　　10個

仕損がない場合の月末仕掛品の材料費
　28,800円÷120個×10個＝2,400円
仕損がある場合の月末仕掛品の材料費
　（28,800円－510円）÷115個×10個＝2,460円
比較すると仕損がある場合の方が60円高くなっているので、仕損費を月末仕掛品が負担している。

平均法の解き方

両者負担で平均法の解き方について、例題を使って見ていきましょう。

例題 次の資料にもとづいて、平均法により、完成品総合原価を計算しなさい。

1. 生産データ		2. 原価データ	
月初仕掛品量	20個（20%）	月初仕掛品原価	
当月投入量	<u>120個</u>	材料費	5,055円
投入合計	<u>140個</u>	加工費	733円
当月完成品量	125個	当月製造費用	
正常仕損品量	5個（40%）	材料費	28,800円
月末仕掛品量	<u>10個（80%）</u>	加工費	19,350円
産出合計	<u>140個</u>		

注：（　）内数値は加工費の進捗度である。
　　直接材料は工程の始点で投入している。
　　正常仕損は工程の40%で発生したものであり、仕損品の評価額（処分価額）
　　は510円である。

解答 **完成品総合原価　49,750円**

解説

ステップ1　状況を下書きに整理します。資料の1．生産データの正常仕損品量は5個で加工進捗度は40%なので、下書きの線表に次のように書きます。**仕損の発生点（40%）が月末仕掛品（80%）より前なので、完成品原価と月末仕掛品原価の両方に含めて処理します。**

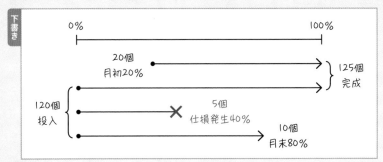

ステップ2　仕掛品のBOX図の下書きを書きます。

ステップ3　材料費と加工費のBOX図に問題文の情報を書き写します。

ステップ4　加工費のBOX図の個数を計算し、記入します。

まず、材料費の合計金額から仕損品の評価額をマイナスします。次に材料費、加工費の合計個数から仕損品の個数をマイナスします。

下書き	仕掛品（材料費）			平均法	
5,055円	月初	20個	完成	125個	
28,800円	投入	120個	仕損	~~5個~~	510円
			月末	10個	
~~33,855円~~ 33,345	合計	~~140個~~ 135	合計	~~140個~~ 135	

	仕掛品（加工費）			平均法	
733円	月初	4個	完成	125個	
19,350円	投入	131個	仕損	~~2個~~	
			月末	8個	
20,083円	合計	~~135個~~ 133	合計	~~135個~~ 133	

〈合計〉

材料費の金額　33,855円－510円＝33,345円
　　　　　　　　投入金額　　仕損品の評価額

材料費の個数　140個－5個＝135個
加工費の個数　135個－2個＝133個
　　　　　　　合計　　仕損品

月末の金額を計算します。

下書き	仕掛品（材料費）			平均法	
5,055円	月初	20個	完成	125個	
28,800円	投入	120個	仕損	~~5個~~	510円
			月末	10個	2,470円
~~33,855円~~ 33,345	合計	~~140個~~ 135	合計	~~140個~~ 135	

	仕掛品（加工費）			平均法	
733円	月初	4個	完成	125個	
19,350円	投入	131個	仕損	~~2個~~	
			月末	8個	1,208円
20,083円	合計	~~135個~~ 133	合計	~~135個~~ 133	

〈月末〉

材料費　33,345円÷135個×10個＝2,470円 ⎤ 月末仕掛品原価
加工費　20,083円÷133個× 8個＝1,208円 ⎦ 3,678円
　　　　合計金額　合計の個数　月末の個数

ステップ7 完成品の金額を計算します。

仕掛品（材料費）　　平均法

5,055円	月初	20個	完成	125個	30,875円
28,800円	投入	120個	仕損	~~5個~~	~~510円~~
			月末	10個	2,470円
~~33,855円~~ 33,345	合計	~~140個~~ 135	合計	~~140個~~ 135	

仕掛品（加工費）　　平均法

733円	月初	~~4個~~	完成	125個	18,875円
19,350円	投入	131個	仕損	~~2個~~	
			月末	8個	1,208円
20,083円	合計	~~135個~~ 133	合計	~~135個~~ 133	

〈完成品〉

材料費　33,345円－2,470円＝30,875円 ⎤ 完成品総合原価
加工費　20,083円－1,208円＝18,875円 ⎦ 49,750円
　　　　合計　　　月末

仕損③ 発生点が不明の場合

仕損の発生点が問題文に書いていない場合や不明な場合について、見ていきましょう。

仕損の発生点が不明の場合

仕損の発生点が不明の場合は、どこで発生したのかわからないので、仕損の加工進捗度がわかりません。仕損が月末仕掛品の加工進捗度よりあとに発生したか、前に発生したかがわからないため、仕損にかかった原価を**完成品原価と月末仕掛品原価の両方に含める**と仮定して計算します。Chapter12-03で学習した両者負担と同じように解きます。

先入先出法の解き方

例題 次の資料にもとづいて、先入先出法により、完成品総合原価を計算しなさい。

1. 生産データ

月初仕掛品量	20個（20%）	
当月投入量	120個	
投入合計	140個	
当月完成品量	125個	
正常仕損品量	5個	
月末仕掛品量	10個（80%）	
産出合計	140個	

2. 原価データ

月初仕掛品原価	
材料費	5,055円
加工費	733円
当月製造費用	
材料費	28,800円
加工費	19,350円

注：（　）内数値は加工費の進捗度である。
　　直接材料は工程の始点で投入している。
　　正常仕損は工程の途中で発生したものであり、仕損品の評価額（処分価額）は510円である。

解答 **完成品総合原価　49,768円**

問題文の注に「正常仕損は工程の途中で発生した」と書いてありますが、何%で発生したのか書いてありませんので、仕損の発生点が不明です。発生点が不明の場合はP.242の両者負担と同じように解きます。

ステップ1 状況を下書きに整理します。発生点が不明なので、？%とします。

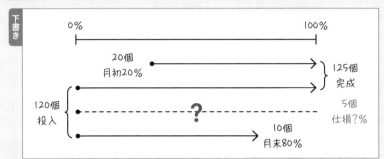

ステップ2 仕掛品のBOX図の下書きを書きます。

ステップ3 材料費と加工費のBOX図に問題文の情報を書き写します。

ステップ4 加工費のBOX図の個数を記入します。加工費の仕損の個数は？個とします。

下書き

仕掛品（材料費） 先入先出法

5,055円	月初	20個	完成	125個
28,800円	投入	120個	仕損	5個
			月末	10個

510円

仕損品の評価額

仕掛品（加工費） 先入先出法

733円	月初	4個	完成	125個
19,350円	投入	129＋?個	仕損	?個
			月末	8個

月初　　20個×20％＝4個
完成品　125個×100％＝125個
仕損　　？個
月末　　10個×80％＝8個
投入　　<u>完成品125個＋仕損？個＋月末8個</u>－月初4個＝129＋？個
　　　　　　　BOX図の右側合計

ステップ5 まず、材料費の投入金額から仕損品の評価額をマイナスします。次に材料費、加工費の投入個数から仕損品の個数をマイナスします。

	仕掛品（材料費）	先入先出法	
5,055円	月初 20個	完成 125個	
28,290 ~~28,800円~~	投入 115 ~~120~~個	仕損 5個	510円
		月末 10個	

	仕掛品（加工費）	先入先出法
733円	月初 4個	完成 125個
19,350円	投入 129 ~~129＋?~~個	仕損 ~~?~~個
		月末 8個

〈投入〉

材料費の金額　$28,800円 - 510円 = 28,290円$
　　　　　　　　投入金額　　仕損品の評価額

材料費の個数　$120個 \quad -5個 = 115個$

加工費の個数　$129 ＋ ?個 - ?個 = 129個$
　　　　　　　　　　投入　　仕損品

ステップ 6 月末の金額を計算します。

ステップ 7 完成品の金額を計算します。

	仕掛品（材料費）	先入先出法	
5,055円	月初 20個	完成 125個	30,885円
28,290 ~~28,800円~~	投入 115 ~~120~~個	仕損 5個	~~510円~~
		月末 10個	2,460円

	仕掛品（加工費）	先入先出法	
733円	月初 4個	完成 125個	18,883円
19,350円	投入 129 ~~129＋?~~個	仕損 ~~?~~個	
		月末 8個	1,200円

〈月末〉

材料費　$28,290円 ÷ 115個 × 10個 = 2,460円$ ⎤ 月末仕掛品原価
加工費　$19,350円 ÷ 129個 × 8個 = 1,200円$ ⎦ 3,660円
　　　　　投入金額　投入の個数　月末の個数

〈完成品〉

材料費　<u>5,055円</u> + <u>28,290円</u> − <u>2,460円</u> = 30,885円 ⎤ 完成品総合原価
加工費　　<u>733円</u> + <u>19,350円</u> − <u>1,200円</u> = 18,883円 ⎦ 49,768円
　　　　　月初　　　　投入　　　　月末

平均法の解き方

例題　次の資料にもとづいて、平均法により、完成品総合原価を計算しなさい。

1. 生産データ　　　　　　　　2. 原価データ

月初仕掛品量　　20個（20%）　　月初仕掛品原価

当月投入量　　<u>120個</u>　　　　材料費　　　5,055円

　投入合計　　<u>140個</u>　　　　加工費　　　 733円

当月完成品量　　125個　　　　当月製造費用

正常仕損品量　　5個　　　　　材料費　　28,800円

月末仕掛品量　<u>10個（80%）</u>　　加工費　　19,350円

　産出合計　　<u>140個</u>

注：（　）内数値は加工費の進捗度である。
　　直接材料は工程の始点で投入している。
　　正常仕損は工程の途中で発生したものであり、仕損品の評価額（処分価額）は
　　510円である。

解答　**完成品総合原価　49,750円**

解説

ステップ1　状況を下書きに整理します。発生点が不明なので、？%とします。

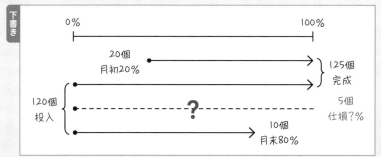

ステップ2 仕掛品のBOX図の下書きを書きます。

ステップ3 材料費と加工費のBOX図に問題文の情報を書き写します。

ステップ4 加工費のBOX図の個数を記入します。加工費の仕損の個数は？個
とします。

下書き

	仕掛品（材料費）		平均法	
5,055円	月初	20個	完成	125個
28,800円	投入	120個	仕損	5個
			月末	10個
33,855円	合計	140個	合計	140個

510円
仕損品の評価額

	仕掛品（加工費）		平均法
733円	月初	4個	完成	125個
19,350円	投入	129＋?個	仕損	?個
			月末	8個
20,083円	合計	133＋?個	合計	133＋?個

ステップ5 まず、材料費の合計金額から仕損品の評価額をマイナスします。次
に材料費、加工費の合計個数から仕損品の個数をマイナスします。

下書き

	仕掛品（材料費）		平均法	
5,055円	月初	20個	完成	125個
28,800円	投入	120個	仕損	5個
			月末	10個
~~33,855円~~ 33,345	合計	~~140個~~ 135	合計	~~140個~~ 135

~~510~~円

	仕掛品（加工費）		平均法
733円	月初	4個	完成	125個
19,350円	投入	129＋?個	仕損	~~?~~個
			月末	8個
20,083円	合計	~~133＋?個~~ 133	合計	~~133＋?個~~ 133

〈合計〉

材料費の金額　　33,855円 − 510円 = 33,345円
　　　　　　　　　　合計金額　　仕損品の評価額

材料費の個数　　140個　　 − 5個 = 135個

加工費の個数　　133 + ?個 − ?個 = 133個
　　　　　　　　　　　合計　　　仕損品

ステップ6　　月末の金額を計算します。

ステップ7　　完成品の金額を計算します。

下書き

	仕掛品（材料費）		平均法	
5,055円	月初	20個	完成	125個	30,875円
28,800円	投入	120個	仕損	~~5個~~	~~510円~~
			月末	10個	2,470円
~~33,855円~~ 33,345	合計	~~140個~~ 135	合計	~~140個~~ 135	

	仕掛品（加工費）		平均法	
733円	月初	4個	完成	125個	18,875円
19,350円	投入	129 + ?個	仕損	~~?個~~	
			月末	8個	1,208円
20,083円	合計	~~133 + ?個~~ 133	合計	~~133 + ?個~~ 133	

〈月末〉

材料費　　33,345円 ÷ 135個 × 10個 = 2,470円 ┐月末仕掛品原価
加工費　　20,083円 ÷ 133個 × 8個 = 1,208円 ┘3,678円
　　　　　　合計金額　　合計の個数　月末の個数

〈完成品〉

材料費　　33,345円 − 2,470円 = 30,875円 ┐完成品総合原価
加工費　　20,083円 − 1,208円 = 18,875円 ┘49,750円
　　　　　　合計　　　　月末

問題1
P.234

当社は製品Aを製造・販売し、製造原価の計算は単純総合原価計算により行っている。次の資料にもとづいて、(1) と (2) に答えなさい。

1. 生産データ		2. 原価データ	
月初仕掛品	100個（25%）	月初仕掛品原価	
当月投入	1,200	材料費	29,500円
合　計	1,300個	加工費	11,310円
正常仕損	30　（100%）	当月製造費用	
月末仕掛品	140　（75%）	材料費	432,000円
完成品	1,130個	加工費	310,000円

注：（　）内数値は加工費の進捗度である。
　　直接材料は工程の始点で投入している。
　　正常仕損は工程の終点で発生したものであり、仕損品の評価額（処分価額）は3,000円である。

(1) 原価投入額を完成品総合原価と月末仕掛品原価に配分する方法として先入先出法を用いた場合の月末仕掛品原価と完成品総合原価の金額を計算しなさい。

［答案用紙］

月末仕掛品原価 ＿＿＿＿＿＿＿ 円　　完成品総合原価 ＿＿＿＿＿＿＿ 円

(2) 原価投入額を完成品総合原価と月末仕掛品原価に配分する方法として平均法を用いた場合の月末仕掛品原価と完成品総合原価の金額を計算しなさい。

［答案用紙］

月末仕掛品原価 ＿＿＿＿＿＿＿ 円　　完成品総合原価 ＿＿＿＿＿＿＿ 円

問題2
P.242

当社は製品Bを製造・販売し、製造原価の計算は単純総合原価計算により行っている。次の資料にもとづいて、(1) と (2) に答えなさい。

1. 生産データ		2. 原価データ	
月初仕掛品	100個（25%）	月初仕掛品原価	
当月投入	1,200	材料費	32,590円
合　計	1,300個	加工費	8,920円
正常仕損	30　（50%）	当月製造費用	
月末仕掛品	140　（75%）	材料費	428,880円
完成品	1,130個	加工費	312,180円

注：（　）内数値は加工費の進捗度である。

　　直接材料は工程の始点で投入している。

　　正常仕損は工程の50%で発生したものであり、仕損品の評価額（処分価額）は3,000
　　円である。

(1) 原価投入額を完成品総合原価と月末仕掛品原価に配分する方法として
先入先出法を用いた場合の月末仕掛品原価と完成品総合原価の金額を
計算しなさい。

［答案用紙］

月末仕掛品原価 ＿＿＿＿＿＿＿＿ 円　　　完成品総合原価 ＿＿＿＿＿＿ 円

(2) 原価投入額を完成品総合原価と月末仕掛品原価に配分する方法として
平均法を用いた場合の月末仕掛品原価と完成品総合原価の金額を計算
しなさい。

［答案用紙］

月末仕掛品原価 ＿＿＿＿＿＿＿＿ 円　　　完成品総合原価 ＿＿＿＿＿＿ 円

解説・解答

問題1

(1)

ステップ1　状況を下書きに整理する。資料の1．生産データの正常仕損品量は30
個で加工進捗度は100%なので、下書きの線表に次のように書く。**仕
損の発生点（100%）が月末仕掛品（75%）よりあと**なので、完成
品原価に含めて処理する。

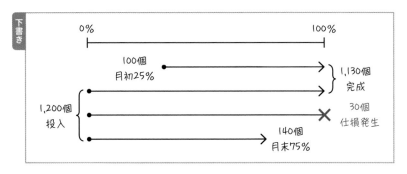

ステップ 2 仕掛品のBOX図の下書きを書く。
ステップ 3 材料費と加工費のBOX図に問題文の情報を書き写す。
ステップ 4 加工費のBOX図の個数を計算し、記入する。

仕掛品（材料費） 先入先出法				
29,500円	月初	100個	完成	1,130個
432,000円	投入	1,200個	仕損	30個
			月末	140個

3,000円

仕損品の評価額

仕掛品（加工費） 先入先出法				
11,310円	月初	25個	完成	1,130個
310,000円	投入	1,240個	仕損	30個
			月末	105個

月初 　　100個×25％＝25個
完成品 　1,130個×100％＝1,130個
仕損 　　30個×100％＝30個
月末 　　140個×75％＝105個
投入 　　完成品1,130個＋仕損30個＋月末105個－月初25個＝1,240個
　　　　　　　　　BOX図の右側合計

ステップ 5 月末の金額を計算する。
ステップ 6 完成品の金額を計算する。

下書き

仕掛品（材料費）　先入先出法

	29,500円	月初	100個	完成	1,130個	408,100円
	432,000円	投入	1,200個	仕損	30個	3,000円
				月末	140個	50,400円

仕掛品（加工費）　先入先出法

	11,310円	月初	25個	完成	1,130個	295,060円
	310,000円	投入	1,240個	仕損	30個	
				月末	105個	26,250円

〈月末〉

材料費　432,000円 ÷ 1,200個 × 140個 = 50,400円 ⎤ 月末仕掛品原価
加工費　310,000円 ÷ 1,240個 × 105個 = 26,250円 ⎦ 76,650円
　　　　　投入金額　　投入の個数　月末の個数

〈完成品〉

材料費　29,500円 + 432,000円 − 50,400円 − 3,000円 = 408,100円 ⎤ 完成品総合原価
　　　　　月初　　　投入　　　月末　　仕損品の評価額 ⎥ 703,160円
加工費　11,310円 + 310,000円 − 26,250円 = 295,060円 ⎦
　　　　　月初　　　投入　　　月末

解答　月末仕掛品原価　　76,650 円　　　完成品総合原価　　703,160 円

(2)

ステップ1　状況を下書きに整理する。（1）と同じ書き方。

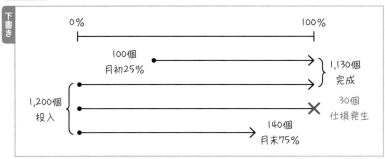

259

ステップ2 仕掛品のBOX図の下書きを書く。
ステップ3 材料費と加工費のBOX図に問題文の情報を書き写す。
ステップ4 加工費のBOX図の個数を計算し、記入する。

下書き

		仕掛品（材料費）	平均法	
29,500円	月初 100個	完成	1,130個	
432,000円	投入 1,200個	仕損	30個	3,000円
		月末	140個	
461,500円	合計 1,300個	合計	1,300個	仕損品の評価額

		仕掛品（加工費）	平均法
11,310円	月初 25個	完成	1,130個
310,000円	投入 1,240個	仕損	30個
		月末	105個
321,310円	合計 1,265個	合計	1,265個

ステップ5 月末の金額を計算する。
ステップ6 完成品の金額を計算する。

下書き

		仕掛品（材料費）	平均法	
29,500円	月初 100個	完成	1,130個	408,800円
432,000円	投入 1,200個	仕損	30個	3,000円
		月末	140個	49,700円
461,500円	合計 1,300個	合計	1,300個	

		仕掛品（加工費）	平均法	
11,310円	月初 25個	完成	1,130個	294,640円
310,000円	投入 1,240個	仕損	30個	
		月末	105個	26,670円
321,310円	合計 1,265個	合計	1,265個	

〈月末〉

材料費 <u>461,500円</u> ÷ <u>1,300個</u> × <u>140個</u> = 49,700円 ⎤ 月末仕掛品原価
加工費 <u>321,310円</u> ÷ <u>1,265個</u> × <u>105個</u> = 26,670円 ⎦ 76,370円
　　　 合計金額　　　合計の個数　月末の個数

〈完成品〉

材料費 <u>461,500円</u> − <u>49,700円</u> − <u>3,000円</u> = 408,800円 ⎤
　　　 合計　　　　月末　　　仕損品の評価額　　　　　　　｜ 完成品総合原価
　　　　　　　　　　　　　　　　　　　　　　　　　　　　｜ 703,440円
加工費 <u>321,310円</u> − <u>26,670円</u> = 294,640円 ⎦
　　　 合計　　　　月末

 月末仕掛品原価 　76,370 円　　　完成品総合原価 　703,440 円

問題2

(1)

ステップ1 状況を下書きに整理する。資料の1．生産データの正常仕損品量は30個で加工進捗度は50%なので、下書きの線表に次のように書く。**仕損の発生点（50%）が月末仕掛品（75%）より前**なので、完成品原価と月末仕掛品原価の両方に含めて処理する。

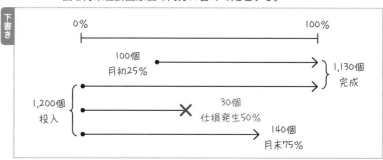

ステップ2 仕掛品のBOX図の下書きを書く。
ステップ3 材料費と加工費のBOX図に問題文の情報を書き写す。
ステップ4 加工費のBOX図の個数を計算し、記入する。

仕掛品（材料費）		先入先出法		
32,590円	月初	100個	完成	1,130個
428,880円	投入	1,200個	仕損	30個
			月末	140個

3,000円

仕損品の評価額

仕掛品（加工費）		先入先出法		
8,920円	月初	25個	完成	1,130個
312,180円	投入	1,225個	仕損	15個
			月末	105個

月初	100個×25％＝25個
完成品	1,130個×100％＝1,130個
仕損	30個×50％＝15個
月末	140個×75％＝105個
投入	完成品1,130個＋仕損15個＋月末105個－月初25個＝1,225個
	BOX図の右側合計

ステップ5 まず、材料費の投入金額から仕損品の評価額をマイナスする。次に材料費、加工費の投入個数から仕損品の個数をマイナスする。

仕掛品（材料費）		先入先出法		
32,590円	月初	100個	完成	1,130個
425,880 ~~428,880円~~	投入	1,170 ~~1,200個~~	仕損	~~30個~~
			月末	140個

~~3,000円~~

仕掛品（加工費）		先入先出法		
8,920円	月初	25個	完成	1,130個
312,180円	投入	1,210 ~~1,225個~~	仕損	~~15個~~
			月末	105個

〈投入〉

材料費の金額 <u>428,880円</u> − <u>3,000円</u> = 425,880円
　　　　　　　　投入金額　　仕損品の評価額

材料費の個数 1,200個 − 30個 = 1,170個
加工費の個数 <u>1,225個</u> − <u>15個</u> = 1,210個
　　　　　　　　投入　　　　仕損品

ステップ6 月末の金額を計算する。

ステップ7 完成品の金額を計算する。

仕掛品（材料費）　先入先出法					
32,590円	月初	100個	完成	1,130個	407,510円
425,880 ~~428,880円~~	投入	1,170 ~~1,200~~個	仕損	~~30個~~	~~3,000円~~
			月末	140個	50,960円

仕掛品（加工費）　先入先出法					
8,920円	月初	25個	完成	1,130個	294,010円
312,180円	投入	1,210 ~~1,225~~個	仕損	~~15個~~	
			月末	105個	27,090円

〈月末〉

材料費 <u>425,880円</u> ÷ <u>1,170個</u> × <u>140個</u> = 50,960円 ⎤ 月末仕掛品原価
加工費 312,180円 ÷ 1,210個 × 105個 = 27,090円 ⎦ 78,050円
　　　　　投入金額　　投入の個数　月末の個数

〈完成品〉

材料費 <u>32,590円</u> + <u>425,880円</u> − <u>50,960円</u> = 407,510円 ⎤ 完成品総合原価
加工費 8,920円 + 312,180円 − 27,090円 = 294,010円 ⎦ 701,520円
　　　　月初　　　　投入　　　　月末

解答 月末仕掛品原価 ___78,050___ 円　　完成品総合原価 ___701,520___ 円

(2)

ステップ1 状況を下書きに整理する。（1）と同じ書き方。

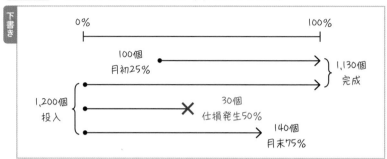

ステップ2 仕掛品のBOX図の下書きを書く。
ステップ3 材料費と加工費のBOX図に問題文の情報を書き写す。
ステップ4 加工費のBOX図の個数を計算し、記入する。

下書き

				仕掛品（材料費）	平均法
32,590円	月初	100個	完成	1,130個	
428,880円	投入	1,200個	仕損	30個	
			月末	140個	
461,470円	合計	1,300個	合計	1,300個	

3,000円 …… 仕損品の評価額

				仕掛品（加工費）	平均法
8,920円	月初	25個	完成	1,130個	
312,180円	投入	1,225個	仕損	15個	
			月末	105個	
321,100円	合計	1,250個	合計	1,250個	

ステップ5 まず、材料費の合計金額から仕損品の評価額をマイナスする。次に
材料費、加工費の合計個数から仕損品の個数をマイナスする。

下書き

		仕掛品（材料費）		平均法	
32,590円	月初	100 個	完成	1,130 個	
428,880円	投入	1,200 個	仕損	~~30 個~~	3,000円
			月末	140 個	
~~461,470~~ 円 458,470	合計	~~1,300~~ 個 1,270	合計	~~1,300~~ 個 1,270	

		仕掛品（加工費）		平均法	
8,920円	月初	25 個	完成	1,130 個	
312,180円	投入	1,225 個	仕損	~~15 個~~	
			月末	105 個	
321,100円	合計	~~1,250~~ 個 1,235	合計	~~1,250~~ 個 1,235	

〈合計〉

材料費の金額　$\underset{\text{投入金額}}{461,470円} - \underset{\text{仕損品の評価額}}{3,000円} = 458,470円$

材料費の個数　$\underset{\text{合計}}{1,300個} - \underset{\text{仕損品}}{30個} = 1,270個$

加工費の個数　$1,250個 - 15個 = 1,235個$

ステップ 6　月末の金額を計算する。
ステップ 7　完成品の金額を計算する。

下書き

		仕掛品（材料費）	平均法	
32,590円	月初	100個	完成	1,130個	407,930円

428,880円	投入	1,200個	仕損	~~30個~~	~~3,000円~~
			月末	140個	50,540円
~~461,470~~円 458,470	合計	~~1,300個~~ 1,270	合計	~~1,300個~~ 1,270	

		仕掛品（加工費）	平均法	
8,920円	月初	25個	完成	1,130個	293,800円
312,180円	投入	1,225個	仕損	~~15個~~	
			月末	105個	27,300円
321,100円	合計	~~1,250個~~ 1,235	合計	~~1,250個~~ 1,235	

〈月末〉
材料費　458,470円 ÷ 1,270個 × 140個 = 50,540円 ⎤ 月末仕掛品原価
加工費　321,100円 ÷ 1,235個 × 105個 = 27,300円 ⎦ 77,840円
　　　　　　合計金額　　合計の個数　月末の個数

〈完成品〉
材料費　458,470円 − 50,540円 = 407,930円 ⎤ 完成品総合原価
加工費　321,100円 − 27,300円 = 293,800円 ⎦ 701,730円
　　　　　　合計　　　　月末

解答　月末仕掛品原価　　77,840円　　　完成品総合原価　　701,730円

Chapter13
総合原価計算（3）

材料の追加投入① 作業の途中で投入

　作業の途中で材料を追加投入する場合、どのように処理するのか見ていきましょう。

材料の追加投入とは

　Chapter12までは工程の始点で材料を1種類投入する場合について学習しました。材料の追加投入では、材料を2種類以上投入する場合について、どのように計算するのか学習します。工程の始点で材料のうち1種類は投入しなければ、加工を行うことができませんので、1種類は始点で投入されます。残りの材料については加工進捗度何％で投入するのかによって計算方法が変わります。

　例えば、A原料（魚）とB原料（チーズ）が直接材料費として消費される場合で、A原料（魚）を工程の始点で投入し、B原料（チーズ）を工程の50％で投入した、という状況を図にすると次のようになります。

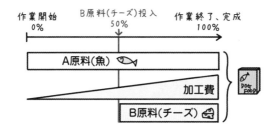

作業の途中で投入する場合の解き方

　材料の追加投入がある場合、A原料とB原料では計算方法が異なるので、**A原料とB原料のBOX図を別々に書く**ことがポイントです。また、B原料のBOX図の個数の書き方にもコツがあるので、例題を使って見ていきましょう。

例題 次の資料にもとづいて、先入先出法により、完成品総合原価を計算しなさい。

1. 生産データ

月初仕掛品量	20個（20%）
当月投入量	120個
投入合計	140個
当月完成品量	130個
月末仕掛品量	10個（80%）
産出合計	140個

2. 原価データ

月初仕掛品原価

A原料の直接材料費	5,080円
B原料の直接材料費	0円
加工費	364円

当月製造費用

A原料の直接材料費	28,800円
B原料の直接材料費	5,628円
加工費	21,440円

注：（　）内数値は加工費の進捗度である。
　　A原料は工程の始点、B原料は工程の50%でそれぞれ投入している。

・・・

解答 完成品総合原価　57,230円

解説

ステップ1　状況を下書きに整理します。B原料は50%で投入しています。月初仕掛品は加工進捗度20%でまだ50%まで加工が進んでいませんので、B原料は投入していません。2. 原価データの月初仕掛品のB原料の直接材料費0円というのは、B原料が投入されていないことを表しています。月末仕掛品は加工進捗度80%、完成品は加工進捗度100%なので、50%以上加工が進んでいますので、B原料は投入されています。

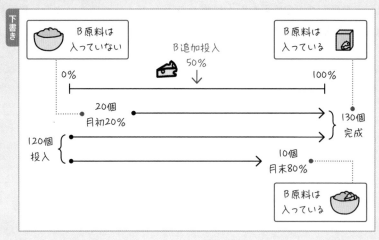

ステップ2 仕掛品のBOX図の下書きを3つに分けて書きます。下書きではわかりやすいようにA原料の直接材料費を材料費A、B原料の直接材料費を材料費Bと書きます。

下書き

仕掛品（材料費A）先入先出法

月初	完成
投入	
	月末

仕掛品（加工費）先入先出法

月初	完成
投入	
	月末

仕掛品（材料費B）先入先出法

月初	完成
投入	
	月末

ステップ3 問題文の情報を書き写します。

下書き

仕掛品（材料費A）先入先出法

	月初	20個	完成	130個
5,080円				
28,800円	投入	120個		
			月末	10個

仕掛品（加工費）先入先出法

	月初	完成
364円		
21,440円	投入	
		月末

仕掛品（材料費B）先入先出法

	月初	完成
0円		
5,628円	投入	
		月末

ステップ4 加工費のBOX図の個数を記入します。次に、材料費BのBOX図の個数をステップ1の状況の図を見ながら埋めます。このとき、追加投入地点を通過しているかどうかを一つひとつ確認します。通過前なら0個、通過後ならA原料と同じ個数を書きます。

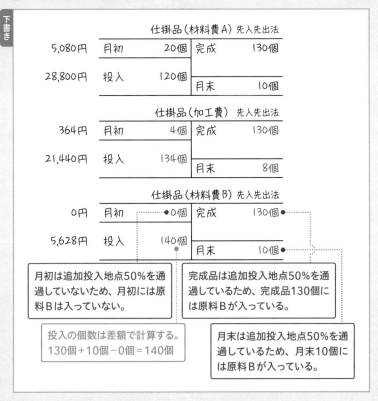

〈加工費〉

月初	20個×20%＝4個
完成品	130個×100%＝130個
月末	10個×80%＝8個
投入	完成品130個＋月末8個－月初4個＝134個

〈材料費B〉

月初　月初は追加投入地点50%を通過していないため、月初には原料Bは入っていない。

完成品　完成品は追加投入地点50%を通過しているため、完成品130個には原料Bが入っている。

272

月末　月末は追加投入地点50％を通過しているため、月末10個には原料
Bが入っている。

投入　投入の個数は差額で計算する。

完成品130個＋月末10個－月初0個＝140個

ステップ5　月末の金額を計算します。

ステップ6　完成品の金額を計算します。

下書き

	仕掛品（材料費A）先入先出法			
5,080円	月初	20個	完成　　130個	31,480円
28,800円	投入	120個	月末　　10個	2,400円

	仕掛品（加工費）　先入先出法			
364円	月初	4個	完成　　130個	20,524円
21,440円	投入	134個	月末　　8個	1,280円

	仕掛品（材料費B）先入先出法			
0円	月初	0個	完成　　130個	5,226円
5,628円	投入	140個	月末　　10個	402円

〈月末〉

材料費A　28,800円÷120個×10個＝2,400円 ┐
加工費　　21,440円÷134個× 8個＝1,280円 ├ 月末仕掛品原価
材料費B　　5,628円÷140個×10個＝　402円 ┘ 4,082円

　　　　　投入金額　投入の個数　月末の個数

〈完成品〉

材料費A　5,080円＋28,800円－2,400円＝31,480円 ┐
加工費　　364円＋21,440円－1,280円＝20,524円 ├ 完成品総合原価
材料費B　　0円＋ 5,628円－　402円＝ 5,226円 ┘ 57,230円

　　　　　月初　　　投入　　　月末

重要度 ★

材料の追加投入② 平均的に投入

作業の開始から終了まで材料を平均的に投入する場合、どのように処理するのか見ていきましょう。

平均的に投入とは

材料を平均的に投入するというのは、加工の始点0%から終点100%まで、少しずつ投入しているということです。

例えば、A原料（魚）とC原料（にぼしパウダー）が直接材料費として消費される場合、A原料（魚）を工程の始点で全量を投入しますが、C原料（にぼしパウダー）は始点から終点まで少しずつ平均的に投入した、ということです。そして、加工進捗度に応じてC原料の量が増えていきます。これは**加工費と同じ考え方**です。

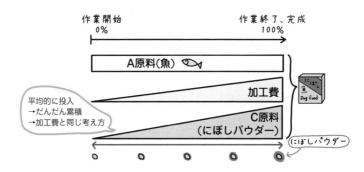

平均的に投入する場合の解き方

材料の追加投入がある場合、A原料とC原料では計算方法が異なるので、A原料とC原料のBOX図を別々に書くことがポイントです。

また、C原料を平均的に投入している場合、C原料のBOX図の個数は加工費と同じ個数を使います。加工進捗度に応じて投入する原価が増えていくので、加工費と同じ考え方で計算するためです。

なお、材料の追加投入のやり方である平均的に投入というのは、仕掛品の計算方法である平均法とは無関係です。材料を平均的に投入している場合でも、先入先出法で計算することもあれば平均法で計算することもあります。材料を平均的に投入しているからといって必ず平均法で解くわけではないので、勘違いしないよう注意が必要です。

例題 次の資料にもとづいて、先入先出法により、完成品総合原価を計算しなさい。

1. 生産データ

月初仕掛品量	20個（20%）
当月投入量	120個
投入合計	140個
当月完成品量	130個
月末仕掛品量	10個（80%）
産出合計	140個

2. 原価データ

月初仕掛品原価

A原料の直接材料費	5,080円
C原料の直接材料費	80円
加工費	364円

当月製造費用

A原料の直接材料費	28,800円
C原料の直接材料費	2,680円
加工費	21,440円

注：（ ）内数値は加工費の進捗度である。
A原料は工程の始点、C原料は工程を通じて平均的に投入している。

・・・・・・・・・・・・・・・・・・・・・・・・・・・・・・・・・・・・・

解答 **完成品総合原価　54,604円**

解説

ステップ1 状況を下書きに整理します。C原料は始点から終点まで平均的に投入されています。

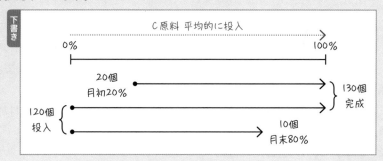

ステップ2 仕掛品のBOX図の下書きを3つに分けて書きます。下書きではA原料の直接材料費を材料費A、C原料の直接材料費を材料費Cと書きます。本問では「先入先出法により」と指示があるため、先入先出法で計算します。C原料は工程を通じて平均的に投入されていますが、平均法で計算するわけではないことに注意してください。

ステップ3 問題文の情報を書き写します。

ステップ4 加工費のBOX図の個数を記入します。次に、材料費CのBOX図の個数を記入します。材料費Cは加工費のBOX図の個数を書き写します。

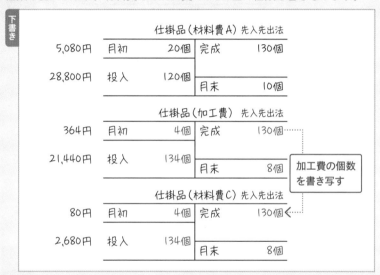

〈加工費〉

    月初   20個×20％＝4個

    完成品   130個×100％＝130個

    月末   10個×80％＝8個

    投入   完成品130個＋月末8個−月初4個＝134個

〈材料費C〉

    材料費Cの個数は加工費の個数を書き写す。

ステップ5 月末の金額を計算します。

ステップ6 完成品の金額を計算します。

下書き

仕掛品（材料費A）先入先出法					
5,080円	月初	20個	完成	130個	31,480円
28,800円	投入	120個	月末	10個	2,400円

仕掛品（加工費）先入先出法					
364円	月初	4個	完成	130個	20,524円
21,440円	投入	134個	月末	8個	1,280円

仕掛品（材料費C）先入先出法					
80円	月初	4個	完成	130個	2,600円
2,680円	投入	134個	月末	8個	160円

〈月末〉

材料費A 28,800円÷120個×10個＝2,400円 ┐

加工費 21,440円÷134個× 8個＝1,280円 ├ 月末仕掛品原価 3,840円

材料費C 2,680円÷134個× 8個＝ 160円 ┘

　　　　 投入金額　投入の個数　月末の個数

〈完成品〉

材料費A 5,080円＋28,800円－2,400円＝31,480円 ┐

加工費 　364円＋21,440円－1,280円＝20,524円 ├ 完成品総合原価 54,604円

材料費C 　80円＋ 2,680円－ 160円＝ 2,600円 ┘

　　　　 月初　　　投入　　　月末

問題1
P.268

当社は製品Dを製造・販売し、製造原価の計算は単純総合原価計算により行っている。また、原価投入額を完成品総合原価と月末仕掛品原価に配分する方法として先入先出法を用いている。次の資料にもとづいて、(1)〜(3)に答えなさい。

1. 生産データ

月初仕掛品	300個（80％）
当月投入	2,000
合計	2,300個
月末仕掛品	200　（40％）
完成品	2,100個

2. 原価データ

月初仕掛品原価	
A原料の直接材料費	105,000円
B原料の直接材料費	?円
加工費	36,600円
当月製造費用	
A原料の直接材料費	720,000円
B原料の直接材料費	630,000円
加工費	271,600円

注：(　)内数値は加工費の進捗度である。
　　A原料は工程の始点、B原料は(1)〜(3)の指示に従って投入している。

(1) 月初仕掛品原価のB原料の直接材料費102,000円として、原料Bを工程の10％で投入している場合の完成品総合原価の金額を計算しなさい。
(2) 月初仕掛品原価のB原料の直接材料費102,000円として、原料Bを工程の50％で投入している場合の完成品総合原価の金額を計算しなさい。
(3) 月初仕掛品原価のB原料の直接材料費は各自推定することとして、原料Bを工程の100％（終点）で投入している場合の完成品総合原価の金額を計算しなさい。

［答案用紙］
(1) 完成品総合原価 ＿＿＿＿＿＿円
(2) 完成品総合原価 ＿＿＿＿＿＿円
(3) 完成品総合原価 ＿＿＿＿＿＿円

当社は製品Eを製造・販売し、製造原価の計算は単純総合原価計算により行っている。また、原価投入額を完成品総合原価と月末仕掛品原価に配分する方法として平均法を用いている。次の資料にもとづいて、月末仕掛品原価と完成品総合原価の金額を計算しなさい。

1. 生産データ

月初仕掛品	150個（40%）
当月投入	1,350
合　計	1,500個
月末仕掛品	100　（90%）
完成品	1,400個

2. 原価データ

月初仕掛品原価	
A原料の直接材料費	27,300円
C原料の直接材料費	4,570円
加工費	20,860円
当月製造費用	
A原料の直接材料費	272,700円
C原料の直接材料費	144,430円
加工費	426,140円

注：（　）内数値は加工費の進捗度である。
　　A原料は工程の始点、C原料は工程を通じて平均的に投入している。

[答案用紙]

月末仕掛品原価 ＿＿＿＿＿＿＿ 円　　　完成品総合原価 ＿＿＿＿＿＿＿ 円

解説・解答

問題1
(1)

ステップ1　状況を下書きに整理する。

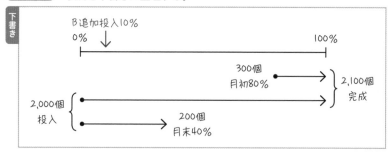

ステップ2 仕掛品のBOX図の下書きを3つに分けて書く。

ステップ3 問題文の情報を書き写す。

ステップ4 加工費のBOX図の個数を記入する。次に、材料費BのBOX図の個数をステップ1の状況の図を見ながら埋める。このとき、追加投入地点を通過しているかどうかを一つひとつ確認する。通過前なら0個、通過後ならA原料と同じ個数を書く。

下書き

仕掛品（材料費A）　先入先出法

105,000円	月初	300個	完成	2,100個
720,000円	投入	2,000個		
			月末	200個

仕掛品（加工費）　先入先出法

36,600円	月初	240個	完成	2,100個
271,600円	投入	1,940個		
			月末	80個

仕掛品（材料費B）　先入先出法

102,000円	月初	●300個	完成	2,100個●
630,000円	投入	2,000個●		
			月末	200個●

月初は追加投入地点10%を通過しているため、月初300個には原料Bが入っている。

完成品は追加投入地点10%を通過しているため、完成品2,100個には原料Bが入っている。

投入の個数は差額で計算する。
2,100個＋200個－300個＝2,000個

月末は追加投入地点10%を通過しているため、月末200個には原料Bが入っている。

下書き

仕掛品（材料費A） 先入先出法

105,000円	月初	300個	完成	2,100個	753,000円
720,000円	投入	2,000個	月末	200個	72,000円

仕掛品（加工費） 先入先出法

36,600円	月初	240個	完成	2,100個	297,000円
271,600円	投入	1,940個	月末	80個	11,200円

仕掛品（材料費B） 先入先出法

102,000円	月初	300個	完成	2,100個	669,000円
630,000円	投入	2,000個	月末	200個	63,000円

〈月末〉

材料費A　720,000円 ÷ 2,000個 × 200個 ＝ 72,000円
加工費　271,600円 ÷ 1,940個 × 80個 ＝ 11,200円
材料費B　630,000円 ÷ 2,000個 × 200個 ＝ 63,000円
　　　　　投入金額　　投入の個数　月末の個数

}月末仕掛品原価 146,200円

〈完成品〉

材料費A　105,000円 ＋ 720,000円 － 72,000円 ＝ 753,000円
加工費　36,600円 ＋ 271,600円 － 11,200円 ＝ 297,000円
材料費B　102,000円 ＋ 630,000円 － 63,000円 ＝ 669,000円
　　　　　月初　　　　投入　　　　月末

}完成品総合原価 1,719,000円

解答　完成品総合原価　　　1,719,000 円

(2)

ステップ1　状況を下書きに整理する。

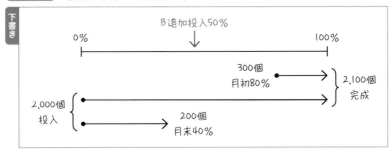

ステップ2　仕掛品のBOX図の下書きを3つに分けて書く。

ステップ3　問題文の情報を書き写す。

ステップ4　加工費のBOX図の個数を記入する。次に、材料費BのBOX図の個数をステップ1の状況の図を見ながら埋める。

下書き

仕掛品（材料費A）先入先出法

105,000円	月初	300個	完成	2,100個
720,000円	投入	2,000個		
			月末	200個

仕掛品（加工費）先入先出法

36,600円	月初	240個	完成	2,100個
271,600円	投入	1,940個		
			月末	80個

仕掛品（材料費B）先入先出法

102,000円	月初	●300個	完成	2,100個●
630,000円	投入	1,800個●		
			月末	0個●

月初は追加投入地点50%を通過しているため、月初300個には原料Bが入っている。

完成品は追加投入地点50%を通過しているため、完成品2,100個には原料Bが入っている。

投入の個数は差額で計算する。
2,100個＋0個−300個＝1,800個

月末は追加投入地点50%を通過していないため、月末には原料Bが入っていない。

ステップ5 月末の金額を計算する。
ステップ6 完成品の金額を計算する。

仕掛品（材料費A） 先入先出法

105,000円	月初	300個	完成	2,100個	753,000円
720,000円	投入	2,000個			
			月末	200個	72,000円

仕掛品（加工費） 先入先出法

36,600円	月初	240個	完成	2,100個	297,000円
271,600円	投入	1,940個			
			月末	80個	11,200円

仕掛品（材料費B） 先入先出法

102,000円	月初	300個	完成	2,100個	732,000円
630,000円	投入	1,800個			
			月末	0個	0円

〈月末〉

材料費A　$720,000円 \div 2,000個 \times 200個 = 72,000円$
加工費　　$271,600円 \div 1,940個 \times 80個 = 11,200円$
材料費B　$630,000円 \div 1,800個 \times 0個 = 0円$
　　　　　　投入金額　　投入の個数　月末の個数

月末仕掛品原価
83,200円

〈完成品〉

材料費A　$105,000円 + 720,000円 - 72,000円 = 753,000円$
加工費　　$36,600円 + 271,600円 - 11,200円 = 297,000円$
材料費B　$102,000円 + 630,000円 - 0円 = 732,000円$
　　　　　　月初　　　　投入　　　　月末

完成品総合原価
1,782,000円

解答　完成品総合原価　　**1,782,000** 円

(3)

ステップ1　状況を下書きに整理する。月初仕掛品は加工進捗度80％でまだ100％まで加工が進んでいないので、B原料は投入していない。つまり、月初仕掛品のB原料の直接材料費は0円とわかる。

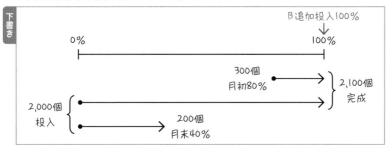

ステップ2　仕掛品のBOX図の下書きを3つに分けて書く。

ステップ3　問題文の情報を書き写す。

ステップ4　加工費のBOX図の個数を記入する。次に、材料費BのBOX図の個数をステップ1の状況の図を見ながら埋める。

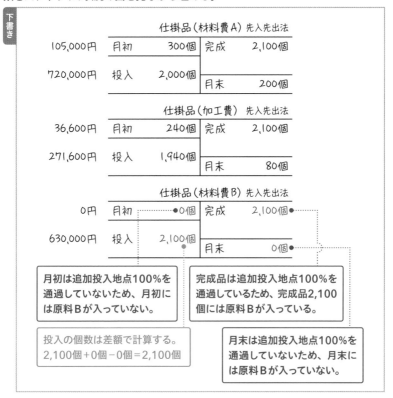

ステップ 5 月末の金額を計算する。
ステップ 6 完成品の金額を計算する。

下書き

仕掛品（材料費A）先入先出法					
105,000円	月初	300個	完成	2,100個	753,000円
720,000円	投入	2,000個			
			月末	200個	72,000円

仕掛品（加工費）先入先出法					
36,600円	月初	240個	完成	2,100個	297,000円
271,600円	投入	1,940個			
			月末	80個	11,200円

仕掛品（材料費B）先入先出法					
0円	月初	0個	完成	2,100個	630,000円
630,000円	投入	2,100個			
			月末	0個	0円

〈月末〉

材料費A　720,000円 ÷ 2,000個 × 200個 ＝ 72,000円　┐
加工費　271,600円 ÷ 1,940個 × 80個 ＝ 11,200円　┤　月末仕掛品原価
材料費B　630,000円 ÷ 2,100個 × 0個 ＝ 0円　┘　83,200円
　　　　　投入金額　投入の個数　月末の個数

〈完成品〉

材料費A　105,000円 ＋ 720,000円 － 72,000円 ＝ 753,000円　┐
加工費　36,600円 ＋ 271,600円 － 11,200円 ＝ 297,000円　┤　完成品総合原価
材料費B　0円 ＋ 630,000円 － 0円 ＝ 630,000円　┘　1,680,000円
　　　　　月初　　　投入　　　月末

解答　完成品総合原価　　1,680,000 円

問題2

ステップ 1 状況を下書きに整理する。C原料は始点から終点まで平均的に投入されている。

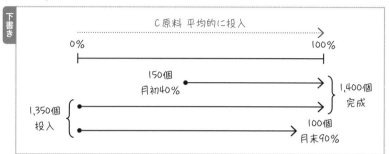

ステップ 2 本問では「原価投入額を完成品総合原価と月末仕掛品原価に配分する方法として平均法を用いている」と指示があるので、平均法で計算する。仕掛品の平均法のBOX図の下書きを3つに分けて書く。

ステップ 3 問題文の情報を書き写す。

ステップ 4 加工費のBOX図の個数を記入する。次に、材料費CのBOX図の個数を記入する。材料費Cは加工費のBOX図の個数を書き写す。

				仕掛品（材料費A）	平均法
27,300円	月初	150個	完成	1,400個
272,700円	投入	1,350個		
			月末	100個
300,000円	合計	1,500個	合計	1,500個

				仕掛品（加工費）	平均法
20,860円	月初	60個	完成	1,400個
426,140円	投入	1,430個		
			月末	90個
447,000円	合計	1,490個	合計	1,490個

加工費の個数を書き写す

				仕掛品（材料費C）	平均法
4,570円	月初	60個	完成	1,400個
144,430円	投入	1,430個		
			月末	90個
149,000円	合計	1,490個	合計	1,490個

下書き

仕掛品（材料費A） 平均法

27,300円	月初	150個	完成	1,400個	280,000円
272,700円	投入	1,350個			
			月末	100個	20,000円
300,000円	合計	1,500個	合計	1,500個	

仕掛品（加工費） 平均法

20,860円	月初	60個	完成	1,400個	420,000円
426,140円	投入	1,430個			
			月末	90個	27,000円
447,000円	合計	1,490個	合計	1,490個	

仕掛品（材料費C） 平均法

4,570円	月初	60個	完成	1,400個	140,000円
144,430円	投入	1,430個			
			月末	90個	9,000円
149,000円	合計	1,490個	合計	1,490個	

〈月末〉

材料費A 300,000円 ÷ 1,500個 × 100個 = 20,000円 ⎤
加工費　447,000円 ÷ 1,490個 ×　90個 = 27,000円 ⎬ 月末仕掛品原価 56,000円
材料費C 149,000円 ÷ 1,490個 ×　90個 = 9,000円 ⎦
　　　　 合計金額　　合計の個数　月末の個数

〈完成品〉

材料費A 300,000円 － 20,000円 = 280,000円 ⎤
加工費　447,000円 － 27,000円 = 420,000円 ⎬ 完成品総合原価 840,000円
材料費C 149,000円 －　9,000円 = 140,000円 ⎦
　　　　 合計金額　　月末金額

解答　月末仕掛品原価 ___56,000___ 円　　完成品総合原価 ___840,000___ 円

Chapter14
総合原価計算の種類

工程別総合原価計算
こうていべつそうごうげんかけいさん

完成までに2つ以上の工程がある製品を作る場合の原価計算を、工程別総合原価計算といいます。

工程別総合原価計算って何？

珍しく勉強してる…

豆腐工場を考えるとわかりやすいよ

第1工程

第1工程は豆腐を作る工程

豆腐のままでももちろん売れるけど

スーパーマーケット

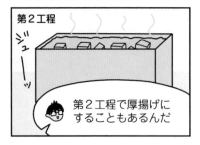

第2工程

第2工程で厚揚げにすることもあるんだ

●工程別総合原価計算の図

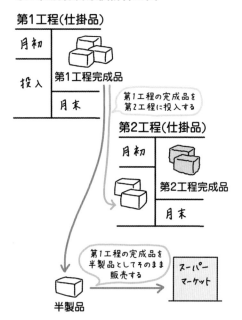

第1工程（仕掛品）

月初

投入

第1工程完成品

月末

第1工程の完成品を第2工程に投入する

第2工程（仕掛品）

月初

第2工程完成品

月末

第1工程の完成品を半製品としてそのまま販売する

半製品

スーパーマーケット

理解のための用語説明

◎工程
工場における作業の段階のこと。

◎前工程費
前の工程の完成品原価のこと。

◎累加法
第1工程の完成品原価を第2工程に振り替え、前工程費として計算する方法。本書の工程別の計算方法はすべて累加法である。工程別には、累加法と非累加法の2種類があるが、簿記2級では累加法のみが試験範囲。

工程別総合原価計算の特徴

　工程別総合原価計算は、製品の完成までに2つ以上の工程がある場合に使う原価計算です。4コマ漫画の例では、豆腐を作る工程が第1工程、厚揚げを作る工程が第2工程です。

　左ページの「工程別総合原価計算の図」のように、第1工程の完成品（豆腐）を第2工程に投入して加工し、完成品（厚揚げ）となります。第2工程の完成品（厚揚げ）を製品と呼び、第1工程の完成品（豆腐）を**半製品**といいます。

工程別総合原価計算の解き方

　工程別総合原価計算は、**第1工程の完成品が第2工程の前工程費になる点**（直接材料費と同じ扱い）がポイントです。例題を使って見ていきましょう。

| 例題 | 2つの工程を経て製品Xを製造しており、累加法（用語説明を参照）による工程別総合原価計算を行っている。第1工程、第2工程ともに先入先出法を用いている場合、製品Xの完成品総合原価を計算せよ。 |

1. 生産データ

	第1工程	第2工程
月初仕掛品量	30個（10%）	40個（60%）
当月投入量	110個	120個
投入合計	140個	160個
当月完成品量	130個	140個
月末仕掛品量	10個（80%）	20個（30%）
産出合計	140個	160個

注：材料はすべて第1工程の始点で投入している。仕掛品の（　）内の数値は加工費の進捗度を示している。第1工程完成品のうち一部は製品C（半製品）として、外部販売のために保管される。

2. 原価データ

	第1工程		第2工程	
	直接材料費	加工費	前工程費	加工費
月初仕掛品原価	940円	80円	2,500円	410円
当月製造費用	3,300円	5,400円	?　円	1,830円

11,650円

解説

ステップ1　状況を整理します。第1工程完成品130個が、製品C（半製品）10個と第2工程に120個投入されたことも書いておき、計算ミスを防止します。

製品Cの計算　130個 － 120個 ＝ 10個
　　　　　　　第1工程完成品　第2工程投入量

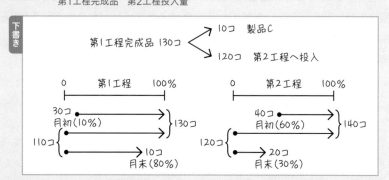

下書き

ステップ2　第1工程、第2工程の仕掛品のBOX図の下書きを書き、金額と個数を記入します。第2工程の当月の前工程費は、第1工程の計算が終わらないと書けないので、空欄にしておきます。

下書き

〈第1工程〉		仕掛品(加工費) 先入先出法		〈第2工程〉		仕掛品(前工程費) 先入先出法	
940円	月初 30個	完成 130個		2,500円	月初 40個	完成 140個	
3,300円	投入 110個				投入 120個		
		月末 10個				月末 20個	

		仕掛品(加工費) 先入先出法				仕掛品(加工費) 先入先出法	
80円	月初 3個	完成 130個		410円	月初 24個	完成 140個	
5,400円	投入 135個			1,830円	投入 122個		
		月末 8個				月末 6個	

ステップ3　第1工程の月末の金額、完成品の金額を計算します。

下書き

〈第1工程〉		仕掛品(材料費) 先入先出法		
940円	月初 30個	完成 130個	3,940円	
3,300円	投入 110個			
		月末 10個	300円	

仕掛品（加工費）先入先出法				
80円	月初	3個	完成	130個	5,160円
5,400円	投入	135個			
			月末	8個	320円

〈第1工程月末〉

材料費　$3,300円 \div 110個 \times 10個 = 300円$

加工費　$\underline{5,400円} \div \underline{135個} \times \underline{8個} = 320円$
　　　　投入金額　投入の個数　月末の個数

〈第1工程完成品〉

材料費　$940円 + 3,300円 - 300円 = 3,940円$ ⎤ 第1工程完成品原価

加工費　$\underline{80円} + \underline{5,400円} - \underline{320円} = 5,160円$ ⎦ 9,100円
　　　　月初　　投入　　　月末

完成品130個のうち120個を第2工程に投入し、10個を半製品として保管しています。

第2工程へ投入した金額　$9,100円 \div 130個 \times 120個 = 8,400円$

製品C（半製品）　　　　$9,100円 \div 130個 \times 10個 = 700円$

ステップ4　第1工程の完成品原価のうち第2工程へ投入した金額8,400円を書き写し、第2工程の月末の金額、完成品の金額を計算します。

下書き

＜第2工程＞	仕掛品(前工程費) 先入先出法				
2,500円	月初	40個	完成	140個	9,500円
8,400円	投入	120個			
			月末	20個	1,400円
	仕掛品(加工費) 先入先出法				
410円	月初	24個	完成	140個	2,150円
1,830円	投入	122個			
			月末	6個	90円

〈第2工程月末〉

前工程費　$8,400円 \div 120個 \times 20個 = 1,400円$

加工費　$\underline{1,830円} \div \underline{122個} \times \underline{6個} = 90円$
　　　　投入金額　投入の個数　月末の個数

〈第2工程完成品〉

前工程費　$2,500円 + 8,400円 - 1,400円 = 9,500円$ ⎤ 完成品総合原価

加工費　$\underline{410円} + \underline{1,830円} - \underline{90円} = 2,150円$ ⎦ 11,650円
　　　　月初　　投入　　　月末

組別総合原価計算

くみべつそうごうげんかけいさん

重要度 ★★★

　　同じ作業工程で違う種類の製品を作る場合、組別総合原価計算（くみべつそうごうげんかけいさん）を行います。

　　違う種類の製品を作っていても加工費が共通している点がポイントです。

理解のための用語説明

● 組直接費

各組に直接発生した原価。問題では直接材料費、直接労務費が組直接費となることが多い。

● 組間接費

すべての組に共通に発生した原価。各組に配賦基準を使って配賦する。問題では加工費や製造間接費が組間接費となることが多く、また配賦基準として直接作業時間を使うことが多い。

組別総合原価計算の特徴

　製品の種類（組）ごとに原価を計算することを**組別総合原価計算**といいます。4コマ漫画の「魚フード」と「肉フード」のように、材料は違うが同じ作業工程で製品を作る場合、組別総合原価計算で計算します。

　魚フード組には、魚原料が直接材料費として投入され、肉フード組には、肉原料が直接材料費として投入されます。このように組ごとに直接投入される原価のことを**組直接費**といいます。魚フード組と肉フード組は、工場で同じ加工作業が行われるので、加工費は共通しています。このように組別に共通して投入される原価のことを**組間接費**といいます。

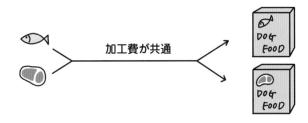

組別総合原価計算の解き方

　組別総合原価計算について、例題を使って見ていきましょう。

例題　魚フードと肉フードという2種類の組製品を製造しており、原価計算は組別総合原価計算を採用している。両製品ともに先入先出法を用いている場合、魚フードと肉フードの完成品総合原価を計算せよ。なお、組間接費である加工費は直接作業時間を配賦基準とする。

1. 生産データ

	魚フード	肉フード
月初仕掛品量	60個（50%）	40個（75%）
当月投入量	200個	100個
投入合計	260個	140個
当月完成品量	220個	120個
月末仕掛品量	40個（25%）	20個（50%）
産出合計	260個	140個
直接作業時間	40時間	50時間

注：材料はすべて始点で投入している。
　　仕掛品の（　）内の数値は加工費の進捗度を示している。

2. 原価データ

		魚フード	肉フード
月初仕掛品原価	材料費	690円	1,120円
	加工費	610円	1,580円
当月製造費用	材料費	5,000円	3,000円
	加工費	9,000円	

• •

解答 魚フード　9,100円　　肉フード　9,600円

解説

ステップ1　状況を整理します。

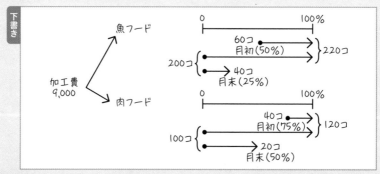

ステップ2　仕掛品のBOX図の下書きを書きます。加工費の当月投入金額は、共通している組間接費なので、直接作業時間で分けます。

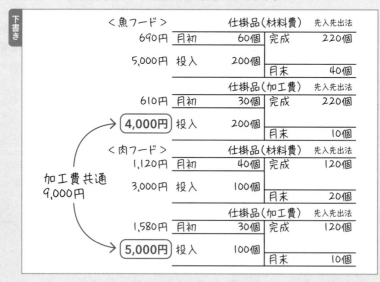

魚フード　9,000円÷(40時間＋50時間)×40時間＝4,000円

肉フード　9,000円÷(40時間＋50時間)×50時間＝5,000円
　　　　　加工費　　　直接作業時間の合計　直接作業時間

ステップ3　魚フードの月末の金額、完成品の金額を計算します。

下書き

＜魚フード＞	仕掛品(材料費)		先入先出法	
690円	月初	60個	完成	220個	4,690円
5,000円	投入	200個			
			月末	40個	1,000円

	仕掛品(加工費)		先入先出法	
610円	月初	30個	完成	220個	4,410円
4,000円	投入	200個			
			月末	10個	200円

〈魚フード月末〉

　材料費　5,000円÷200個×40個＝1,000円

　加工費　4,000円÷200個×10個＝　200円
　　　　　投入金額　投入の個数　月末の個数

〈魚フード完成品〉

　材料費　690円＋5,000円－1,000円＝4,690円 ⎤ 完成品総合原価
　加工費　610円＋4,000円－　200円＝4,410円 ⎦ 9,100円
　　　　　月初　　　投入　　　月末

ステップ4　肉フードの月末の金額、完成品の金額を計算します。

下書き

＜肉フード＞	仕掛品(材料費)		先入先出法	
1,120円	月初	40個	完成	120個	3,520円
3,000円	投入	100個			
			月末	20個	600円

	仕掛品(加工費)		先入先出法	
1,580円	月初	30個	完成	120個	6,080円
5,000円	投入	100個			
			月末	10個	500円

〈肉フード月末〉

　材料費　3,000円÷100個×20個＝600円

　加工費　5,000円÷100個×10個＝500円
　　　　　投入金額　投入の個数　月末の個数

〈肉フード完成品〉

　材料費　1,120円＋3,000円－600円＝3,520円 ⎤ 完成品総合原価
　加工費　1,580円＋5,000円－500円＝6,080円 ⎦ 9,600円
　　　　　月初　　　投入　　　月末

Part 3 総合原価計算

Ch 14 総合原価計算の種類

等級別総合原価計算

同じ種類の製品でサイズが違う製品を作っている場合、等級別総合原価計算を行います。どのように計算するのか、見ていきましょう。

理解のための用語説明

● 等価係数
各製品にどれくらいの割合で量が入っているかの比率。

● 積数
完成品数量×等価係数

等級別総合原価計算の特徴

等級別総合原価計算では、同じ種類の製品でサイズが違う製品（等級別の製品）を作っています。サイズが違う製品の原価をどのように計算するのか、例題を見ていきましょう。

例題 完成品総合原価は60,000円である。完成した製品の内訳は、Mサイズ（1個50g）が10個、Lサイズ（1個100g）が10個であった。Mサイズの完成品総合原価とLサイズの完成品総合原価を計算せよ。

解答 Mサイズの完成品総合原価　20,000円
　　　Lサイズの完成品総合原価　40,000円

解説

❶ Mサイズは50gに対してLサイズは100gですので、Mサイズの2倍の量が入っています。仮に完成品総合原価60,000円をMサイズ10個とLサイズ10個という個数を使って分けると、MサイズもLサイズも1個当たりの原価が同じになってしまいます。入っている量が違うのに1個当たりの原価が同じというのはおかしいです。MサイズとLサイズで入っている量が違う場合は、それぞれの量に対応した原価を計算する必要があり、等級別総合原価計算を行います。

❷ 等級別総合原価計算では、次のように等価係数と積数を使って計算します。

	Mサイズ	Lサイズ
完成品の数量と重さ	10個	10個
	50g	100g

Mサイズとしサイズの比率を等価係数という。
Mサイズを基準とすると、等価係数は次のようになる。
50g：100g＝1：2

	Mサイズ	Lサイズ
1個当たりの重さの比率（等価係数）	1	2

	Mサイズ	Lサイズ
Mサイズで表すと何個？（積数）	10個×1＝10個→Mサイズ10個相当	10個×2＝20個→Mサイズ20個相当

基準としたMサイズの何個分に相当するのかを積数といいます。積数を使って、完成品原価を各等級別製品に分けます。

$$積数 = 完成品個数 × 等価係数$$

〈積数〉

Mサイズ $\underline{10個} × \underline{1} = 10個$

Lサイズ $\underline{10個} × \underline{2} = 20個$

　　　　　完成品個数　等価係数

〈完成品総合原価〉

Mサイズ $\underline{60,000円} ÷ \underline{(10個 + 20個)} × \underline{10個} = 20,000円$

Lサイズ $\underline{60,000円} ÷ \underline{(10個 + 20個)} × \underline{20個} = 40,000円$

　　　　　完成品　　　　積数の合計　　　積数

等級別総合原価計算の解き方

　等級別総合原価計算は、積数を使って共通の完成品原価を各製品に分ける点がポイントです。例題を使って見ていきましょう。

例題 製品Mと製品Lの2つの等級製品を製造している。先入先出法を用いている場合、製品Mと製品Lの完成品総合原価を計算せよ。

1. 生産データ　　　　　　　　　2. 原価データ

月初仕掛品量	20個（20%）	月初仕掛品原価	
当月投入量	200個	材料費	3,220円
投入合計	220個	加工費	570円
当月完成品量	210個	当月製造費用	
月末仕掛品量	10個（80%）	材料費	36,400円
産出合計	220個	加工費	22,470円

注：仕掛品の（　）内の数値は加工費の進捗度を示している。

3. 完成品について

完成品数量の内訳　製品M120個、製品L90個

等価係数　　　　　製品M：製品L＝1：2

- -

解答 製品M　24,000円　　製品L　36,000円

解説

状況を整理します。完成品総合原価を製品Mと製品Lに分けます。

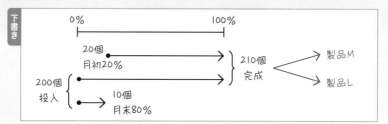

ステップ2 仕掛品のBOX図の下書きを書きます。月末の金額、完成品の金額を計算します。

仕掛品（材料費）				先入先出法	
3,220円	月初	20個	完成	210個	37,800円
36,400円	投入	200個			
			月末	10個	1,820円

仕掛品（加工費）				先入先出法	
570円	月初	4個	完成	210個	22,200円
22,470円	投入	214個			
			月末	8個	840円

〈月末〉

材料費　$\underline{36,400円} ÷ \underline{200個} × \underline{10個} = 1,820円$

加工費　$\underline{22,470円} ÷ \underline{214個} × \underline{8個} = 840円$
　　　　　　投入金額　　投入の個数　　月末の個数

〈完成品〉

材料費　$\underline{3,220円} + \underline{36,400円} - \underline{1,820円} = 37,800円$ ⎤ 完成品総合原価

加工費　$\underline{570円} + \underline{22,470円} - \underline{840円} = 22,200円$ ⎦ 60,000円
　　　　　月初　　　投入　　　月末

ステップ3 完成品総合原価を製品Mと製品Lに分けます。等価係数は製品Mが1、製品Lが2なので、これを使って積数を計算します。

〈積数〉

製品M　$\underline{120個} × \underline{1} = 120個$

製品L　$\underline{90個} × \underline{2} = 180個$
　　　　完成品個数　等価係数

〈完成品総合原価〉

製品M　$\underline{60,000円} ÷ (\underline{120個 + 180個}) × \underline{120個} = 24,000円$

製品L　$\underline{60,000円} ÷ (\underline{120個 + 180個}) × \underline{180個} = 36,000円$
　　　　　完成品　　　　積数の合計　　　　積数

問題1 P.290

当社は2つの工程を経て製品Yを連続生産しており、累加法による工程別総合原価計算を行っている。次の資料にもとづき、答案用紙の総合原価計算表の（　）内に適切な金額を記入しなさい。ただし、原価投入額合計を完成品総合原価と月末仕掛品原価とに配分する方法として、第1工程は先入先出法、第2工程は平均法を用いること。

生産データ

	第1工程	第2工程
月初仕掛品量	100kg（1/2）	50kg（2/5）
当月投入量	900	750
投入合計	1,000kg	800kg
当月完成品量	940	720
月末仕掛品量	60　（2/3）	80　（1/2）
産出合計	1,000kg	800kg

注：（　）内数値は加工費の進捗度である。
　　原料はすべて工程の始点で投入している。
　　第1工程完成品のうち一部は製品T（半製品）として、外部販売のために保管される。

［答案用紙］　　　　総　合　原　価　計　算　表

	第 1 工 程			第 2 工 程		
	数量	直接材料費	加工費	数量	前工程費	加工費
月初仕掛品	100kg	490,000円	146,100円	50kg	366,000円	52,000円
当月投入	900	4,590,000	2,520,300	750	（　　）	1,642,800
合　　計	1,000kg	（　　）円	（　　）円	800kg	（　　）円	（　　）円
月末仕掛品	60	（　　）	（　　）	80	（　　）	（　　）
完　成　品	940kg	（　　）円	（　　）円	720kg	（　　）円	（　　）円

問題2 P.294

当社は、XとYという2種類の組製品を製造しており、原価計算方法として、組別総合原価計算を採用している。原料費は各組に直課し、加工費は直接作業時間を配賦基準として各組に実際配賦している。原価投入額合計を完成品総合原価と月末仕掛品原価に配分する方法は、先入先出法を用いている。下記の資料にもとづいて、当月加工費、完成品総合原価および完成品単位原価を製品別に計算しなさい。

1. 生産データ

	X製品	Y製品
月初仕掛品量	100個(50%)	40個(50%)
当月完成品量	1,600個	1,400個
月末仕掛品量	140個(50%)	80個(50%)

2. 原価データ

		合計	X製品	Y製品
月初仕掛品原価:	原料費	279,300円	212,500円	66,800円
	加工費	232,500円	187,500円	45,000円
当月製造費用:	原料費	6,293,800円	4,141,000円	2,152,800円
	加工費	9,270,000円		

注:( )内数値は加工費の進捗度である。
　　原料はすべて工程の始点で投入されている。

3. 直接作業時間データ
当月実際直接作業時間合計　9,270時間
(X製品　6,075時間、Y製品　3,195時間)

[答案用紙]

	X製品	Y製品
当月加工費	円	円
完成品総合原価	円	円
完成品単位原価	円/個	円/個

当社は製品Aと製品Bの2つの等級製品を製造している。製品原価の計算方法は、1か月の完成品総合原価を製品1個当たりの重量によって定められた等価係数に完成品量を乗じた積数の比で各等級製品に按分する。次の資料にもとづいて、等級製品AとBの完成品総合原価と完成品単位原価を計算しなさい。なお、原価投入額を完成品総合原価と月末仕掛品原価に配分する方法として平均法を用いること。

1. 生産データ

月初仕掛品	200個	(50%)
当月投入	2,200	
合計	2,400個	
月末仕掛品	400	(50%)
完成品	2,000個	

2. 原価データ

月初仕掛品原価	
材料費	475,600円
加工費	109,200円
当月製造費用	
材料費	5,284,400円
加工費	2,200,800円

注：完成品は、Aが1,000個、Bが1,000個である。
材料は工程の始点で投入し、（ ）内は加工費の進捗度である。

3. 製品1個当たりの重量は製品Aが200g、製品Bが400gである。

[答案用紙]

	製品A	製品B
完成品総合原価	円	円
完成品単位原価	円/個	円/個

問題1

試験では、問題文の情報だけでなく、答案用紙にも情報が書いてあるので、問題を解くときは問題文と答案用紙の両方を確認しよう。第1工程完成品が「半製品」と「第2工程への投入」に分かれているので注意が必要。

ステップ1 状況を下書きに整理する。第1工程完成品940kgが製品T（半製品）190kgと第2工程に750kg投入されたことも書いておく。

製品Tの計算 940kg − 750kg = 190kg
　　　　　　　第1工程完成品　第2工程投入量

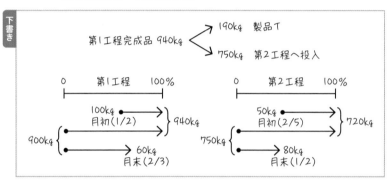

ステップ2 第1工程、第2工程の仕掛品のBOX図の下書きを書き、金額と個数を記入する。第1工程は先入先出法、第2工程は平均法なので、間違えないようBOX図に書いておく。第2工程の当月の前工程費は、第1工程の計算が終わらないと書けないので、空欄にしておく。

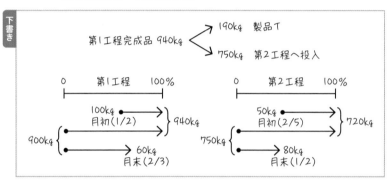

下書き

```
＜第1工程＞          仕掛品（材料費）  先入先出法
490,000円    月初    100kg  完成      940kg  4,774,000円
4,590,000円  投入    900kg
                            月末       60kg    306,000円

             仕掛品（加工費）  先入先出法
146,100円    月初     50kg  完成      940kg  2,558,000円
2,520,300円  投入    930kg
                            月末       40kg    108,400円
```

〈第1工程月末〉

材料費　$4,590,000円 ÷ 900kg × 60kg = 306,000円$

加工費　$2,520,300円 ÷ 930kg × 40kg = 108,400円$

　　　　投入金額　　投入の個数　月末の個数

〈第1工程完成品〉

材料費　$490,000円 + 4,590,000円 - 306,000円 = 4,774,000円$ ⎤ 第1工程

加工費　$146,100円 + 2,520,300円 - 108,400円 = 2,558,000円$ ⎦ 完成品原価 7,332,000円

　　　　月初　　　　投入　　　　月末

〈第1工程完成品を分ける〉

製品T（半製品）　$7,332,000円 ÷ 940kg × 190kg = 1,482,000円$

第2工程に投入　　$7,332,000円 ÷ 940kg × 750kg = 5,850,000円$

下書き

```
＜第2工程＞          仕掛品（前工程費）  平均法
366,000円    月初     50kg  完成      720kg  5,594,400円
5,850,000円  投入    750kg
                            月末       80kg    621,600円
6,216,000円  合計    800kg  合計      800kg

             仕掛品（加工費）  平均法
52,000円     月初     20kg  完成      720kg  1,605,600円
1,642,800円  投入    740kg
                            月末       40kg     89,200円
1,694,800円  合計    760kg  合計      760kg
```

306

〈第2工程月末〉

前工程費　6,216,000円 ÷ 800kg × 80kg = 621,600円

加工費　　1,694,800円 ÷ 760kg × 40kg = 89,200円
　　　　　　合計金額　　合計の個数　月末の個数

〈第2工程完成品〉

前工程費　6,216,000円 − 621,600円 = 5,594,400円 ⎤ 完成品総合原価
加工費　　1,694,800円 − 89,200円 = 1,605,600円 ⎦ 7,200,000円
　　　　　　合計　　　　月末

ステップ 5 　総合原価計算表を記入します。

総 合 原 価 計 算 表

		第　1　工　程			第　2　工　程	
	数量	直接材料費	加工費	数量	前工程費	加工費
月初仕掛品	100kg	490,000円	146,100円	50kg	366,000円	52,000円
当月投入	900	4,590,000	2,520,300	750	❼(5,850,000)	1,642,800
合　　計	1,000kg	❶(5,080,000)円	❹(2,666,400)円	800kg	❽(6,216,000)円	⓫(1,694,800)円
月末仕掛品	60	❷(306,000)	❺(108,400)	80	❾(621,600)	⓬(89,200)
完　成　品	940kg	❸(4,774,000)円	❻(2,558,000)円	720kg	❿(5,594,400)円	⓭(1,605,600)円

〈第1工程の計算〉

❶ 材料費合計　　　490,000円 + 4,590,000円 = 5,080,000円
❷ 材料費月末　　　BOX図の月末306,000円
❸ 材料費完成品　　BOX図の完成品4,774,000円
❹ 加工費合計　　　146,100円 + 2,520,300円 = 2,666,400円
❺ 加工費月末　　　BOX図の月末108,400円
❻ 加工費完成品　　BOX図の完成品2,558,000円

〈第2工程の計算〉

❼ 前工程費　　　　ステップ3の最後の式より5,850,000円
❽ 前工程費合計　　BOX図の合計6,216,000円
❾ 前工程費月末　　BOX図の月末621,600円
❿ 前工程費完成品　BOX図の完成品5,594,400円
⓫ 加工費合計　　　BOX図の合計1,694,800円
⓬ 加工費月末　　　BOX図の月末89,200円
⓭ 加工費完成品　　BOX図の完成品1,605,600円

解答

総 合 原 価 計 算 表

| | 第 1 工 程 | | | 第 2 工 程 | | |
	数量	直接材料費	加工費	数量	前工程費	加工費
月初仕掛品	100kg	490,000円	146,100円	50kg	366,000円	52,000円
当 月 投 入	900	4,590,000	2,520,300	750	(5,850,000)	1,642,800
合　　計	1,000kg	(5,080,000)円	(2,666,400)円	800kg	(6,216,000)円	(1,694,800)円
月末仕掛品	60	(306,000)	(108,400)	80	(621,600)	(89,200)
完 成 品	940kg	(4,774,000)円	(2,558,000)円	720kg	(5,594,400)円	(1,605,600)円

問題2

ステップ1　状況を整理する。

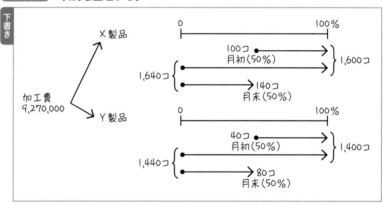

308

ステップ2 X製品、Y製品の仕掛品のBOX図の下書きを書き、金額と個数を記入する。加工費の当月投入金額は共通しているので、直接作業時間で分ける。

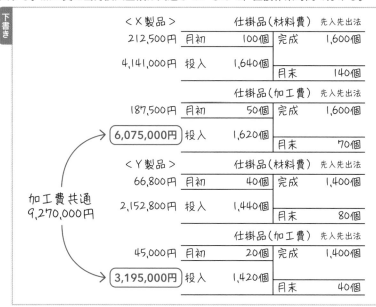

X製品 9,270,000円 ÷ 9,270時間 × 6,075時間 = 6,075,000円
Y製品 9,270,000円 ÷ 9,270時間 × 3,195時間 = 3,195,000円
　　　　加工費　　　　直接作業時間の合計　直接作業時間

ステップ3 X製品の月末の金額、完成品の金額、完成品単価を計算する。

下書き	＜X製品＞		仕掛品（材料費）	先入先出法	
212,500円	月初	100個	完成	1,600個	4,000,000円
4,141,000円	投入	1,640個			
			月末	140個	353,500円
		仕掛品（加工費）	先入先出法		
187,500円	月初	50個	完成	1,600個	6,000,000円
6,075,000円	投入	1,620個			
			月末	70個	262,500円

〈X製品月末〉
　材料費　4,141,000円 ÷ 1,640個 × 140個 = 353,500円
　加工費　6,075,000円 ÷ 1,620個 × 70個 = 262,500円
　　　　　　投入金額　　投入の個数　月末の個数

〈X製品完成品〉

材料費 <u>212,500円</u> + <u>4,141,000円</u> − <u>353,500円</u> = 4,000,000円 ⎤ 完成品総合原価
加工費 <u>187,500円</u> + <u>6,075,000円</u> − <u>262,500円</u> = 6,000,000円 ⎦ 10,000,000円
 　　　月初　　　　　投入　　　　　月末

完成品単位原価　10,000,000円 ÷ 1,600個 = 6,250円/個

ステップ4　Y製品の月末の金額、完成品の金額、完成品単価を計算する。

下書き

＜Y製品＞			仕掛品（材料費）	先入先出法	
66,800円	月初	40個	完成	1,400個	2,100,000円
2,152,800円	投入	1,440個			
			月末	80個	119,600円

			仕掛品（加工費）	先入先出法	
45,000円	月初	20個	完成	1,400個	3,150,000円
3,195,000円	投入	1,420個			
			月末	40個	90,000円

〈Y製品月末〉

材料費 <u>2,152,800円</u> ÷ <u>1,440個</u> × <u>80個</u> = 119,600円
加工費 <u>3,195,000円</u> ÷ <u>1,420個</u> × <u>40個</u> = 　90,000円
　　　　投入金額　　　投入の個数　月末の個数

〈Y製品完成品〉

材料費 <u>66,800円</u> + <u>2,152,800円</u> − <u>119,600円</u> = 2,100,000円 ⎤ 完成品総合原価
加工費 <u>45,000円</u> + <u>3,195,000円</u> − <u>90,000円</u> = 3,150,000円 ⎦ 5,250,000円
　　　　月初　　　　投入　　　　　月末

完成品単位原価　5,250,000円 ÷ 1,400個 = 3,750円/個

解答

	X製品	Y製品
当月加工費	6,075,000 円	3,195,000 円
完成品総合原価	10,000,000 円	5,250,000 円
完成品単位原価	6,250 円/個	3,750 円/個

問題3

ステップ1　状況を整理する。完成品総合原価を製品Aと製品Bに分ける。

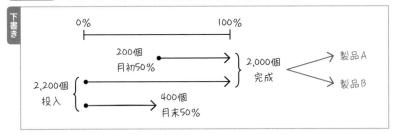

ステップ2　仕掛品のBOX図の下書きを書く。平均法によって月末の金額、完成品の金額を計算する。

	仕掛品（材料費）				平均法	
475,600円	月初	200個	完成	2,000個		4,800,000円
5,284,400円	投入	2,200個				
			月末	400個		960,000円
5,760,000円	合計	2,400個	合計	2,400個		

	仕掛品（加工費）				平均法	
109,200円	月初	100個	完成	2,000個		2,100,000円
2,200,800円	投入	2,100個				
			月末	200個		210,000円
2,310,000円	合計	2,200個	合計	2,200個		

〈月末〉

材料費　5,760,000円 ÷ 2,400個 × 400個 ＝ 960,000円

加工費　2,310,000円 ÷ 2,200個 × 200個 ＝ 210,000円
　　　　　合計金額　　合計の個数　月末の個数

〈完成品〉

材料費　5,760,000円 − 960,000円 ＝ 4,800,000円 ⎤ 完成品総合原価

加工費　2,310,000円 − 210,000円 ＝ 2,100,000円 ⎦ 6,900,000円
　　　　　　合計　　　　　月末

ステップ3　完成品総合原価を製品Aと製品Bに分ける。まずは等価係数を計算し、これを使って積数を計算する。問題文の「製品原価の計算方法は、1か月の完成品総合原価を製品1個当たりの重量によって定められた等価係数に完成品量を乗じた積数の比で各等級製品に按分する」とは、この計算を行うことを指示している。

〈等価係数〉

製品A：製品B＝200g：400g

$\qquad$＝1：2 ←

> 製品Aを基準とすると等価係数は
> A　200÷200＝1
> B　400÷200＝2

〈積数〉

製品A　<u>1,000個</u>　× <u>1</u>　＝1,000個

製品B　<u>1,000個</u>　× <u>2</u>　＝2,000個

　　　　完成品個数　等価係数

〈完成品総合原価〉

製品A　<u>6,900,000円</u>÷（<u>1,000個＋2,000個</u>）×<u>1,000個</u>＝2,300,000円

製品B　<u>6,900,000円</u>÷（<u>1,000個＋2,000個</u>）×<u>2,000個</u>＝4,600,000円

　　　　完成品　　　　　積数の合計　　　　積数

〈完成品単位原価〉

製品A　<u>2,300,000円</u>÷<u>1,000個</u>＝2,300円／個

製品B　<u>4,600,000円</u>÷<u>1,000個</u>＝4,600円／個

　　　　完成品総合原価　完成品個数●‥‥‥‥‥‥‥

> 単位原価を計算する場合、積数ではなく、完成品個数を使う点に注意

解答

	製品A	製品B
完成品総合原価	2,300,000 円	4,600,000 円
完成品単位原価	2,300 円／個	4,600 円／個

Chapter15
標準原価計算

標準原価計算とは

　工場では、実際に発生した原価が高いのか、安いのかを把握し、改善を行っています。そのためには、あらかじめ目標となる原価を決めて、実際に発生した原価と比べる必要があります。この目標となる原価を標準原価といいます。

理解のための用語説明

● 実際原価計算
実際に発生した原価で計算する原価計算。

● 標準原価計算
あらかじめ目標となる原価で計算する原価計算。

標準原価計算とは

　あらかじめ目標となる原価（標準原価）を決めて、原価を計算することを**標準原価計算**といいます。標準原価と実際に発生した原価（実際原価）を比較し、差額を分析することを**原価差異の分析**といいます。原価差異の分析を行うことで、材料のムダ遣いや工員の非効率などを把握でき、改善を行う基礎資料となります。原価差異の分析は、Chapter15-04以降で詳しく学びます。

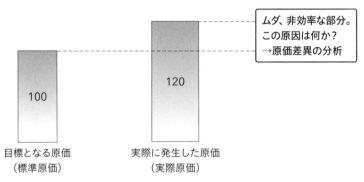

標準原価と実際原価の違い

　標準原価は、単価と数量のどちらも目標値で計算します。一方、実際原価は、数量を実際の数量で計算します。実際原価の場合、実際単価の代わりに予定単価（予定消費単価や予定賃率）を使うこともありますが、実際数量を使っているので、実際原価として扱います。

　ここまで個別原価計算や総合原価計算を学習してきましたが、すべて実際原価で計算していましたので、実際原価計算といいます。標準原価で計算するのが標準原価計算です。

●標準原価計算（Chapter15）　　**標準原価＝標準単価×標準数量**

●実際原価計算（Chapter01〜14）　**実際原価＝実際単価×実際数量**
　　　　　　　　　　　　　　　　　　　　　　（予定単価）

標準原価カード

　標準原価計算を行うために、あらかじめ標準原価を決めておきます。標準原価の情報が書いてある紙のことを標準原価カードといいます。

標準原価カードとは

標準原価カードとは、製品1個当たりの標準原価をまとめた紙です。

基本的には、直接材料費、直接労務費、製造間接費の3つが書かれています。直接経費が書いてある標準原価カードはめったに出題されませんので、直接経費を除いて説明します。

製品を1個作るのに必要な原価は次の通りだった場合、標準原価カードを作成するとこのようになります。

1. 直接材料費の標準単価は200円/kg、標準消費量は10kg/個である。
2. 直接工の標準賃率は150円/時間、標準直接作業時間は5時間/個である。
3. 製造間接費の標準配賦率は240円/時間、製造間接費は直接作業時間にもとづいて配賦する。

```
              標準原価カード

直接材料費   @200円 × 10kg =      2,000円
            標準単価   標準消費量

直接労務費   @150円 × 5時間 =       750円
            標準賃率   標準直接作業時間

製造間接費   @240円 × 5時間 =      1,200円
            標準配賦率  標準直接作業時間(標準操業度)

            製品1個当たり標準原価  3,950円
```

標準原価カードの使い方

標準原価カードは、月初仕掛品や完成品、月末仕掛品の金額を計算するために使います。例えば、当月の月初仕掛品10個（加工進捗度50%）、完成品100個を計算すると次のようになります。

月初仕掛品　材料費　@2,000円×10個＝20,000円
　　　　　　　　　　標準原価カード　月初個数

　　　　　　加工費　（@750円＋@1,200円）×10個×50％＝9,750円
　　　　　　　　　　　　標準原価カード　　　　月初個数　加工進捗度

完成品　@3,950円×100個＝395,000円
　　　　標準原価カード 完成品個数

シングル・プランとパーシャル・プラン

標準原価計算の帳簿の書き方（記帳方法）には、シングル・プランとパーシャル・プランの2種類があります。

実際原価計算と標準原価計算の記帳方法の違い

Chapter14まで学習した実際原価計算では、仕掛品勘定の投入金額に実際発生額を使い、先入先出法や平均法によって完成品と月末に分けて計算しました。実際発生額を使って計算するので「実際原価計算」というのです。

標準原価計算では、標準原価カードを利用して完成品と月末の金額を計算します。標準原価で計算するので「標準原価計算」といいます。完成品と月末の仕掛品は標準原価を使うため、先入先出法や平均法は出てきません。

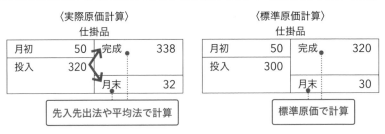

シングル・プランとは

シングル・プランとは、原価差異を材料勘定、賃金勘定、製造間接費勘定で計算する記帳方法です。シングル・プランの3つの特徴は次のとおりです。

❶仕掛品勘定をすべて標準原価で記入します。
❷材料勘定、賃金勘定、製造間接費勘定の当月消費額（仕掛品へ振り替える金額）を**標準原価**で記入します。
❸原価差異は、材料勘定、賃金勘定、製造間接費勘定のそれぞれの左側合計と右側合計の差額で発生します。

シングル・プランの仕訳と勘定の記入について、例題を見ていきましょう。

例題 当社は標準原価計算を採用しており、シングル・プランで記帳している。
次の資料にもとづいて、(1)〜(4)に答えなさい。

1. 製品1個当たりの標準原価

直接材料費	500 円/kg	× 0.4 kg	200 円
直接労務費	200 円/時間	× 0.3 時間	60 円
製造間接費	300 円/時間	× 0.3 時間	90 円
			350 円

2. 当月の生産・販売実績

月初仕掛品	50 個 (20%)		月初製品	30 個
当月投入	190		完成品	200
合　計	240 個		合　計	230 個
月末仕掛品	40 (50%)		月末製品	20
完成品	200 個		販売品	210 個

材料はすべて工程の始点で投入しており、(　)内は加工進捗度を示す。

3. 当月の原価実績

直接材料費　40,000円　　直接労務費　12,000円　　製造間接費　19,000円

(1) 当月消費した直接材料費を仕掛品勘定に振り替える仕訳を答えなさい。

(2) 当月消費した直接労務費を仕掛品勘定に振り替える仕訳を答えなさい。

(3) 当月の製造間接費を仕掛品勘定に配賦する仕訳を答えなさい。

(4) 各勘定の(　)に金額を記入しなさい。当月発生した原価差異は
すべて原価差異勘定に振り替え、当期末に売上原価に振り替えるも
のとする。

[答案用紙]

材料			(円)
買掛金	40,000	仕掛品 (　)	
		原価差異 (　)	

賃金			(円)
現金	12,000	仕掛品 (　)	
原価差異 (　)			

製造間接費			(円)
減価償却費	15,000	仕掛品 (　)	
水道光熱費	4,000	原価差異 (　)	

原価差異			(円)
材料 (　)		賃金 (　)	
製造間接費 (　)			

仕掛品			(円)
月初有高 (　)		製品 (　)	
材料 (　)		月末有高 (　)	
賃金 (　)			
製造間接費 (　)			

製品			(円)
月初有高 (　)		売上原価 (　)	
仕掛品 (　)		月末有高 (　)	

売上原価			(円)
製品 (　)			

･････････････････････････

解答

(1) 仕掛品 38,000 / 材料 38,000

(2) 仕掛品 12,600 / 賃金 12,600

(3) 仕掛品 18,900 / 製造間接費 18,900

(4)

材料			(円)
買掛金	40,000	仕掛品	(38,000)
		原価差異	(2,000)

賃金			(円)
現金	12,000	仕掛品	(12,600)
原価差異	(600)		

製造間接費			(円)
減価償却費	15,000	仕掛品	(18,900)
水道光熱費	4,000	原価差異	(100)

原価差異			(円)
材料	(2,000)	賃金	(600)
製造間接費	(100)		

仕掛品			(円)
月初有高	(11,500)	製品	(70,000)
材料	(38,000)	月末有高	(11,000)
賃金	(12,600)		
製造間接費	(18,900)		

製品			(円)
月初有高	(10,500)	売上原価	(73,500)
仕掛品	(70,000)	月末有高	(7,000)

売上原価			(円)
製品	(73,500)		

解説

ステップ1 　下書きに仕掛品のBOX図を書きます。

仕掛品（材料費）

月初	50個	完成	200個
投入	190個		
		月末	40個

仕掛品（加工費）

月初	10個	完成	200個
投入	210個		
		月末	20個

ステップ2 　(1)〜(3)の仕訳を書きます。

(1) シングル・プランでは、当月消費した直接材料費を仕掛品勘定に振り替えるとき、標準原価を使います。材料を減らし、仕掛品を増やします。

200円/個 × 190個 = 38,000円
標準原価カード　材料費の投入個数

仕掛品 38,000 / 材料 38,000

(2) シングル・プランでは、当月消費した直接労務費を仕掛品勘定に振り替えるとき、標準原価を使います。賃金を減らし、仕掛品を増やします。

60円/個 × 210個 = 12,600円
標準原価カード　加工費の投入個数

仕掛品 12,600 / 賃金 12,600

(3) シングル・プランでは、当月の製造間接費を仕掛品勘定に配賦するとき、標準原価を使います。製造間接費を減らし、仕掛品を増やします。

90円/個 × 210個 = 18,900円
標準原価カード　加工費の投入個数

仕掛品 18,900 / 製造間接費 18,900

<u>ステップ3</u>　(4)の各勘定を記入します。シングル・プランの場合、材料勘定、賃金勘定、製造間接費勘定で原価差異が発生します。

材料		(円)
買掛金 40,000	仕掛品	(38,000)
	原価差異	(2,000)

賃金		(円)
現金 12,000	仕掛品	(12,600)
原価差異 (600)		

製造間接費		(円)
減価償却費 15,000	仕掛品	(18,900)
水道光熱費 4,000	原価差異	(100)

原価差異		(円)
材料 (2,000)	賃金	(600)
製造間接費 (100)		

仕掛品		(円)
月初有高 (11,500)	製品	(70,000)
材料 (38,000)	月末有高	(11,000)
賃金 (12,600)		
製造間接費 (18,900)		

製品		(円)
月初有高 (10,500)	売上原価	(73,500)
仕掛品 (70,000)	月末有高	(7,000)

売上原価		(円)
製品 (73,500)		

直接材料費の1個当たりの標準原価　200円/個

加工費の1個当たりの標準原価　60円/個＋90円/個＝150円/個

製品1個当たりの標準原価　200円/個＋150円/個＝350円/個

材料勘定　仕掛品　ステップ2より38,000円

　　　　　　原価差異　40,000円－38,000円＝2,000円

賃金勘定　仕掛品　ステップ2より12,600円

　　　　　　原価差異　12,600円－12,000円＝600円

製造間接費勘定　仕掛品　ステップ2より18,900円

　　　　　　　　　原価差異　15,000円＋4,000円－18,900円＝100円

原価差異勘定　材料　材料勘定より2,000円を書き写す。

　　　　　　　　賃金　賃金勘定より600円を書き写す。

　　　　　　　　製造間接費　製造間接費勘定より100円を書き写す。

仕掛品勘定　月初　標準原価と仕掛品のBOX図から計算する。

　　　　　　　材料費　200円/個×50個＝10,000円 ┐
　　　　　　　加工費　150円/個×10個＝1,500円 ┘ 11,500円

　　　　　　投入　ステップ2より材料38,000円、

　　　　　　　　　賃金12,600円、製造間接費18,900円

　　　　　　製品　350円/個×200個＝70,000円

　　　　　　月末

　　　　　　　材料費　200円/個×40個＝8,000円 ┐
　　　　　　　加工費　150円/個×20個＝3,000円 ┘ 11,000円

製品勘定	月初	350円/個×30個＝10,500円
	仕掛品	350円/個×200個＝70,000円
	売上原価	350円/個×210個＝73,500円
	月末	350円/個×20個＝7,000円
売上原価勘定	製品	製品勘定の売上原価73,500円を書き写す。

　本問では、原価差異を当期末に売上原価に振り替えると指示があるので、当月の各勘定の記入はこれで完成です。

　シングル・プランの場合、材料勘定、賃金勘定、製造間接費勘定で原価差異が発生します。そして、仕掛品勘定はすべて標準原価で記入されます。総合原価計算の場合、仕掛品勘定の月初有高は資料に金額が与えられていましたが、標準原価計算の場合、標準原価カードを使って月初有高の金額を計算します。

┃ シングル・プランの原価差異の仕訳

シングル・プランの原価差異の仕訳を、例題を使って見ていきましょう。

例題　当社は標準原価計算を採用しており、シングル・プランで記帳している。次の資料にもとづいて、（1）直接材料費差異（2）直接労務費差異（3）製造間接費差異を各勘定から振り替える仕訳を書きなさい。

	実際原価	標準原価
直接材料費の当月消費額	40,000円	38,000円
賃金の当月消費額	12,000円	12,600円
製造間接費の当月配賦額	19,000円	18,900円

解答

（1）直接材料費差異 2,000 / 材料 2,000

（2）賃金 600 / 直接労務費差異 600

（3）製造間接費差異 100 / 製造間接費 100

解説

原価差異についてはChapter07で学習しましたが、標準原価の原価差異の計算式もほとんど同じです。不利差異と有利差異の考え方も同じです。

> **原価差異＝標準原価－実際原価**

(1) 直接材料費差異

　目標より実際の原価の方が多かった場合、原価が多くかかってしまったという意味で、会社にとって不利な差異なので不利差異といいます。原価差異の計算結果がマイナスになった場合は、不利差異と覚えておきましょう。

　標準原価38,000円 − 実際原価40,000円 = △2,000円（不利差異）

　また、不利差異を仕訳にすると借方（左側）に「直接材料費差異」と書くことになります。このため、不利差異を借方差異という場合もあります。

　直接材料費差異 2,000 / 材料 2,000

(2) 直接労務費差異

　目標より実際の原価の方が少なかった場合、原価が少なくて済んだという意味で、会社にとって有利な差異なので有利差異といいます。原価差異の計算結果がプラスになった場合は、有利差異と覚えておきましょう。

　標準原価12,600円 − 実際原価12,000円 = + 600円（有利差異）

また、有利差異を仕訳にすると貸方（右側）に「直接労務費差異」と書くことになります。このため、有利差異を貸方差異という場合もあります。

　賃金 600 / 直接労務費差異 600

(3) 製造間接費差異

　直接材料費差異と同じように製造間接費についても、目標より実際の原価の方が多かったので、不利差異となります。

　標準原価18,900円 − 実際原価19,000円 = △100円（不利差異）

　また、不利差異を仕訳にすると借方（左側）に「製造間接費差異」と書くことになり、借方差異になります。

　製造間接費差異 100 / 製造間接費 100

パーシャル・プランとは

　パーシャル・プランとは、原価差異を仕掛品勘定で計算する記帳方法です。パーシャル・プランの3つの特徴は次のとおりです。

---

❶仕掛品勘定の月初、製品、月末を標準原価で記入します。
❷仕掛品勘定の当月投入の材料、賃金、製造間接費は実際原価で記入します。
❸原価差異は仕掛品勘定の左側合計と右側合計の差額で発生します。

　パーシャル・プランの仕訳と勘定の記入について、例題を見ていきましょう。

当社は標準原価計算を採用しており、パーシャル・プランで記帳している。次の資料にもとづいて、(1)～(4)に答えなさい。

1. 製品1個当たりの標準原価

直接材料費	500 円/kg	× 0.4 kg	200 円
直接労務費	200 円/時間	× 0.3 時間	60 円
製造間接費	300 円/時間	× 0.3 時間	90 円
			350 円

2. 当月の生産・販売実績

月初仕掛品	50 個 (20%)		月初製品	30 個	
当月投入	190		完成品	200	
合　計	240 個		合　計	230 個	
月末仕掛品	40 (50%)		月末製品	20	
完成品	200 個		販売品	210 個	

材料はすべて工程の始点で投入しており、(　)内は加工進捗度を示す。

3. 当月の原価実績

直接材料費 40,000円　直接労務費 12,000円　製造間接費 19,000円

(1) 当月消費した直接材料費を仕掛品勘定に振り替える仕訳を答えなさい。

(2) 当月消費した直接労務費を仕掛品勘定に振り替える仕訳を答えなさい。

(3) 当月の製造間接費を仕掛品勘定に配賦する仕訳を答えなさい。

(4) 各勘定の (　) に金額を記入しなさい。当月発生した原価差異はすべて原価差異勘定に振り替え、当期末に売上原価に振り替えるものとする。

[答案用紙]

材料			(円)
買掛金	40,000	仕掛品 (　)	

賃金			(円)
現金	12,000	仕掛品 (　)	

製造間接費			(円)
減価償却費	15,000	仕掛品 (　)	
水道光熱費	4,000		

原価差異		(円)
仕掛品 (　)		

仕掛品			(円)
月初有高 (　)		製品	(　)
材料 (　)		原価差異	(　)
賃金 (　)		月末有高	(　)
製造間接費 (　)			

製品			(円)
月初有高 (　)		売上原価	(　)
仕掛品 (　)		月末有高	(　)

売上原価		(円)
製品 (　)		

解答

(1) 仕掛品 40,000 / 材料 40,000

(2) 仕掛品 12,000 / 賃金 12,000

(3) 仕掛品 19,000 / 製造間接費 19,000

(4)

材料			(円)
買掛金	40,000	仕掛品	(40,000)

賃金			(円)
現金	12,000	仕掛品	(12,000)

製造間接費			(円)
減価償却費	15,000	仕掛品	(19,000)
水道光熱費	4,000		

原価差異			(円)
仕掛品	(1,500)		

仕掛品			(円)
月初有高	(11,500)	製品	(70,000)
材料	(40,000)	原価差異	(1,500)
賃金	(12,000)	月末有高	(11,000)
製造間接費	(19,000)		

製品			(円)
月初有高	(10,500)	売上原価	(73,500)
仕掛品	(70,000)	月末有高	(7,000)

売上原価			(円)
製品	(73,500)		

解説

ステップ1 下書きに仕掛品のBOX図を書きます。

下書き

仕掛品（材料費）

月初	50個	完成	200個
投入	190個		
		月末	40個

仕掛品（加工費）

月初	10個	完成	200個
投入	210個		
		月末	20個

ステップ2 (1)～(3)の仕訳を書きます。

(1) パーシャル・プランでは、当月消費した直接材料費を仕掛品勘定に振り替えるとき、実際発生額40,000円を使います。材料を減らし、仕掛品を増やします。

　　仕掛品 40,000 / 材料 40,000

(2) パーシャル・プランでは、当月消費した直接労務費を仕掛品勘定に振り替えるとき、実際発生額12,000円を使います。賃金を減らし、仕掛品を増やします。

　　仕掛品 12,000 / 賃金 12,000

(3) パーシャル・プランでは、当月の製造間接費を仕掛品勘定に配賦するとき、実際発生額19,000円を使います。製造間接費を減らし、仕掛品を増やします。

　　仕掛品 19,000 / 製造間接費 19,000

ステップ3 (4)の各勘定を記入します。パーシャル・プランの場合、仕掛品勘定で原価差異が発生します。

材料			（円）
買掛金	40,000	仕掛品	（40,000）

賃金			（円）
現金	12,000	仕掛品	（12,000）

製造間接費			（円）
減価償却費	15,000	仕掛品	（19,000）
水道光熱費	4,000		

原価差異			（円）
仕掛品	（1,500）		

仕掛品			（円）
月初有高	（11,500）	製品	（70,000）
材料	（40,000）	原価差異	（1,500）
賃金	（12,000）	月末有高	（11,000）
製造間接費	（19,000）		

製品			（円）
月初有高	（10,500）	売上原価	（73,500）
仕掛品	（70,000）	月末有高	（7,000）

売上原価			（円）
製品	（73,500）		

直接材料費の1個当たりの標準原価　200円/個

加工費の1個当たりの標準原価　60円/個＋90円/個＝150円/個

製品1個当たりの標準原価　200円/個＋150円/個＝350円/個

材料勘定	仕掛品	ステップ2より40,000円
賃金勘定	仕掛品	ステップ2より12,000円
製造間接費勘定	仕掛品	ステップ2より19,000円

仕掛品勘定	月初	材料費	200円/個×50個＝10,000円 ⎫
		加工費	150円/個×10個＝1,500円 ⎬ 11,500円
	投入		ステップ2より材料40,000円、
			賃金12,000円、製造間接費19,000円
	製品		350円/個×200個＝70,000円
	月末	材料費	200円/個×40個＝8,000円 ⎫
		加工費	150円/個×20個＝3,000円 ⎬ 11,000円
	原価差異		借方と貸方の差額で計算する。
			11,500円＋40,000円＋12,000円＋19,000
			円－70,000円－11,000円＝1,500円

原価差異勘定	仕掛品	仕掛品勘定より1,500円を書き写す。
製品勘定	月初	350円/個×30個＝10,500円
	仕掛品	350円/個×200個＝70,000円
	売上原価	350円/個×210個＝73,500円
	月末	350円/個×20個＝7,000円
売上原価勘定	製品	製品勘定の売上原価73,500円を書き写す。

本問では、原価差異を当期末に売上原価に振り替えると指示があるので、当月の各勘定の記入はこれで完成です。

パーシャル・プランの場合、仕掛品勘定の当月投入額を実際発生額で記入するため、仕掛品勘定で原価差異が発生します。

パーシャル・プランの原価差異の仕訳

パーシャル・プランの原価差異の仕訳を、例題を使って見ていきましょう。

例題 当社は標準原価計算を採用しており、パーシャル・プランで記帳している。次の資料にもとづいて、（1）直接材料費差異（2）直接労務費差異（3）製造間接費差異について、仕掛品勘定から各差異勘定に振り替える仕訳を書きなさい。

	実際原価	標準原価
直接材料費の当月消費額	40,000円	38,000円
賃金の当月消費額	12,000円	12,600円
製造間接費の当月配賦額	19,000円	18,900円

解答 （1）直接材料費差異 2,000 / 仕掛品 2,000
（2）仕掛品 600 / 直接労務費差異 600
（3）製造間接費差異 100 / 仕掛品 100

解説

パーシャル・プランの原価差異の仕訳は、シングル・プランの原価差異の仕訳とほとんど同じですが、パーシャル・プランの原価差異は仕掛品勘定から発生する点がポイントです。

> **原価差異＝標準原価－実際原価**

（1）直接材料費差異
　　目標より実際の原価の方が多かったので、不利差異となります。
　　標準原価38,000円－実際原価40,000円＝△2,000円（不利差異）
　　直接材料費差異 2,000 / 仕掛品 2,000
（2）直接労務費差異
　　目標より実際の原価の方が少なかったので、有利差異となります。
　　標準原価12,600円－実際原価12,000円＝＋600円（有利差異）
　　仕掛品 600 / 直接労務費差異 600
（3）製造間接費差異
　　目標より実際の原価の方が多かったので、不利差異となります。
　　標準原価18,900円－実際原価19,000円＝△100円（不利差異）
　　製造間接費差異 100 / 仕掛品 100

練習問題 Chapter15 01-03

製品Rを量産するPB工場では、標準原価計算を採用している。次の資料にもとづいて、(1)〜(3)に答えなさい。

1. 標準と予算データ

   直接材料費の標準単価：1,100円/kg

   直接材料費の標準消費量：20kg/個

   直接労務費の標準賃率：1,400円/時間

   直接労務費の標準直接作業時間：5時間/個

   製造間接費予算（年間）：52,800,000円

   正常直接作業時間（年間）：24,000時間

注：製造間接費は直接作業時間にもとづき製品に標準配賦している。

2. 生産実績データ

   月初仕掛品量　：　20個（0.5）

   当月製品完成量：380個

   月末仕掛品量　：　40個（0.5）

注：直接材料は工程の始点で投入されている。
　　（　）内は加工進捗度を示している。

3. 当月の実際原価データ

   直接材料費：8,920,000円

   直接労務費：2,810,000円

   製造間接費：4,238,600円

(1) 標準原価カードを完成しなさい。
(2) シングル・プランで記帳している場合の仕掛品勘定を完成しなさい。
(3) パーシャル・プランで記帳している場合の仕掛品勘定を完成しなさい。

[答案用紙]
(1) 標準原価カード
直接材料費（　　　　）円/kg　×（　　　　）kg/個 =（　　　　）円/個
直接労務費（　　　　）円/時間×（　　　　）時間/個 =（　　　　）円/個
製造間接費（　　　　）円/時間×（　　　　）時間/個 =（　　　　）円/個
　　　　　　　　　　　　　　　　　　　　　　　　　　（　　　　）円/個

(2)

仕掛品			(円)
月初有高 　(　　　　)	製品 　　　(　　　　　　)
材料 　　　(　　　　)	
賃金 　　　(　　　　)	
製造間接費 (　　　　)	月末有高 　(　　　　　　)

(3)

仕掛品			(円)
月初有高 　(　　　　)	製品 　　　(　　　　　　)
材料 　　　(　　　　)	
賃金 　　　(　　　　)	原価差異 　(　　　　　　)
製造間接費 (　　　　)	月末有高 　(　　　　　　)

解説・解答

(1)

標準原価カードは、1. 標準と予算データから数字を書き写す。問題文の「製造間接費は直接作業時間にもとづき製品に標準配賦している」との指示より、製造間接費は、直接労務費と同じ「標準直接作業時間：5時間/個」を使用する。

直接材料費 (1,100) 円/kg × (20) kg/個 = (22,000) 円/個

　　　　　　 [標準単価] 　　　 [標準消費量]

直接労務費 (1,400) 円/時間 × (5) 時間/個 = (7,000) 円/個

　　　　　　 [標準賃率] 　　 [標準直接作業時間]

製造間接費 (2,200) 円/時間 × (5) 時間/個 = (11,000) 円/個

[52,800,000円 ÷ 24,000時間 = @2,200]　　[標準直接作業時間]
製造間接費予算(年間)　正常直接作業時間(年間)

[22,000円/個 + 7,000円/個 + 11,000円/個] ⋯⋯● (40,000) 円/個

解答

(1) 標準原価カード

直接材料費 （ 1,100 ）円/kg × （ 20 ）kg/個 ＝ （ 22,000 ）円/個
直接労務費 （ 1,400 ）円/時間× （ 5 ）時間/個 ＝ （ 7,000 ）円/個
製造間接費 （ 2,200 ）円/時間× （ 5 ）時間/個 ＝ （ 11,000 ）円/個
（ 40,000 ）円/個

(2) シングル・プランの仕掛品勘定

ステップ1 標準原価計算の仕掛品のBOX図を書く。標準原価計算のBOX図は主に個数を把握する目的で書く。Chapter11〜14の総合原価計算のように金額を書く必要はない。2.生産実績データから月初、完成、月末を書き写し、次に当月投入を差額で計算する。

下書き

仕掛品（材料費）

月初	20個	完成	380個
投入	400個	月末	40個

仕掛品（加工費）

月初	10個	完成	380個
投入	390個	月末	20個

ステップ2 シングル・プランなので、仕掛品勘定の月初、投入（材料、賃金、製造間接費）、完成品（製品）、月末を標準原価で記入する。シングル・プランの場合、仕掛品勘定に3.当月の実際原価データを記入しない点に注意が必要。

標準原価＝標準原価カードの単価×BOX図の個数

❶標準原価カードの製品1個当たりの単価を整理する。
　材料費の標準原価　@22,000円
　加工費の標準原価　@7,000円＋@11,000円＝@18,000円
　完成品の標準原価　@40,000円
❷月初、投入（材料、賃金、製造間接費）、完成品（製品）、月末の金額を計算する。標準原価計算の場合、材料費、加工費の金額はBOX図の個数を使って計算する点がポイント。

〈月初〉

材料費 <u>@22,000円</u> × <u>20個</u> ＝440,000円 ┐月初仕掛品原価
加工費 <u>@18,000円</u> × <u>10個</u> ＝180,000円 ┘620,000円
　　　　1個当たりの標準原価　月初の個数

〈投入〉

材料　　　　<u>@22,000円</u> × <u>400個</u> ＝8,800,000円
賃金　　　　<u>@7,000円</u> × <u>390個</u> ＝2,730,000円
製造間接費　<u>@11,000円</u> × <u>390個</u> ＝4,290,000円
　　　　　1個当たりの標準原価　投入の個数

〈完成品〉

製品　<u>@40,000円</u> × <u>380個</u> ＝15,200,000円
　　　1個当たりの標準原価　完成品の個数

〈月末〉

材料費 <u>@22,000円</u> × <u>40個</u> ＝880,000円 ┐月末仕掛品原価
加工費 <u>@18,000円</u> × <u>20個</u> ＝360,000円 ┘1,240,000円
　　　　1個当たりの標準原価　月末の個数

解答

仕掛品　　　　　　　　　　　　　　（円）

月初有高	（　　620,000）	製品	（　15,200,000）
材料	（　8,800,000）		
賃金	（　2,730,000）		
製造間接費	（　4,290,000）	月末有高	（　1,240,000）

(3) パーシャル・プランの仕掛品勘定

ステップ1　標準原価計算の仕掛品のBOX図を書く。標準原価計算のBOX図は主に個数を把握する目的で書く。2.生産実績データから月初、完成、月末を書き写し、次に当月投入を差額で計算する。

下書き

仕掛品（材料費）

月初	20個	完成	380個
投入	400個		
		月末	40個

仕掛品（加工費）

月初	10個	完成	380個
投入	390個		
		月末	20個

パーシャル・プランなので、仕掛品勘定の投入金額に、3.当月の実際原価データをそのまま書き写す。

<table>
<tr><td colspan="2" align="center">仕掛品</td><td colspan="2" align="right">(円)</td></tr>
<tr><td>月初有高</td><td align="right">( )</td><td>製品</td><td align="right">( )</td></tr>
<tr><td>材料</td><td align="right">(8,920,000)</td><td></td><td></td></tr>
<tr><td>賃金</td><td align="right">(2,810,000)</td><td>原価差異</td><td align="right">( )</td></tr>
<tr><td>製造間接費</td><td align="right">(4,238,600)</td><td>月末有高</td><td align="right">( )</td></tr>
</table>

ステップ 3 パーシャル・プランなので、仕掛品勘定の月初、完成品、月末を標準原価で記入する。

> ### 標準原価＝標準原価カードの単価×BOX図の個数

❶標準原価カードの1個当たりの単価を整理する。
　材料費の標準原価　@22,000円
　加工費の標準原価　@7,000円＋@11,000円＝@18,000円
　完成品の標準原価　@40,000円

❷月初、完成品（製品）、月末の金額を計算する。ここはシングル・プランの場合と同じ金額となる。

〈月初〉

材料費　@22,000円　×　20個　＝440,000円　┐月初仕掛品原価
加工費　@18,000円　×　10個　＝180,000円　┘620,000円
　　　　1個当たりの標準原価　月初の個数

〈完成品〉

製品　@40,000円　×　380個　＝15,200,000円
　　　1個当たりの標準原価　完成品の個数

〈月末〉

材料費　@22,000円　×　40個　＝880,000円　┐月末仕掛品原価
加工費　@18,000円　×　20個　＝360,000円　┘1,240,000円
　　　　1個当たりの標準原価　月末の個数

ステップ 4 仕掛品勘定の左側合計と右側合計の差額を原価差異に書く。

左側合計　620,000円＋8,920,000円＋2,810,000円＋4,238,600円＝16,588,600円
右側合計　15,200,000円＋1,240,000円＝16,440,000円
原価差異　16,588,600円－16,440,000円＝148,600円

解答

仕掛品		（円）	
月初有高	（　　620,000）	製品	（　15,200,000）
材料	（　8,920,000）		
賃金	（　2,810,000）	原価差異	（　　148,600）
製造間接費	（　4,238,600）	月末有高	（　1,240,000）

重要度 ★

原価差異の分析とは

標準原価計算では原価差異の分析がとても重要な内容です。原価差異を分析することでどのようなことがわかるのか、見ていきましょう。

理解のための用語説明

◉ 標準原価計算の原価差異
標準原価と実際原価の差額のこと。

◉ 実際原価計算の原価差異
予定原価と実際原価の差額のこと。詳しくは、Chapter07を参照。

原価差異を分析する目的

　標準原価と実際原価の差額（差異）の原因を把握し、ムダや効率を改善するために行います。直接材料費、直接労務費、製造間接費それぞれで差異を分析する目的を見ていきましょう。

直接材料費差異を分析する目的

●材料の値上がり、値下がりの影響を把握できる。
●材料の使い過ぎを把握できる。

直接労務費差異を分析する目的

●作業員の賃金の値上がり、値下がりの影響を把握できる。
●作業員がサボっているかどうかを把握できる。

製造間接費差異を分析する目的

●当月の生産ラインの稼働時間が予定どおりかどうかを把握できる。
●生産ラインの作業効率（能率）が悪いかどうかを把握できる。
●製造間接費の予算より、実際に発生した製造間接費が多かったか少なかったかを把握できる。

原価差異の分析① 材料費

材料費について、原価差異の分析をしていきましょう。材料費の原価差異は、単価と数量に分けて分析します。

材料費の原価差異の分析

例題を使って、材料費の原価差異の分析について見ていきましょう。

例題 次の資料にもとづいて、材料費の差異分析を行いなさい。また、それぞれの差異が不利差異か有利差異を答えなさい。

1. 標準原価カード
   直接材料費　@200円 × 10kg ＝ 2,000円
   直接労務費　@150円 × 5時間 ＝　750円
   製造間接費　@240円 × 5時間 ＝ 1,200円
   　　　製品1個当たり標準原価　 3,950円

2. 生産実績データ
   月初仕掛品：　20個(0.5)
   当月製品完成：420個
   月末仕掛品：　40個(0.5)

3. 当月の実際原価データ
   直接材料費　891,000円
   実際消費量　4,500kg　実際単価　@198円

   注：材料はすべて工程の始点で投入している。
   　　仕掛品の（　）内の数値は加工費の進捗度を示している。

解答

直接材料費差異		11,000円	不利差異
内訳	価格差異	9,000円	有利差異
	数量差異	20,000円	不利差異

解説

ステップ1　直接材料費の標準原価を計算します。

❶「2. 生産実績データ」に月初仕掛品、月末仕掛品、当月完成品の個数は書いてありますが、当月投入の個数がわかりません。そこで仕掛品のBOX図（材料費）を書き、差引で当月投入の個数を計算します。

仕掛品（材料費）			
月初	20個	完成	420個
投入	440個		
		月末	40個

❷「1. 標準原価カード」の直接材料費を見ると、製品1個作るのに10kgの材料を使うことがわかります。当月投入の個数は440個なので、直接材料費の標準消費量は次のように計算できます。

直接材料費の標準消費量　440個×10kg＝4,400kg
　　　　　　　　　　　　投入の個数　標準原価カード

❸「1. 標準原価カード」の直接材料費の標準単価は@200円なので、次のように標準原価を計算します。

1個当たりの標準原価　@200円×4,400kg＝880,000円
　　　　　　　　　　　標準単価　標準消費量

❹この計算式を図にすると、タテに標準単価@200円、ヨコに標準消費量4,400kgを書き、タテ×ヨコで標準原価（図の面積）を表すことができます。

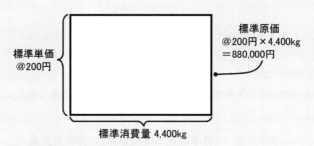

標準原価
@200円×4,400kg
＝880,000円

標準単価
@200円

標準消費量 4,400kg

ステップ2　直接材料費の実際原価を計算します。

❶「3. 当月の実際原価データ」を使って計算します。

直接材料費の実際原価　@198円×4,500kg＝891,000円
　　　　　　　　　　　実際単価　実際消費量

❷この計算式を図にすると、タテに実際単価@198円、ヨコに実際消費量4,500kgを書き、タテ×ヨコで実際原価（図の面積）を表すことができます。

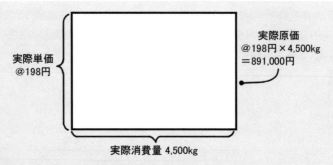

ステップ3 直接材料費の差異分析をします。

❶標準原価と実際原価の差額が直接材料費差異です。

直接材料費差異 　880,000円 － 891,000円 ＝△11,000円
　　　　　　　　　　標準原価　　　　実際原価　　マイナスなので、不利差異・借方差異

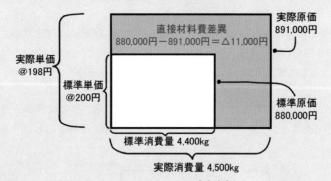

❷直接材料費差異は、単価の違いから出る価格差異と、消費量の違いから出る
　数量差異の2つに分けることができます。

〈価格差異の計算〉

価格差異は標準単価と実際単価の違いから発生する差異であり、次の公式で計
算します。

価格差異＝（標準単価－実際単価）×実際消費量

公式を使うと価格差異は9,000円の有利差異と計算できます。

価格差異 　（@200円 － @198円）×4,500kg ＝ ＋9,000円
　　　　　　　標準単価　　実際単価　　実際消費量　プラスなので、有利差異・貸方差異

〈数量差異の計算〉

数量差異は標準消費量と実際消費量の違いから発生する差異であり、次の公式
で計算します。

数量差異＝標準単価×（標準消費量－実際消費量）

公式を使うと数量差異は△20,000円と計算できます。標準消費量はステップ1で計算した標準消費量4,400kgを使います。

数量差異　@200円×（4,400kg－4,500kg）＝△20,000円
　　　　　標準単価　　標準消費量　実際消費量　　マイナスなので、不利差異・借方差異

❸価格差異と数量差異を図で表すと次のようになります。

標準原価の図と実際原価の図を重ね合わせたもので、数字の大小にかかわらず常に内側に標準原価の図、外側に実際原価の図を書きます。

価格差異と数量差異は、図の数字を使い公式に当てはめて計算します。

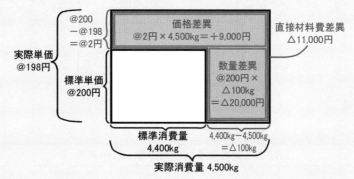

価格差異と数量差異は公式を使って計算できますが、差異分析の図を書いて計算した方が、速く正確に解けます。差異分析の図を書くことで❶情報を整理し、❷公式が思い出しやすくなります。

図を使って解く方法

例題を差異分析の図を使って解く方法と図の書き方を説明します。

ステップ1 材料費の差異分析の図を書きます。この図は暗記して、問題を解くときに自分で書くことが必要です。

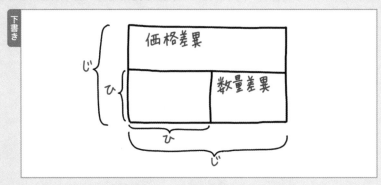

ひじと覚えよう。 ひ…標準　じ…実際

ステップ2 問題文の情報を埋めます。タテに単価、ヨコに消費量を埋めます。

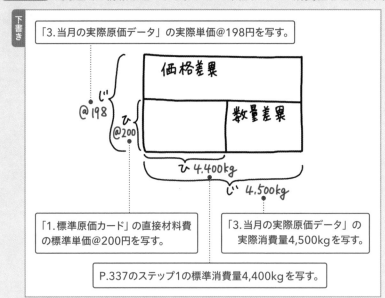

「3. 当月の実際原価データ」の実際単価@198円を写す。

「1. 標準原価カード」の直接材料費の標準単価@200円を写す。

「3. 当月の実際原価データ」の実際消費量4,500kgを写す。

P.337のステップ1の標準消費量4,400kgを写す。

価格差異、数量差異を計算します。

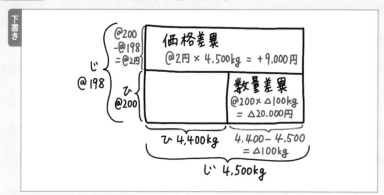

　差異分析の計算は、ひ（標準）からじ（実際）を引き算して計算するのがコツです。図の面積を計算しているイメージですが、公式に当てはめるための図なので、数学の図や計算とは違うことに注意しましょう。金額の大小にかかわらず「標準－実際」という計算をするのがポイントです。

〈価格差異の計算〉

　差異分析の図のタテの数値から出る差異です。価格差異は、（標準単価@200円－実際単価@198円）×4,500kg＝＋9,000円で答えがプラスなので有利差異です。標準の単価より実際の単価が安く済んだ状況で、会社にとっては有利な差異です。

$$(@200円 - @198円) \times 4,500kg = +9,000円$$
　　　ひ　　　　じ　　　　　　プラスなので、有利差異・貸方差異

〈数量差異の計算〉

　差異分析の図のヨコの数値から出る差異です。数量差異は、@200×（標準消費量4,400kg－実際消費量4,500kg）＝△20,000円で答えがマイナスなので不利差異です。標準の消費量より実際の消費量が多くなってしまった状況で、会社にとっては不利な差異です。

$$@200円 \times (4,400kg - 4,500kg) = △20,000円$$
　　　　　　ひ　　　　じ　　　　マイナスなので、不利差異・借方差異

　仮に、実際消費量の方が大きいからといって@200円×（実際消費量4,500kg－標準消費量4,400kg）＝＋20,000円のように計算すると、答えがプラスになってしまいます。会社にとっては不利な差異なのに、有利差異と計算されてしまい、間違った答えになります。

重要度 ★★★

原価差異の分析② 労務費

労務費について、原価差異の分析をしていきましょう。労務費の原価差異は賃率と時間に分けて分析します。

労務費の原価差異の分析

例題を使って、労務費の原価差異の分析について見ていきましょう。

例題 次の資料にもとづいて、労務費の差異分析を行いなさい。また、それぞれの差異が不利差異か有利差異かを答えなさい。

1. 標準原価カード

直接材料費 @200円 × 10kg = 2,000円
直接労務費 @150円 × 5時間 = 750円
製造間接費 @240円 × 5時間 = 1,200円
製品1個当たり標準原価 3,950円

2. 生産実績データ

月初仕掛品: 20個(0.5)
当月製品完成:420個
月末仕掛品: 40個(0.5)

3. 当月の実際原価データ

直接労務費 325,600円
実際直接作業時間2,200時間 実際賃率@148円

注:材料はすべて工程の始点で投入している。
仕掛品の( )内の数値は加工費の進捗度を示している。

解答

直接労務費差異		3,100円	不利差異
内訳	賃率差異	4,400円	有利差異
	時間差異	7,500円	不利差異

ステップ1 直接労務費の標準原価を計算します。

❶「2. 生産実績データ」に月初仕掛品、月末仕掛品、当月完成品の個数は書いてありますが、当月投入の個数がわかりません。そこで仕掛品のBOX図（加工費）を書き、差引で当月投入の個数を計算します。

下書き

仕掛品（加工費）			
月初	10個	完成	420個
投入	430個	月末	20個

❷「1. 標準原価カード」の直接労務費を見ると、製品1個作るのに5時間かかることがわかります。当月投入の個数は430個なので、直接労務費の標準時間は次のように計算できます。

直接労務費の標準時間　430個×5時間＝2,150時間
投入の個数　標準原価カード

❸「1. 標準原価カード」の直接労務費の標準賃率は@150円なので、次のように標準原価を計算します。

1個当たりの標準原価　@150円×2,150時間＝322,500円
標準賃率　標準時間

❹この計算式を図にすると、タテに標準賃率@150円、ヨコに標準時間2,150時間を書き、タテ×ヨコで標準原価（図の面積）を表すことができます。

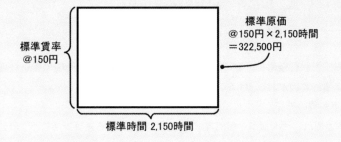

標準賃率 @150円

標準原価 @150円×2,150時間 ＝322,500円

標準時間 2,150時間

ステップ2 直接労務費の実際原価を計算します。

❶「3. 当月の実際原価データ」を使って計算します。

直接労務費の実際原価　@148円×2,200時間＝325,600円
実際賃率　実際時間

❷ この計算式を図にすると、タテに実際賃率@148円、ヨコに実際時間2,200時間を書き、タテ×ヨコで実際原価（図の面積）を表すことができます。

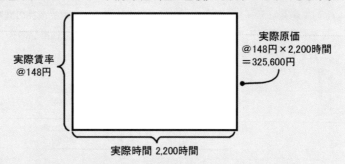

実際賃率 @148円

実際時間 2,200時間

実際原価
@148円 × 2,200時間
＝325,600円

ステップ3 　直接労務費の差異分析をします。

❶ 標準原価と実際原価の差額が直接労務費差異です。

直接労務費差異　322,500円 － 325,600円 ＝ △3,100円
　　　　　　　　標準原価　　　実際原価　　マイナスなので、不利差異・借方差異

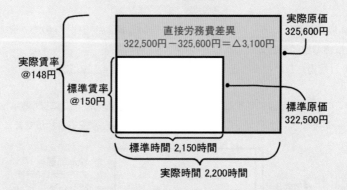

実際賃率 @148円

標準賃率 @150円

実際原価 325,600円

直接労務費差異
322,500円 － 325,600円 ＝ △3,100円

標準原価 322,500円

標準時間 2,150時間

実際時間 2,200時間

❷ 直接労務費差異は、賃率の違いから出る賃率差異と、時間の違いから出る時間差異の2つに分けることができます。

〈賃率差異の計算〉

賃率差異は、標準賃率と実際賃率の違いから発生する差異であり、次の公式で計算します。

> **賃率差異 ＝（標準賃率 － 実際賃率）× 実際時間**

公式を使うと賃率差異は4,400円と計算できます。

賃率差異　（@150円 － @148円）× 2,200時間 ＝ 4,400円
　　　　　　標準賃率　　実際賃率　　　実際時間　　プラスなので、有利差異・貸方差異

〈時間差異の計算〉

時間差異は、標準時間と実際時間の違いから発生する差異であり、次の公式で計算します。

時間差異 = 標準賃率 × (標準時間 − 実際時間)

公式を使うと時間差異は△7,500円と計算できます。標準時間はステップ1で計算した標準時間2,150時間を使います。

時間差異 <u>@150円</u> × (<u>2,150時間</u> − <u>2,200時間</u>) = <u>△7,500円</u>
　　　　　標準賃率　　　標準時間　　　実際時間　マイナスなので、不利差異・借方差異

❸ 賃率差異と時間差異を図で表すと次のようになります。

標準原価の図と実際原価の図を重ね合わせたもので、数字の大小にかかわらず常に内側に標準原価の図、外側に実際原価の図を書きます。

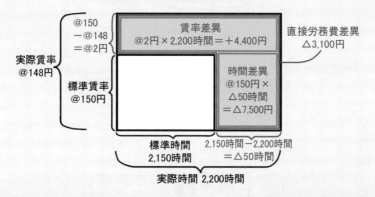

賃率差異と時間差異は公式を使って計算できますが、差異分析の図を書いて計算した方が、速く正確に解けます。差異分析の図を書くことで❶情報を整理し、❷公式が思い出しやすくなります。

図を使って解く方法

例題を差異分析の図を使って解く方法と図の書き方を説明します。

ステップ1 労務費の差異分析の図を書きます。この図は暗記して、問題を解くときに自分で書くことが必要です。

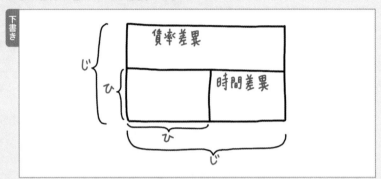

ひじと覚えよう。ひ…標準　じ…実際

ステップ2 問題文の情報を埋めます。タテに賃率、ヨコに時間を埋めます。

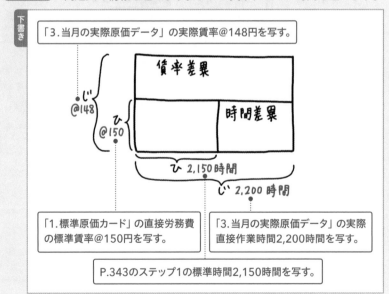

346

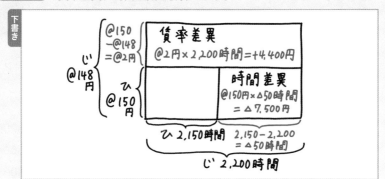

差異分析の計算は、ひ（標準）からじ（実際）を引き算して計算するのがコツです。図の面積を計算しているイメージですが、公式に当てはめるための図なので、数学の図や計算とは違うことに注意しましょう。金額の大小にかかわらず「標準－実際」という計算をするのがポイントです。

〈賃率差異の計算〉

差異分析の図のタテの数値から出る差異です。賃率差異は、（標準賃率@150円－実際賃率@148円）×2,200時間＝＋4,400円で答えがプラスなので有利差異です。標準の賃率より実際の賃率が安く済んだ状況で、会社にとっては有利な差異です。

（<u>@150円</u>－<u>@148円</u>）×2,200時間＝<u>＋4,400円</u>
　　ひ　　　　じ　　　　　　　　　プラスなので、有利差異・貸方差異

〈時間差異の計算〉

差異分析の図のヨコの数値から出る差異です。時間差異は、@150円×（標準時間2,150時間－実際時間2,200時間）＝△7,500円で答えがマイナスなので不利差異です。標準の時間より実際の時間が多くなってしまった状況で、会社にとっては不利な差異です。

@150円×（<u>2,150時間</u>－<u>2,200時間</u>）＝<u>△7,500円</u>
　　　　　　ひ　　　　じ　　　　　マイナスなので、不利差異・借方差異

仮に、実際時間の方が大きいからといって@150円×（実際時間2,200時間－標準時間2,150時間）＝＋7,500円のように計算すると、答えがプラスになってしまいます。会社にとっては不利な差異なのに、有利差異と計算されてしまい、間違った答えになります。

練習問題　Chapter15 04-06

次の資料にもとづいて、直接材料費と直接労務費の原価差異分析を行いなさい。

1. 製品Ａ標準原価カード

直接材料費 1,400円/kg(標準単価)	2kg(標準消費量)	2,800円
直接労務費 1,300円/時間(標準賃率)	2時間(標準直接作業時間)	2,600円
製造間接費 2,300円/時間(標準配賦率)	2時間(標準直接作業時間)	4,600円
製品1単位当たり標準製造原価		10,000円

※製造間接費は、直接作業時間を配賦基準として配賦される。
　製造間接費の月間固定費予算：4,000,000円、基準操業度：月間2,500時間である。

2. 製品Ａの8月の月初仕掛品量は100個、製品完成量は1,200個、月末仕掛品量は100個であった。なお、月初仕掛品、月末仕掛品の加工進捗度はともに50%であった。当月の原価要素ごとの実際発生額は次のとおりであった。

直接材料費
　1,430円/kg(実際単価)×2,430kg(実際消費量)＝3,474,900円
直接労務費
　1,320円/時間(実際賃率)×2,410時間(実際直接作業時間)＝3,181,200円
製造間接費　6,125,000円

[答案用紙]
直接材料費の標準消費量 ＿＿＿＿＿＿kg
直接材料費差異（総差異）＿＿＿＿＿円（　　）差異
①価格差異 ＿＿＿＿＿円（　　）差異
②数量差異 ＿＿＿＿＿円（　　）差異
直接労務費の標準直接作業時間 ＿＿＿＿＿時間
直接労務費差異（総差異）＿＿＿＿＿円（　　）差異
①賃率差異 ＿＿＿＿＿円（　　）差異
②時間差異 ＿＿＿＿＿円（　　）差異
※（　　）には、有利または不利を記入すること。

解説・解答

材料費と労務費の原価差異の分析の問題。試験でも本問と同じレベルの問題がよく出題されるので、練習しておこう。

ステップ1 仕掛品のBOX図を書き、投入数を計算する。次に投入数を利用して、直接材料費の標準消費量と直接労務費の標準直接作業時間を計算する。

下書き				
		仕掛品（材料費）		
	月初	100個	完成	1,200個
	投入	1,200個		
			月末	100個
		仕掛品（加工費）		
	月初	50個	完成	1,200個
	投入	1,200個		
			月末	50個

〈直接材料費の標準消費量〉

投入の個数は仕掛品のBOX図（材料費）の投入1,200個を使い、「製品A標準原価カード」の直接材料費の標準消費量2kgを使って次のように計算する。

直接材料費の標準消費量 　<u>1,200個</u>× <u>2kg</u> ＝2,400kg
　　　　　　　　　　　　投入の個数　標準原価カード

〈直接労務費の標準作業時間〉

投入の個数は仕掛品のBOX図（加工費）の投入1,200個を使い、「製品A標準原価カード」の直接労務費の標準直接作業時間2時間を使って次のように計算する。

直接労務費の標準直接作業時間 　<u>1,200個</u>×<u>2時間</u>＝2,400時間
　　　　　　　　　　　　　　投入の個数　標準原価カード

Part
4
標準・直接

Ch
15
標準原価計算

材料費の価格差異、数量差異、総差異を計算する。差異分析の計算は、ひ（標準）からじ（実際）を引き算して計算する。

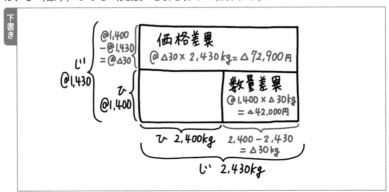

〈価格差異〉

差異分析の図の価格の差（タテの数字の差）から出る差異。

$(@1,400円 − @1,430円) × 2,430kg = △72,900円$
  ひ   じ   マイナスなので、不利差異・借方差異

〈数量差異〉

差異分析の図の数量の差（ヨコの数字の差）から出る差異。

$@1,400円 × (2,400kg − 2,430kg) = △42,000円$
     ひ じ マイナスなので、不利差異・借方差異

〈直接材料費差異（総差異）〉

価格差異と数量差異の合計が直接材料費差異（総差異）である。

$△72,900円 + △42,000円 = △114,900円$
 価格差異 数量差異 マイナスなので、不利差異・借方差異

また、直接材料費差異（総差異）は標準原価と実際原価の差額と一致する。

$(@1,400円 × 2,400kg) − (@1,430円 × 2,430kg) = △114,900円$
  標準原価   実際原価

労務費の賃率差異、時間差異、総差異を計算する。差異分析の計算は、ひ（標準）からじ（実際）を引き算して計算する。

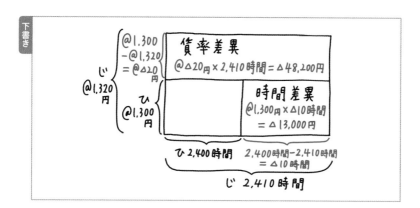

〈賃率差異〉

差異分析の図の賃率の差（タテの数字の差）から出る差異。

$$(\underset{ひ}{@1,300円} - \underset{じ}{@1,320円}) \times 2,410時間 = \underset{\text{マイナスなので、不利差異・借方差異}}{△48,200円}$$

〈時間差異〉

差異分析の図の時間の差（ヨコの数字の差）から出る差異。

$$@1,300円 \times (\underset{ひ}{2,400時間} - \underset{じ}{2,410時間}) = \underset{\text{マイナスなので、不利差異・借方差異}}{△13,000円}$$

〈直接労務費差異（総差異）〉

賃率差異と時間差異の合計が直接労務費差異（総差異）である。

$$\underset{\text{賃率差異}}{△48,200円} + \underset{\text{時間差異}}{△13,000円} = \underset{\text{マイナスなので、不利差異・借方差異}}{△61,200円}$$

また、直接労務費差異（総差異）は標準原価と実際原価の差額と一致する。

$$(\underset{\text{標準原価}}{@1,300円 \times 2,400時間}) - (\underset{\text{実際原価}}{@1,320円 \times 2,410時間}) = △61,200円$$

解答

直接材料費の標準消費量　　　2,400kg
直接材料費差異（総差異）　114,900円（不利）差異
①価格差異　72,900円（不利）差異
②数量差異　42,000円（不利）差異
直接労務費の標準直接作業時間　　　2,400時間
直接労務費差異（総差異）　61,200円（不利）差異
①賃率差異　48,200円（不利）差異
②時間差異　13,000円（不利）差異

原価差異の分析③ 製造間接費（理解）

　材料費と労務費の原価差異の分析を学びましたが、製造間接費の原価差異の分析は少し複雑になります。内容の理解と実践に分けて学習します。

こんにちは〜

あっ パブロフくん

ガチャ

そろそろ翌期の
予算を作らなきゃね

えっ

肉まん食べる？

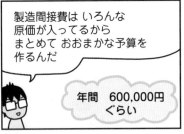

製造間接費は いろんな
原価が入ってるから
まとめて おおまかな予算を
作るんだ

年間　600,000円
ぐらい

頑張ってね！

…うん

バタン

よさん？

理解のための用語説明

実際操業度
実際に、工場が月間に稼働した時間のこと。

基準操業度
1年間に工場が稼働する時間の基準値のこと。1年分の基準値を、12か月で割って、月間の基準操業度として利用する。

標準操業度
標準時間を使った操業度。「1個当たりの標準時間×当月投入量」で求められる。

製造間接費の予算とは

材料費や労務費と違い、製造間接費の原価差異の分析には**予算**が関わってきます。予算というのは、翌期1年間にどれだけお金を使うか、前もって見積もっておくことです。

工場では、翌期が始まる前に年間の予算を決めます。1年間でどれだけの製造間接費が発生するか見積もり（**予算額**）、生産ラインを稼働させる時間（**基準操業度**）も決めておきます。

会計期間が4月1日から3月31日までの会社の場合、1月ごろから翌期の予算を作り始めます。

製造間接費の原価差異（製造間接費差異）

材料費や労務費では、「標準」と「実際」の差が原価差異となっていました。製造間接費ではもっと詳しく原価差異を分析するため、「標準」と「実際」と「予算」それぞれの差を原価差異とします。「標準」は目標、「実際」は実際に発生したもの、「予算」は見積もりになります。金額と操業度について、次の用語を使います。

	標準	実際	予算
金　額	標準配賦額	実際発生額	予算額
操業度	標準操業度	実際操業度	基準操業度

製造間接費の原価差異（製造間接費差異）は、**予算差異**、**操業度差異**、**能率差異**の3つに分けることができます。

> **製造間接費差異 ＝ 予算差異 ＋ 操業度差異 ＋ 能率差異**

また、能率差異を変動費能率差異と固定費能率差異に分けて、4つに分ける場合もあります。

> **製造間接費差異 ＝ 予算差異 ＋ 操業度差異 ＋ 変動費能率差異 ＋ 固定費能率差異**

製造間接費の予算の種類

予算には、**変動予算（公式法変動予算）** と固定予算の2種類があります。まずは公式法変動予算について学習します。固定予算についてはP.380で学習します。

公式法変動予算

変動予算（公式法変動予算）とは、月間の稼働した時間（操業度）によって金額が変わる予算のことです。変動予算は、製造間接費を変動費と固定費に分けて考えます。

変動費とは、製品を作れば作るほど必要になる原価のことをいいます。原価が生産数により変動するため、変動費といいます。

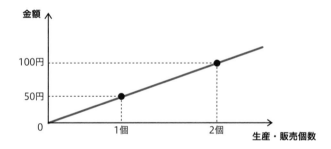

固定費とは、製品をどれだけ作っても金額が変わらない費用のことをいいます。原価が生産数により変動せず固定しているため、固定費といいます。

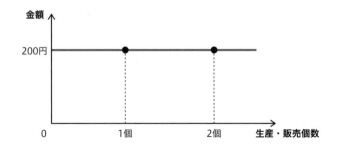

予算差異とは

予算差異とは、製造間接費の実際発生額と予算額（**予算許容額**）との差から出る差異です。予算差異は、実際に発生した金額が、予算として見積もっていた製造間接費の金額より、どれだけ多かったのかまたは少なかったのかを表しています。予算差異は次の計算式で計算します。

予算差異＝予算許容額－実際発生額

公式法変動予算では、次のように操業度によって予算の金額が変わります。この変化する予算の金額を予算許容額といいます。操業度300時間、操業度350時間、操業度400時間と増えると予算許容額も増えていきます。

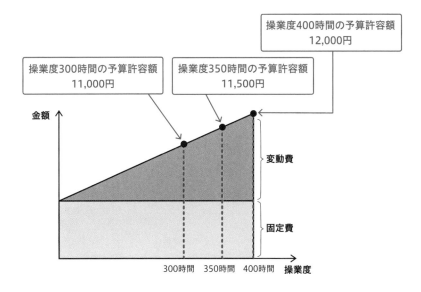

操業度300時間の予算許容額
11,000円

操業度350時間の予算許容額
11,500円

操業度400時間の予算許容額
12,000円

予算許容額と予算差異をどのように計算するかについては、P.358の例題を使って見ていきます。

 直接材料費や直接労務費の原価差異は、図の面積のイメージだったよね。一方、製造間接費の原価差異は、図の面積ではないので注意しよう。

操業度差異とは

　製品を作る機械の減価償却費は、利用度（操業度）に関係なく、一定金額が発生します。つまり、機械をまったく使っていなくても費用が発生するので、機械をたくさん使った方が得というわけです。月間の稼働予定より、たくさん稼働しているかどうかは、操業度差異を使えばわかります。

　操業度差異とは、実際操業度（実際の稼働時間）と基準操業度（予定の稼働時間）がズレることで発生する差異のことをいいます。固定費からのみ発生します。操業度差異は次の計算式で計算します。

> **操業度差異＝固定費率×（実際操業度－基準操業度）**

　固定費率とは1時間当たりの固定費予算額のことで、次の計算式で計算できます。

> **固定費率＝固定費予算額÷基準操業度**

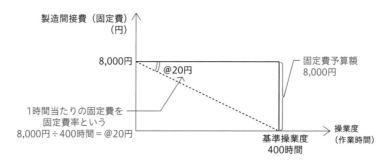

　固定費率や操業度差異をどのように計算するのかについては、P.358の例題を使って見ていきます。

能率差異とは

　製品を作る機械の調子が悪くなり、1時間で1個作れるはずなのに、1個作るのに2時間かかってしまうことがあります。

　このように機械の能率が低下したことから発生する差異を、**能率差異**といいます。

　機械の能率が低下したかどうかは、標準操業度（投入数から計算した稼働時間）と実際操業度（実際の稼働時間）の差から把握できます。また、能率差異は変動費能率差異と固定費能率差異に分けることができ、次の計算式で計算します。

変動費能率差異＝変動費率×（標準操業度－実際操業度）
固定費能率差異＝固定費率×（標準操業度－実際操業度）

　固定費率は先ほど説明したものと同じです。

　変動費率とは1時間当たりの変動費予算額のことで、次の計算式で計算できます。

変動費予算額÷基準操業度＝変動費率

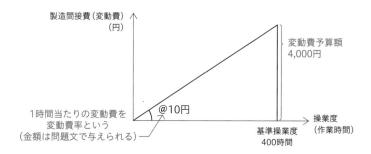

　変動費率や能率差異をどのように計算するのかについては、P.358の例題を使って見ていきます。

製造間接費の原価差異分析の解き方

変動予算（公式法変動予算）を使った製造間接費の原価差異分析の解き方を、例題を使って見ていきましょう。

例題 **次の資料にもとづいて、製造間接費の原価差異の分析を行いなさい。**

1. 標準原価カード

   直接材料費　@200円 × 10kg = 2,000円

   直接労務費　@150円 × 5時間 = 　750円

   製造間接費　@240円 × 5時間 = 1,200円

   製品1個当たり標準原価　　　　　3,950円

2. 生産実績データ

   月初仕掛品：　　20個（0.5）

   当月製品完成：420個

   月末仕掛品：　　40個（0.5）

3. 製造間接費の予算データ

   製造間接費予算額（年間）：6,048,000円

   基準操業度（年間）：25,200時間

   変動費率：@100円　固定費予算額（年間）：3,528,000円

4. 当月の実際原価データ

   製造間接費　532,400円

   実際直接作業時間（実際操業度）2,200時間

   注：材料はすべて工程の始点で投入している。
   　　仕掛品の（　　）内の数値は加工費の進捗度を示している。

- -

解答

製造間接費差異		16,400円	不利差異
内訳	予算差異	18,400円	不利差異
	操業度差異	14,000円	有利差異
	変動費能率差異	5,000円	不利差異
	固定費能率差異	7,000円	不利差異

解説

ステップ1　仕掛品のBOX図（加工費）を書きます。

資料「2. 生産実績データ」を使って仕掛品のBOX図（加工費）を書き、投入数430個を計算します。本問では製造間接費の差異分析を行うので、BOX図は加工費を使います。

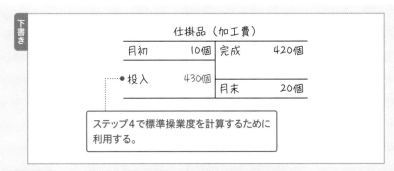

下書き

仕掛品（加工費）

月初	10個	完成	420個
投入	430個		
		月末	20個

ステップ4で標準操業度を計算するために利用する。

ステップ2 次の計算式で予算差異を計算します。

予算差異＝予算許容額－実際発生額

資料に「4. 当月の実際原価データ」があるので、実際発生額はすぐに532,400円とわかります。それでは、予算許容額はどのように計算すればよいのでしょうか。予算許容額は次の計算式で計算します。

予算許容額＝変動費率×実際操業度＋固定費予算額

なぜこの計算式で計算できるかというと、次の図に当てはめるとわかりやすいです。予算許容額は操業度によって金額が変わりますが、固定費予算額は、操業度によって変化せず、変動費の部分の金額が操業度によって変わることがわかります。

〈予算許容額と予算差異の計算〉

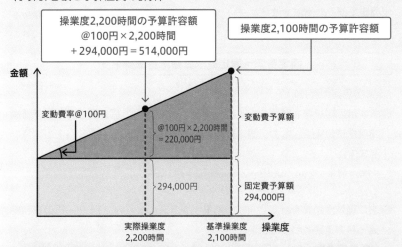

操業度2,200時間の予算許容額
@100円×2,200時間
＋294,000円＝514,000円

操業度2,100時間の予算許容額

金額

変動費率@100円

@100円×2,200時間
＝220,000円

変動費予算額

294,000円

固定費予算額
294,000円

実際操業度
2,200時間

基準操業度
2,100時間

操業度

※今回は実際操業度より基準操業度が小さいが、分析の図なので基準操業度は常に右側に書く。

❶ まずは予算許容額を計算するために必要な情報を整理します。変動費率、実際操業度は資料に書いてあります。固定費予算額と基準操業度は年間の数字から1か月分の数字に修正する必要があります。

変動費率　@100円
　　　　　資料3変動費率

実際操業度　2,200時間
　　　　　　資料4実際直接作業時間

固定費予算額　3,528,000円÷12か月＝294,000円
　　　　　　　資料3固定費予算額（年間）

基準操業度　25,200時間÷12か月＝2,100時間
　　　　　　資料3基準操業度（年間）

❷ 次に予算許容額を計算します。実際操業度が2,200時間なので、操業度2,200時間における予算許容額を計算する必要があります。

予算許容額　@100円×2,200時間+294,000円＝514,000円
　　　　　　変動費率　　実際操業度　　固定費予算額

❸ 最後に予算差異を計算します。結果がマイナスになるので18,400円の不利差異・借方差異とわかります。

予算差異　514,000円－532,400円＝△18,400円
　　　　　予算許容額　　　実際発生額　　マイナスなので、不利差異・借方差異

（ステップ 3）　次の計算式で操業度差異を計算します。

操業度差異＝固定費率×（実際操業度－基準操業度）

実際操業度と基準操業度はステップ2で計算済みですが、固定費率はわからないので、次の計算式で計算します。

固定費率＝固定費予算額÷基準操業度

〈操業度差異の計算〉

❶ まずは固定費率を計算します。ステップ2で計算した固定費予算額と基準操業度を使います。なお、固定費率は、資料3の年間の数字を使っても計算できます。

固定費率　294,000円÷2,100時間＝@140円
　　　　　固定費予算額　　基準操業度

❷ 次に操業度差異を計算します。結果がプラスになるので14,000円の有利差異・貸方差異とわかります。

操業度差異　@140円×（2,200時間－2,100時間）＝＋14,000円
　　　　　　固定費率　　実際操業度　　　基準操業度　プラスなので、有利差異・貸方差異

次の計算式で能率差異を計算します。

> **変動費能率差異 = 変動費率 × (標準操業度 − 実際操業度)**
> **固定費能率差異 = 固定費率 × (標準操業度 − 実際操業度)**

変動費率と固定費率、実際操業度はわかっていますが、標準操業度を計算する必要があります。

〈能率差異の計算〉

❶ まずは標準操業度を計算します。「1. 標準原価カード」の製造間接費を見ると、製品1個作るのに5時間かかることがわかります。ステップ1より投入数は430個なので、標準操業度は次のとおりです。

標準操業度　430個 × 5時間 = 2,150時間
　　　　　　　投入の個数　標準原価カード

❷ 次に変動費能率差異と固定費能率差異を計算します。

変動費能率差異　@100円 × (2,150時間 − 2,200時間) = △5,000円
　　　　　　　　　変動費率　　　標準操業度　　実際操業度　マイナスなので、不利差異

固定費能率差異　@140円 × (2,150時間 − 2,200時間) = △7,000円
　　　　　　　　　固定費率　　　標準操業度　　実際操業度　マイナスなので、不利差異

まとめて能率差異として解答する場合は、次のように計算します。

能率差異　△5,000円 + △7,000円 = △12,000円
　　　　　変動費能率差異　固定費能率差異　マイナスなので、不利差異・借方差異

製造間接費差異を計算します。

〈製造間接費差異〉

予算差異、操業度差異、変動費能率差異、固定費能率差異の合計が製造間接費差異です。

△18,400円 + 14,000円 △5,000円 △7,000円 = △16,400円
予算差異　　操業度差異　変動費能率差異 固定費能率差異　マイナスなので、不利差異・借方差異

また、製造間接費差異は標準原価と実際発生額の差額と一致します。

(@240円 × 2,150時間) − 532,400円 = △16,400円
　　標準原価　　　　　　実際発生額

原価差異の分析④ 製造間接費（実践）

　製造間接費の原価差異の仕組みを理解したところで、実際に解くときのテクニックを学んでいきましょう。シュラッター図という図を使って、原価差異を分析します。

理解のための用語説明

● シュラッター図
製造間接費の原価差異の分析を行うときに使用する図の名称。正式名称は、シュラッター・シュラッター図で、開発者のMr.C.F.Schlatter と Mr.W.J.Schlatter の2人の名前が由来。

図を使って解く方法

これまでは製造間接費の差異を計算式で計算する方法を学習しましたが、たくさんの計算式を暗記しなければならず、解く時間もかかります。そこで問題を解くさいは、下の図（シュラッター図）を使うと速く正確に解けるようになります。最初は難しく感じるかもしれませんが、試験ではこちらの方法で解くことができるよう、何度も練習しましょう。

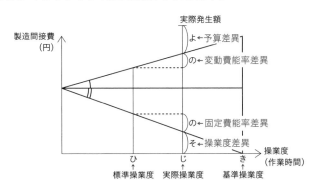

例題 次の資料にもとづいて、製造間接費の原価差異の分析を行いなさい。

1. 標準原価カード
   直接材料費　@200円 × 10kg ＝ 2,000円
   直接労務費　@150円 × 5時間 ＝　750円
   製造間接費　@240円 × 5時間 ＝ 1,200円
   　製品1個当たり標準原価　　　 3,950円

2. 生産実績データ
   月初仕掛品：　 20個（0.5）
   当月製品完成：420個
   月末仕掛品：　 40個（0.5）

3. 製造間接費の予算データ
   製造間接費予算額（年間）：6,048,000円
   基準操業度（年間）：25,200時間
   変動費率：@100円　固定費予算額（年間）：3,528,000円

4. 当月の実際原価データ
   製造間接費　532,400円
   実際直接作業時間（実際操業度）2,200時間

注：材料はすべて工程の始点で投入している。
　　仕掛品の（　）内の数値は加工費の進捗度を示している。

製造間接費差異		16,400円	不利差異
内訳	予算差異	18,400円	不利差異
	操業度差異	14,000円	有利差異
	変動費能率差異	5,000円	不利差異
	固定費能率差異	7,000円	不利差異

解説

ステップ 1 仕掛品のBOX図（加工費）を書き、投入数430個を計算します。

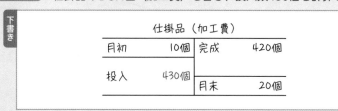

ステップ 2 製造間接費の差異分析の図（シュラッター図）を書きます。

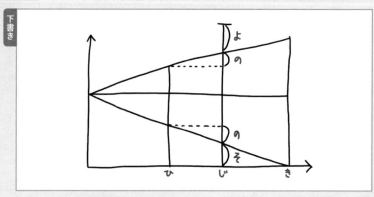

よのそひじきと覚えよう。

よ…予算差異　　の…能率差異　　そ…操業度差異

ひ…標準　　　　じ…実際　　　　き…基準

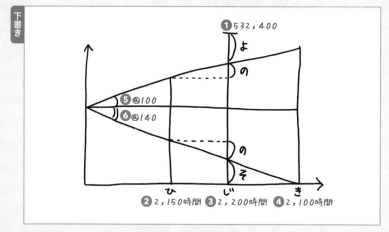

❶ 当月の実際発生額　532,400円
　　　　　　　　　　資料4製造間接費

❷ 標準操業度　430個×5時間＝2,150時間
　　　　　　　投入の個数　資料1標準原価カード

❸ 実際操業度　2,200時間
　　　　　　　資料4実際操業度

❹ 基準操業度　25,200時間÷12か月＝2,100時間
　　　　　　　資料3基準操業度

❺ 変動費率　@100円
　　　　　　資料3変動費率

❻ 固定費率　年間3,528,000円÷25,200時間＝@140円
　　　　　　資料3固定費予算額　資料3基準操業度

ステップ4 操業度差異、能率差異、予算差異を計算します。

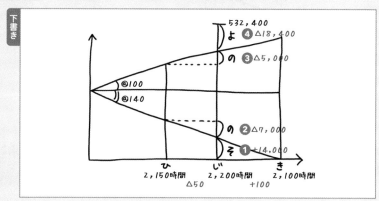

計算のルール 「ひ−じ」「じ−き」

シュラッター図にもとづいて、差異分析を行うと次のようになります。シュラッター図の左下を基点として、内側から外側を引き算して計算するのがコツです。

そ **❶ 操業度差異** @140円 × 100時間 = ＋14,000円
　　　　　　　固定費率　　　　　　　　　　　　プラスなので、有利差異・貸方差異

$$実際2,200時間 − 基準2,100時間$$

の **❷ 能率差異（固定費）** @140円 × △50時間 = △7,000円
　　　　　　　　　固定費率　　　　　　　　マイナスなので、不利差異

$$標準2,150時間 − 実際2,200時間$$

の **❸ 能率差異（変動費）** @100円 × △50時間 = △5,000円
　　　　　　　　　変動費率　　　　　　　　マイナスなので、不利差異

よ **❹ 予算差異** $$標準2,150時間 − 実際2,200時間$$

当月の固定費予算額 3,528,000円 ÷ 12か月 = 294,000円
　　　　　　　資料3固定費予算額

当月の変動費予算額 @100 × 2,200時間 = 220,000円
　　　　　　　図の変動費　図の実際操業度

製造間接費の実際発生額 532,400円
　　　　　　　図の実際発生額

予算差異 （294,000円 ＋ 220,000円） − 532,400円 = △18,400円
　　　　　予算許容額　　　　　　　実際発生額　マイナスなので、不利差異・借方差異

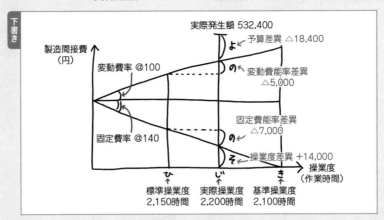

ステップ5 予算差異、操業度差異、変動費能率差異、固定費能率差異を合計して製造間接費差異を計算します。計算はP.361ステップ5と同じです。

能率差異の4分法と3分法

　今まで学習してきた標準原価計算の製造間接費の差異分析は、予算差異、変動費能率差異、固定費能率差異、操業度差異の4つに分ける方法（4分法）です。このほかに3分法という差異分析の方法もあります。

〈3分法①〉

能率差異＝変動費能率差異＋固定費能率差異

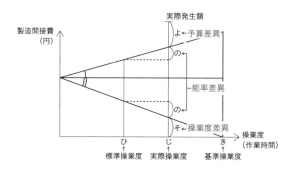

〈3分法②〉

能率差異＝変動費能率差異

操業度差異＝固定費能率差異＋操業度差異

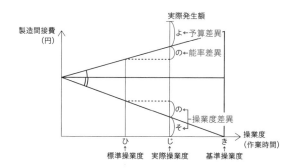

　すべての基礎となる4分法が大切ですので覚えておきましょう。3分法が出題される場合、能率差異の範囲について指示がありますので、指示に従って解けば大丈夫です。

4分法	3分法①	3分法②
予算差異	予算差異	予算差異
変動費能率差異	能率差異	能率差異
固定費能率差異		操業度差異
操業度差異	操業度差異	

練習問題　Chapter15 07-08

次の資料にもとづいて、製造間接費の原価差異分析を行いなさい。

1. 製品A標準原価カード

直接材料費 1,400円/kg(標準単価)	2kg(標準消費量)	2,800円
直接労務費 1,300円/時(標準賃率)	2時間(標準直接作業時間)	2,600円
製造間接費 2,300円/時(標準配賦率)	2時間(標準直接作業時間)	4,600円
製品1単位当たり標準製造原価		10,000円

※製造間接費は、直接作業時間を配賦基準として配賦される。
　製造間接費の月間固定費予算：4,000,000円、基準操業度：月間2,500時間である。

2. 製品Aの8月の月初仕掛品量は100個、製品完成量は1,200個、月末仕掛品量は100個であった。なお、月初仕掛品、月末仕掛品の加工進捗度はともに50%であった。当月の原価要素ごとの実際発生額は次のとおりであった。

直接材料費
　1,430円/kg(実際単価)×2,430kg(実際消費量)＝3,474,900円

直接労務費
　1,320円/時(実際賃率)×2,410時間(実際直接作業時間)＝3,181,200円

製造間接費　6,125,000円

3. 製造間接費は公式法変動予算を採用しており、能率差異は変動費と固定費からなるものとする。

[答案用紙]

製造間接費差異（総差異）＿＿＿＿＿＿＿円（　　　　）差異
①予算差異　＿＿＿＿＿＿＿円（　　　　）差異
②操業度差異　＿＿＿＿＿＿＿円（　　　　）差異
③能率差異　＿＿＿＿＿＿＿円（　　　　）差異
※（　　　　）には、有利または不利を記入すること。

368

解説・解答

製造間接費の原価差異の分析の問題。試験でも本問と同じレベルの問題がよく出題されますので、練習しておこう。

ステップ1 仕掛品（加工費）のBOX図を書き、投入数を計算する。

下書き

仕掛品（加工費）

月初	50個	完成	1,200個
投入	1,200個	月末	50個

ステップ2 製造間接費の差異分析の図（シュラッター図）を書く。問題文に「製造間接費は公式法変動予算を採用」と指示があるので、シュラッター図を使う。

下書き

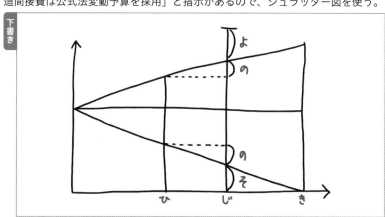

よのそひじきと覚えよう。

よ…予算差異　　の…能率差異　　そ…操業度差異

ひ…標準　　じ…実際　　き…基準

下書き

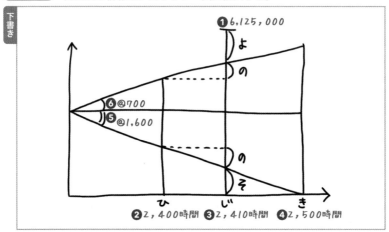

❶ 当月の実際発生額　6,125,000円
　　　　　　　　　製造間接費の実際発生額

❷ 標準操業度　1,200個×2時間＝2,400時間
　　　　　　　投入の個数　標準原価カード

❸ 実際操業度　2,410時間
　　　　　　　実際直接作業時間

❹ 基準操業度　2,500時間
　　　　　　　標準原価カードの※基準操業度：月間

❺ 固定費率　月間4,000,000円÷月間 2,500時間＝@1,600円
　　　　　　月間固定費予算　　　基準操業度

❻ 変動費率　@2,300円－@1,600円＝@700円
　　　　　　標準配賦率　固定費率

シュラッター図にもとづいて、差異分析を行う。シュラッター図の左下を基点として、内側から外側を引き算して計算する。

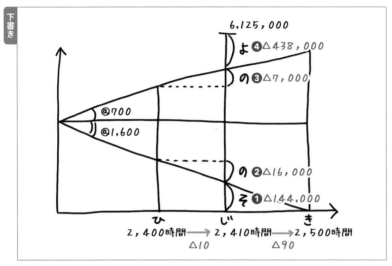

そ❶操業度差異　@1,600円×△90時間＝△144,000円
　　　　　　　　固定費率　　●　　　マイナスなので、不利差異

　　　　　　　実際2,410時間−基準2,500時間

の❷能率差異（固定費）　@1,600円×△10時間＝△16,000円
　　　　　　　　　　　　固定費率　　●　　　マイナスなので、不利差異

　　　　　　　標準2,400時間−実際2,410時間

の❸能率差異（変動費）　@700円×△10時間＝△7,000円
　　　　　　　　　　　　変動費率　　●　　　マイナスなので、不利差異

　　　　　　　標準2,400時間−実際2,410時間

ここで「能率差異は変動費と固定費からなるもの」と指示があるので、能率差異（固定費）と能率差異（変動費）を合計する。

能率差異合計　△16,000円 ＋ △7,000円 ＝ △23,000円
　　　　　　　固定費能率差異　変動費能率差異　マイナスなので、不利差異

よ❹予算差異

　当月の固定費予算額　4,000,000円
　　　　　　　標準原価カードの※月間固定費予算

当月の変動費予算額　@700円×2,410時間＝1,687,000円
　　　　　　　　　　　図の変動費率 図の実際操業度

製造間接費の実際発生額　6,125,000円
　　　　　　　　　　　図の実際発生額

予算差異（4,000,000円＋1,687,000円）－6,125,000円＝△438,000円
　　　　　　　　　予算許容額　　　　　　　実際発生額　　マイナスなので、不利差異

❺製造間接費差異（総差異）　❶〜❹の合計　△605,000円（不利差異）

また、製造間接費差異（総差異）は標準原価と実際発生額の差額と一致する。

（@2,300円×2,400時間）－6,125,000円＝△605,000円
　　　　標準原価　　　　　　　実際発生額　　マイナスなので、不利差異

解答

製造間接費差異（総差異）　　605,000円（不利）差異
①予算差異　　　438,000円（不利）差異
②操業度差異　　144,000円（不利）差異
③能率差異　　　　23,000円（不利）差異

豆知識 **固定予算の原価差異分析（標準原価計算）**

　予算には、公式法変動予算のほかに固定予算もあります。固定予算とは、月間の稼働した時間にかかわらず、金額を固定的に決めてしまう予算のことです。固定予算では、製造間接費はすべて固定費と考えます。

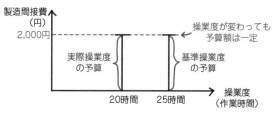

　固定予算の原価差異分析は変動費と固定費を分けていないため、詳細な差異の分析を行うことができません。このため、標準原価計算では固定予算ではなく変動予算（公式法変動予算）の原価差異分析を行うことがほとんどで、簿記2級の試験で出題されたことはありません。下の例題はさらっと読んでおけば十分です。なお、P.380で学習する「実際原価計算の固定予算の原価差異分析」は試験で出題されますので、注意しましょう。

例題 P.363の例題と同じ条件で、固定予算の製造間接費の差異分析を行いなさい。

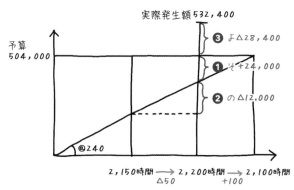

そ**❶ 操業度差異**　@240円×100時間＝＋24,000円（有利差異・貸方差異）
　　　　　　標準配賦率　　実際2,200時間−基準2,100時間

の**❷ 能率差異**　@240円×△50時間＝△12,000円（不利差異・借方差異）
　　　　　　標準配賦率　　標準2,150時間−実際2,200時間

よ**❸ 予算差異**
当月の固定予算　6,048,000円÷12か月＝504,000円
製造間接費の実際発生額　532,400円
予算差異　504,000円−532,400円＝△28,400円（不利差異・借方差異）
　　　　　　固定予算　　実際発生額

実際原価計算の原価差異の分析

　製造間接費の原価差異の分析は、標準原価計算だけでなく実際原価計算でも行います。どのように分析するか見ていきましょう。

実際原価計算の製造間接費の原価差異

　実際原価計算の製造間接費の原価差異は、製造間接費を予定配賦する場合に発生します。予定配賦はChapter07-04で学習しました。

　実際原価計算の製造間接費の原価差異については、本来であればChapter07で学習する内容ですが、標準原価計算の原価差異の分析と似ており、標準原価計算の原価差異の分析との違いだけ理解すればよいので、ここで学習します。

　標準原価計算の原価差異の分析では、「標準」と「実際」と「予算」を使いました。実際原価計算の原価差異の分析では、「予定」と「実際」と「予算」を使います。「実際」と「予算」は、標準原価計算の原価差異の分析と同じです。Chapter07-04で学習したように、「予定」はあらかじめ決められた配賦率を使った金額のことです。

	予定	実際	予算
金　額	予定配賦額	実際発生額	予算額
操業度	―	実際操業度	基準操業度

　上の表でわかるように、予定操業度がないことが実際原価計算の原価差異の特徴です。P.126で学習しましたが、予定配賦額の計算式は次のようになり、予定操業度ではなく実際操業度を掛けています。

$$\boxed{予定配賦額 = 予定配賦率 \times 実際操業度}$$

年間予算額÷基準操業度

　金額も操業度も「標準」を使うのが標準原価計算、予定という考え方はあっても操業度は「実際」を使うのが実際原価計算、と原価計算の体系が決ま

っているのです。

実際原価計算の原価差異分析（変動予算）

　実際原価計算の製造間接費の原価差異分析は、変動予算（公式法変動予算）
と固定予算の2種類の問題が試験でよく出題されます。まずは変動予算（公
式法変動予算）の解き方について、例題を使って見ていきましょう。

例題　**一連の取引(1)(2)について、仕訳しなさい。**
　　　(1) 当月の実際操業度は120時間であったので、当月の製造間接費の予
　　　　　定配賦を行った。なお、当社は公式法変動予算を設定しており、年
　　　　　間の製造間接費予算額は450,000円（うち変動費予算額150,000円、
　　　　　固定費予算額300,000円）、年間の基準操業度は1,500時間である。
　　　(2) 当月の製造間接費の実際発生額は40,000円であったので、予定配賦
　　　　　額との差額を予算差異勘定と操業度差異勘定に振り替えた。

解答　(1) 仕掛品 36,000 / 製造間接費 36,000
　　　(2) 予算差異　　3,000 / 製造間接費 4,000
　　　　　操業度差異 1,000 /

解説

(1) 製造間接費の予定配賦の仕訳を書きます。ここはChapter07-04の内容で
　　す。
❶年間の予算額と基準操業度を使い、予定配賦率を計算します。次に当月の予
　定配賦額を計算します。
　　予定配賦率　450,000円÷1,500時間＝@300円
　　予定配賦額　@300円×120時間＝36,000円
❷製造間接費の予定配賦の仕訳を書きます。仕掛品が増えるので、左に仕掛品
　と書きます。製造間接費が減るので、右に製造間接費と書きます。
　　仕掛品 36,000 / 製造間接費 36,000

(2) 製造間接費の原価差異の分析を行います。(1)の問題文に「公式法変動予
　　算」と指示があり、年間の製造間接費予算額が変動費と固定費に分かれて
　　いることから、変動予算の差異分析を行います。また、問題文に「標準」

という言葉がないので、実際原価計算の原価差異の分析をすることがわかります。実際原価計算の原価差異では、能率差異は発生せず、予算差異と操業度差異のみが発生します。

(A) 計算式で解く方法

ステップ1　次の計算式で予算差異を計算します。

$$\textbf{予算差異＝予算許容額－実際発生額}$$

問題文より実際発生額は40,000円。予算許容額は標準原価計算と同じように、次の計算式で計算します。変動費率はP.357参照。

$$\textbf{予算許容額＝\underline{変動費率}×実際操業度＋固定費予算額}$$

> 変動費予算額÷基準操業度

〈予算許容額と予算差異の計算〉

❶ まずは予算許容額を計算するために必要な情報を整理します。

変動費率　150,000円÷1,500時間＝@100円

実際操業度　120時間

固定費予算額　300,000円÷12か月＝25,000円

基準操業度　1,500時間÷12か月＝125時間

❷ 次に予算許容額を計算します。

予算許容額　@100円×120時間＋25,000円＝37,000円

❸ 最後に予算差異を計算します。結果がマイナスになるので3,000円の不利差異・借方差異であることがわかります。

予算差異　<u>37,000円</u>－<u>40,000円</u>＝<u>△3,000円</u>
　　　　　予算許容額　　実際発生額　　マイナスなので、不利差異・借方差異

ステップ2　次の計算式で操業度差異を計算します。

$$\textbf{操業度差異＝固定費率×（実際操業度－基準操業度）}$$

実際操業度と基準操業度はステップ1で計算済みです。固定費率は標準原価計算と同じように、次の計算式で計算します。

$$\textbf{固定費率＝固定費予算額÷基準操業度}$$

〈操業度差異の計算〉

❶ まずは固定費率を計算します。ステップ1で計算した固定費予算額と基準操業度を使います。

固定費率　25,000円 ÷ 125時間 ＝ @200円
　　　　　固定費予算額　基準操業度

❷ 次に操業度差異を計算します。操業度差異はマイナスになるので1,000円の不利差異・借方差異であることがわかります。

操業度差異　@200円 ×（120時間 − 125時間）＝ △1,000円
　　　　　　固定費率　　実際操業度　基準操業度　　マイナスなので、不利差異・借方差異

ステップ 3　予算差異と操業度差異の仕訳を書きます。原価差異の仕訳の書き方はChapter07-04で学習した内容と同じ考え方で書きます。

❶ 予算差異は借方差異なので、借方（左）に予算差異と書きます。

❷ 操業度差異は借方差異なので、借方（左）に操業度差異と書きます。

❸ 右側に製造間接費と書きます。

予算差異　　3,000 ／製造間接費 4,000
操業度差異 1,000 ／

実際原価計算の原価差異の分析でも、試験では図を使って解くことをオススメします。次のページからは図を使った解き方を解説します。

（B）図を使って解く方法

ステップ1 基準操業度における変動費予算額と固定費予算額、基準操業度を記入します。変動費率と固定費率を計算します。

変動費率　12,500円÷125時間＝@100円

固定費率　25,000円÷125時間＝@200円

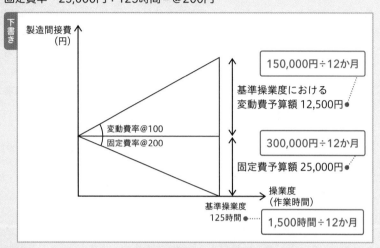

ステップ2 実際発生額と実際操業度を記入します。

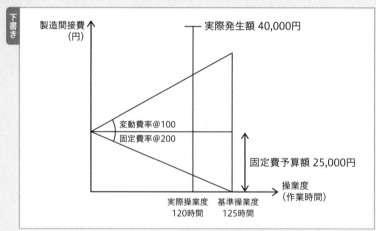

予算許容額を計算し記入します。図の位置から計算するか、P.376の計算式を使って計算します。

予算許容額　@100円×120時間＋25,000円＝37,000円

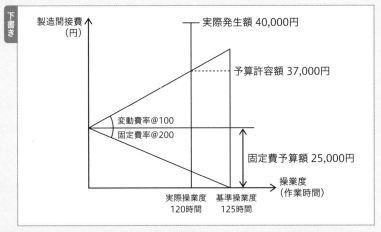

ステップ 4　予算差異と操業度差異を計算、記入します。原価差異の計算は図の内側－外側、と覚えておくと簡単に解けます。操業度差異は図の位置から計算するか、P.376の計算式を使って計算します。

予算差異　37,000円 － 40,000円 ＝△3,000円
　　　　　予算許容額　実際発生額　マイナスなので、不利差異・借方差異

操業度差異　@200円 × （120時間 － 125時間） ＝△1,000円
　　　　　　固定費率　実際操業度　基準操業度　マイナスなので、不利差異・借方差異

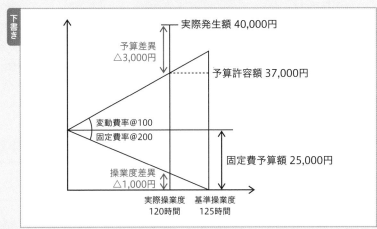

ステップ 5　予算差異と操業度差異の仕訳を書きます。P.377のステップ3と同じです。

Part
4

標準・直接

Ch
15

標準原価計算

実際原価計算の原価差異分析（固定予算）

変動費予算額と固定費予算額に分けて予算を作るのは手間がかかるので、年間の予算額だけを設定するのが固定予算です。実際原価計算で、ざっくりとした原価差異分析を行いたい場合に利用されます。固定予算の解き方について、例題を使って見ていきましょう。

例題 一連の取引（1）（2）について、仕訳しなさい。

（1）当月の実際操業度は120時間であったので、当月の製造間接費の予定配賦を行った。なお、当社は固定予算を設定しており、年間の製造間接費予算額は450,000円、年間の基準操業度は1,500時間である。

（2）当月の製造間接費の実際発生額は40,000円であったので、予定配賦額との差額を予算差異勘定と操業度差異勘定に振り替えた。

・・

解答 （1）仕掛品 36,000 / 製造間接費 36,000

（2）予算差異　　2,500 ╱ 製造間接費 4,000
　　操業度差異 1,500 ╱

解説

（1）製造間接費の予定配賦の仕訳を書きます。仕訳はP.375の（1）と同じであり、予定配賦の仕訳を書くさいには「固定予算」と「変動予算」とで違いはありません。

仕掛品 36,000 / 製造間接費 36,000

（2）製造間接費の原価差異の分析を行います。（1）の問題文に「固定予算」と指示があり、年間の製造間接費予算額が変動費と固定費に分かれていないことから、固定予算の差異分析を行います。

（A）計算式で解く方法

ステップ1 　予算差異を計算します。固定予算の場合、当月の予算額と実際発生額の差額で予算差異を計算します。変動予算と違い、予算許容額は出てきません。

予算差異＝予算額－実際発生額

当月の予算額　450,000円÷12か月＝37,500円

予算差異　37,500円－40,000円＝△2,500円
　　　　　　予算額　　実際発生額　マイナスなので、不利差異・借方差異

ステップ2 操業度差異を計算します。固定予算の場合、操業度差異は予定配賦率を使って計算します。

> **操業度差異＝予定配賦率×（実際操業度－基準操業度）**

予定配賦率　450,000円÷1,500時間＝@300円
基準操業度　1,500時間÷12か月＝125時間
操業度差異　<u>@300円×（120時間－125時間）＝△1,500円</u>
　　　　　　予定配賦率　実際操業度　基準操業度　マイナスなので、不利差異・借方差異

ステップ3 予算差異と操業度差異の仕訳を書きます。
❶予算差異は借方差異なので、借方（左）に予算差異と書きます。
❶操業度差異は借方差異なので、借方（左）に操業度差異と書きます。
❶右側に製造間接費と書きます。

予算差異　　2,500 ╱ 製造間接費 4,000
操業度差異 1,500╱

（B）図を使って解く方法

ステップ1 基準操業度、当月の予算額を記入します。予定配賦率を計算します。

予定配賦率　450,000円÷1,500時間＝@300円

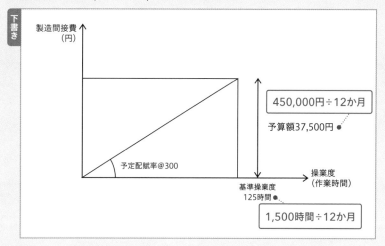

ステップ2 実際発生額と実際操業度を記入します。

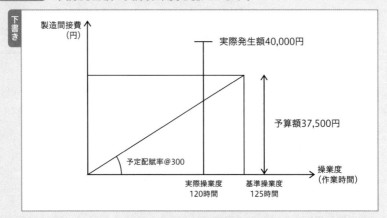

ステップ3 予算差異と操業度差異を計算し、記入します。原価差異の計算は図の内側－外側、と覚えておくと簡単に解けます。

予算差異　37,500円－40,000円＝△2,500円
　　　　　予算額　　実際発生額　マイナスなので、不利差異・借方差異

操業度差異　@300円×（120時間－125時間）＝△1,500円
　　　　　予定配賦率　実際操業度　基準操業度　マイナスなので、不利差異・借方差異

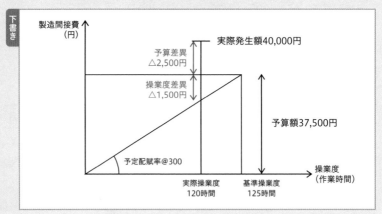

ステップ4 予算差異と操業度差異の仕訳を書きます。仕訳はP.377のステップ3と同じです。

問題1　　　　　　　　　　　　　　　　　　　　　　　　　　P.375

次の(1)(2)の取引について仕訳しなさい。ただし、勘定科目は次の中から
もっとも適当と思われるものを選ぶこと。

　　仕　掛　品　　　製造間接費　　　予 算 差 異　　　操業度差異

(1) 直接作業時間を配賦基準として、当月の製造間接費を予定配賦した。
　　当月の直接作業時間は1,390時間、当工場では公式法変動予算を採用
　　しており、年間の製造間接費予算は20,160,000円（うち変動費予算額
　　6,720,000円、固定費予算額13,440,000円）、年間の予定総直接作業
　　時間（基準操業度）は16,800時間である。

(2) 当月の製造間接費の実際発生額は1,674,000円であったので、予定配
　　賦額との差額を予算差異勘定と操業度差異勘定に振り替えた。

問題2　　　　　　　　　　　　　　　　　　　　　　　　　　P.380

次の(1)(2)の取引について仕訳しなさい。ただし、勘定科目は次の中から
もっとも適当と思われるものを選ぶこと。

　　仕　掛　品　　　製造間接費　　　予 算 差 異　　　操業度差異

(1) 直接作業時間を配賦基準として、当月の製造間接費を予定配賦した。
　　当月の直接作業時間は1,390時間、当工場の年間の製造間接費予算は
　　20,160,000円、年間の予定総直接作業時間（基準操業度）は16,800
　　時間である。

(2) 当月の製造間接費の実際発生額は1,674,000円であったので、予定配
　　賦額との差額を予算差異勘定と操業度差異勘定に振り替えた。

Part
4
標準・直接

Ch
15
標準原価計算

解説・解答

問題1

(1)

❶年間の予算額と基準操業度を使い、予定配賦率を計算する。次に当月の予定配賦額を計算する。

予定配賦率　20,160,000円÷16,800時間＝@1,200円
予定配賦額　@1,200円×1,390時間＝1,668,000円

❷製造間接費の予定配賦の仕訳を書く。仕掛品が増えるので、左に仕掛品と書く。製造間接費が減るので、右に製造間接費と書く。

 解答

仕　掛　品	1,668,000	製造間接費	1,668,000

(2)

❶(1)の問題文に「公式法変動予算を採用しており」と指示があるので、変動予算の原価差異分析の図を書く（P.378）。

❷まずは当月の変動費予算額、固定費予算額、基準操業度を計算し、次に変動費率と固定費率を計算する。計算結果を図に書き込む。

基準操業度における変動費予算額　6,720,000円÷12か月＝560,000円
当月の固定費予算額　13,440,000円÷12か月＝1,120,000円
基準操業度　16,800時間÷12か月＝1,400時間
変動費率　560,000円÷1,400時間＝@400円
固定費率　1,120,000円÷1,400時間＝@800円

❸問題文の実際発生額1,674,000円と実際操業度（当月の直接作業時間）1,390時間を図に書き込む。

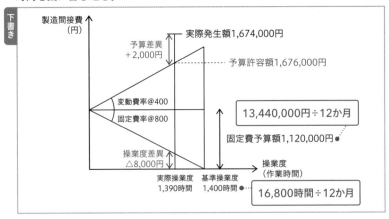

384

❹予算許容額、予算差異、操業度差異を計算する。

実際操業度における変動費予算額 @400円×1,390時間＝556,000円

固定費予算額 13,440,000円÷12か月＝1,120,000円

予算許容額 556,000円＋1,120,000円＝1,676,000円

予算差異 $\underset{\text{予算許容額}}{\underline{1,676,000円}}-\underset{\text{実際発生額}}{\underline{1,674,000円}}=\underset{\text{プラスなので、有利差異・貸方差異}}{\underline{+2,000円}}$

操業度差異 $\underset{\text{固定費率}}{\underline{@800円}}\times(\underset{\text{実際操業度}}{\underline{1,390時間}}-\underset{\text{基準操業度}}{\underline{1,400時間}})=\underset{\text{マイナスなので、不利差異・借方差異}}{\underline{\triangle8,000円}}$

❺最後に予算差異と操業度差異の仕訳を書く。予算差異は貸方差異なので、貸方（右）に書く。操業度差異は借方差異なので、借方（左）に書く。差額は製造間接費を書く。

操業度差異	8,000	予 算 差 異	2,000
		製造間接費	6,000

問題2

(1) 製造間接費の予定配賦の仕訳を書く。問題1(1)と同じ仕訳。

仕 掛 品	1,668,000	製造間接費	1,668,000

(2)

❶(1)の問題文にある年間の製造間接費予算が変動費と固定費に分かれていないことから、固定予算の原価差異分析の図を書く（P.381）。

❷まずは当月の予算額と基準操業度と予定配賦率を計算し、計算結果を図に書き込む。

当月の予算額 20,160,000円÷12か月＝1,680,000円

基準操業度 16,800時間÷12か月＝1,400時間

予定配賦率 1,680,000円÷1,400時間＝@1,200円

❸問題文の実際発生額1,674,000円と実際操業度（当月の直接作業時間）1,390時間を図に書き込む。

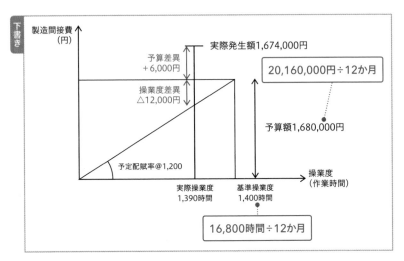

❹予算差異、操業度差異を計算する。

予算差異　<u>1,680,000円</u> − <u>1,674,000円</u> = <u>+6,000円</u>
　　　　　　　予算額　　　　　実際発生額　　プラスなので、有利差異・貸方差異

操業度差異　<u>@1,200円</u> × (<u>1,390時間</u> − <u>1,400時間</u>) = <u>△12,000円</u>
　　　　　　　予定配賦率　　　実際操業度　　基準操業度　マイナスなので、不利差異・借方差異

❺最後に予算差異と操業度差異の仕訳を書く。予算差異は貸方差異なので、貸方（右）に書く。操業度差異は借方差異なので、借方（左）に書く。差額は製造間接費を書く。

解答	操業度差異	12,000	予 算 差 異	6,000
			製造間接費	6,000

Chapter16
直接原価計算

重要度 ★

直接原価計算とは

直接原価計算とは、原価を変動費と固定費に分けて考える原価計算のことです。個別原価計算、総合原価計算、標準原価計算とは、まったく違う考え方の原価計算です。

変動費と固定費ってわかる？

ナニソレ？

ドッグフードを作れば作るほど必要になる原価が変動費

どれだけ作っても変わらない原価が固定費だよ

家賃

へぇー 原価をそういうふうに分けることもできるんだね
お兄さん見直しちゃった

オレ
パブロフくんに
どう思われてたん
だろう…

理解のための用語説明

● 原価の分け方
これまで学習した原価の分け方は次のようになっていた。

製造原価
  直接材料費
  直接労務費
  直接経費
  製造間接費
販売費
一般管理費

直接原価計算での原価の分け方は次のようになる。

変動費
固定費

直接原価計算では、直接材料費、直接労務費、直接経費、製造間接費という区分はなくなり、発生した原価は変動費か固定費どちらかに含まれる。
また、後から学習するが、販売費は変動販売費か固定販売費に区分され、一般管理費は固定費として扱う。

直接原価計算とは

　直接原価計算とは、変動費と固定費を分けて考える原価計算のことです。標準原価計算で一度学習しましたが、詳しく見ていきましょう。

　変動費とは、製品を作れば作るほど必要になる原価のことをいいます。原価が生産数により変動するため、変動費といいます。

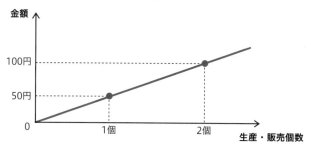

　固定費とは、製品をどれだけ作っても金額が変わらない費用のことをいいます。原価が生産数により変動せず固定しているため、固定費といいます。原価を変動費と固定費に分ける方法（固変分解）はP.414で説明しています。

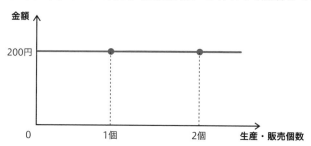

　まとめると、売上、変動費、固定費、利益の関係は次のとおりです。

	0個	1個	2個
①売上（@200円）	0円	200円	400円
②変動費（@50円）	0円	50円	100円
③固定費	200円	200円	200円
④利益 （①－②－③）	△200円	△50円	100円

　このように変動費と固定費に分けると、売った個数と利益の関係がわかるため、次期の予算を作る場合に直接原価計算が利用されます。

CVP分析① 基礎

　CVP分析とは、Cost（原価）、Volume（販売量）、Profit（利益）の関係を分析することです。CVP分析を行うと、何個売れば黒字になるのかを知ることができるので、次期の予算を作る場合に利用されます。

お兄さん！
お兄さん！

どうしたの？

朝6時だよ…

たたた
大変なの

頑張ってドッグフード
売ったのに
赤字になっちゃった…

何個売れば黒字になるかは
CVP分析をすればわかるよ

しーぶいぴー!?

理解のための用語説明

● 損益分岐点
利益が0円になる販売数のこと。

● 損益分岐点売上高
損益分岐点における売上の金額のこと。
「売上」と「売上高」は同じ意味と考えて
よい。

● 赤字
利益がマイナスになること。

● 黒字
利益がプラスになること。

CVP分析とは

　直接原価計算は、翌年の予算を決める場合や新しい事業を行う場合に利用されます。その過程でCVP分析を行います。CVP分析とは、何個売ったら利益はいくらになるのかを調べるために行う分析です。例題を使って見ていきましょう。

例題　次の資料にもとづいて、何個以上売れば赤字にならないか計算せよ。

　売上　100円/個　　　　原価　変動費　　20円/個
　　　　　　　　　　　　　　　　固定費　400円

解答　5個

解説

ステップ1　売上、変動費、固定費、利益の関係は次の公式で計算できます。

> **売上 − 変動費 − 固定費 ＝ 利益**

ステップ2　公式を利用して、利益を計算してみましょう。

　1個売った場合 @100円×1個 − @20円×1個 − 400円 ＝△320円
　3個売った場合 @100円×3個 − @20円×3個 − 400円 ＝△160円
　5個売った場合 @100円×5個 − @20円×5個 − 400円 ＝ 0円
　7個売った場合 @100円×7個 − @20円×7個 − 400円 ＝ ＋160円

ステップ3　計算した結果、5個以上売れば赤字にならないことがわかります。

この赤字から黒字に変わる個数、言い換えると利益が0円になる販売数を損益分岐点といいます。また、損益分岐点の売上高を損益分岐点売上高といいます。

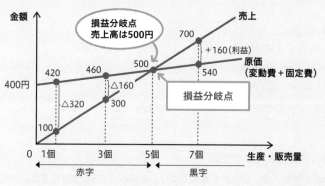

損益分岐点売上高の計算

CVP分析を使って損益分岐点売上高をどのように計算するのか、見ていきましょう。

| 例題 | 次の資料にもとづいて、損益分岐点売上高を計算せよ。 |

売上　100円/個　　　　原価　変動費　20円/個
　　　　　　　　　　　　　　　　固定費　400円

| 解答 | 500円 |

| 解説 |

ステップ1　損益分岐点売上高では、利益が0円になるので、何個売れれば利益が0になるのかを考えます。

> **売上 − 変動費 − 固定費 = 利益**

ステップ2　公式に例題の条件を書きます。何個売るのか、まだ決まっていないので■個とします。

$$\underset{\text{売上}}{@100円×■個} - \underset{\text{変動費}}{@20円×■個} - \underset{\text{固定費}}{400円} = \underset{\text{利益}}{0円}$$

⬇ 変形すると…

$(@100円 − @20円) × ■個 = 400円$

⬇ 変形すると…

$@80円 × ■個 = 400円$

⬇ 変形すると…

$■個 = 400円 ÷ @80円$

⬇ 変形すると…

$■個 = 5個$

計算の結果、損益分岐点は5個売ったときだとわかります。

ステップ3　次に5個売ったときの売上高（損益分岐点売上高）を計算します。

$@100円 × 5個 = 500円$

以上より、損益分岐点売上高は500円が正解だとわかります。

| 豆知識 | **1次方程式で解く方法** |

数学が得意な人は、販売数を■個ではなくA個として1次方程式で解いても構いません。

$100A − 20A − 400 = 0$

目標の営業利益を達成するための売上高

CVP分析の基礎がわかったところで、少し発展した例題を解いてみましょう。

| 例題 | 次の資料にもとづいて、営業利益が160円になるときの売上高を計算せよ。 |

売上　100円/個　　　原価　変動費　　20円/個
　　　　　　　　　　　　　　固定費　400円

- -

| 解答 | 700円 |

| 解説 |

ステップ1　営業利益が160円なので、**何個売れれば利益が160円になるのか**を考えます。

> ### 売上 − 変動費 − 固定費 ＝ 利益

ステップ2　公式に例題の条件を書きます。何個売るのか、まだ決まっていないので■個とします。

$$\underset{\text{売上}}{@100円 × ■個} − \underset{\text{変動費}}{@20円 × ■個} − \underset{\text{固定費}}{400円} = \underset{\text{利益}}{160円}$$

　🔽 変形すると…

$(@100円 − @20円) × ■個 = 160円 + 400円$

　　🔽 変形すると…

$@80円 × ■個 = 560円$

　　　🔽 変形すると…

$■個 = 560円 ÷ @80円$

　　　　🔽 変形すると…

$■個 = 7個$

計算の結果、利益が160円になるのは7個売ったときだとわかります。

ステップ3　次に7個売ったときの売上高を計算します。

$@100円 × 7個 = 700円$

以上より、営業利益が160円になるときの売上高は700円が正解だとわかります。

CVP分析② 応用

　CVP分析の原理がわかったところで、応用的な問題が出た場合、どのように解くのか見ていきましょう。

> ┌─ 理解のための用語説明 ─┐
>
> ● 営業利益
> 主たる営業活動によって生じた利益のこと。売上高−売上原価−販売費及び一般管理費＝営業利益で計算できる。

目標の営業利益率が出てくる場合の計算

　営業利益率とは、営業利益を売上高で割った比率のことです。売上高のうち営業利益がどれくらいの割合を占めているかを見る指標として利用されます。目標とする営業利益率を達成するときに売上高をどのように計算するのか、例題を見ていきましょう。

$$営業利益率 = \frac{営業利益}{売上高} \times 100$$

例題　次の資料にもとづいて、営業利益率が30%になるときの売上高を計算せよ。

売上　100円/個　　　原価　変動費　20円/個
　　　　　　　　　　　　　　　固定費　400円

解答　800円

解説

ステップ1　営業利益率30% = 営業利益が売上高の30%になるので、何個売れれば利益が売上高の30%になるのかを考えます。

ステップ2　利益を求める公式（P.391）に例題の条件を書きます。何個売るのか、まだ決まっていないので、■個とします。

@100円×■個 － @20円×■個 － 400円 ＝ @100円×■個×30%
　　売上　　　　　　変動費　　　固定費　　　　　　利益

⬇ 変形すると…

@80円×■個 － 400円 ＝ @30円×■個

⬇ 変形すると…

@50円×■個 ＝ 400円

⬇ 変形すると…

■個 ＝ 8個

計算の結果、利益が売上高の30%になるのは8個売ったときだとわかります。

ステップ3　次に8個売ったときの売上高を計算します。

　@100円×8個 ＝ 800円

以上より、営業利益率が30%になるときの売上高は800円だとわかります。

販売費、一般管理費が出てくる場合の計算

これまでは製造原価の変動費と固定費を学んできました。販売費、一般管理費が出てくる場合についても、見ていきましょう。

販売費とは、発送費や広告宣伝費など、製品を売るためにかかった費用です。直接原価計算では、発送費のように製品を売れば売るほど必要になる販売費を変動販売費、広告宣伝費のように製品をどれだけ売っても金額が変わらない販売費を固定販売費として扱います。

一般管理費とは、本社の従業員の給料や本社建物の減価償却費など、会社を管理するためにかかった費用です。直接原価計算では、一般管理費はすべて固定費として扱います。

変動費＝変動製造原価＋変動販売費
固定費＝固定製造原価＋固定販売費＋一般管理費

例題　次の資料にもとづいて、営業利益率が30％になるときの売上高を計算せよ。

売上	1,000円/個
直接材料費	200円/個
加工費（変動費）	300円/個
加工費（固定費）	400,000円
変動販売費	100円/個
固定販売費	100,000円
一般管理費	200,000円

解答　7,000,000円

解説

ステップ1　営業利益率30％＝利益が売上高の30％になるので、何個売れれば利益が売上高の30％になるのかを考えます。

ステップ2　まず、変動費と固定費を計算します。

変動費

直接材料費＠200円＋加工費（変動費）＠300円＋変動販売費＠100円
＝＠600円

固定費

加工費（固定費）400,000円＋固定販売費100,000円＋一般管理費200,000円
＝700,000円

ステップ3　公式に例題の条件を書きます。何個売るのか、まだ決まっていないので、■個とします。

$$\underset{売上}{@1,000円×■個}－\underset{変動費}{@600円×■個}－\underset{固定費}{700,000円}＝\underset{利益}{@1,000円×■個×30\%}$$

　　　⬇ 変形すると…

@400円×■個－700,000円＝@300円×■個

　　　⬇ 変形すると…

（@400円－@300円）×■個＝700,000円

　　　⬇ 変形すると…

@100円×■個＝700,000円

　　　⬇ 変形すると…

■個＝7,000個

計算の結果、利益が売上高の30％になるのは7,000個売ったときだとわかります。

ステップ4　最後に7,000個売ったときの売上高を計算します。

@1,000円×7,000個＝7,000,000円

以上より、営業利益率が30％になるときの売上高は7,000,000円が正解です。

参考

7,000個を売ったときの営業利益と営業利益率

売上高	7,000,000円	←@1,000円×7,000個
変動費	4,200,000円	←@600円×7,000個
固定費	700,000円	
営業利益	2,100,000円	←売上高－変動費－固定費

「営業利益率＝営業利益÷売上高×100」なので、

営業利益率　$\underset{営業利益}{2,100,000円}$　÷　$\underset{7,000個売ったときの売上高}{7,000,000円}$　×100＝30％

このように、売上高7,000,000円のときに営業利益率が30％になっていることが確認できます。

販売単価がわからない場合

これまでは販売単価がわかっていましたが、販売単価がわからない場合について見ていきましょう。販売単価がわからない場合、売上高を■円として**売上高変動費率**を使って解きます。売上高変動費率とは、売上高のうち変動費がどれくらいの割合を占めているかを表しています。

$$売上高変動費率 = \frac{変動費}{売上高} \times 100$$

例題　次の資料にもとづいて、(1)(2)に答えなさい。

売上高		10,000円
変動費	変動製造原価	5,600円
	変動販売費	400円
固定費	固定製造原価	2,000円
	固定販売費及び一般管理費	1,600円

(1) 損益分岐点の売上高を計算せよ。

(2) 営業利益が800円になる売上高を計算せよ。

解答　(1) 9,000円　　(2) 11,000円

解説

(1)

ステップ1　販売単価と販売数がわからないので、何個売るかを■個とする方法では解けません。このような場合、**売上高を■円として解く方法**を使います。まずは、資料の情報を整理して売上高変動費率を計算します。

変動費

変動製造原価5,600円 + 変動販売費400円 = 6,000円

固定費

固定製造原価2,000円 + 固定販売費及び一般管理費1,600円 = 3,600円

売上高変動費率

変動費6,000円 ÷ 売上高10,000円 × 100 = 60%

ステップ2　損益分岐点売上高では、利益が0円になるので、何円分売れば利益が0円になるかを考えます。

売上 − 変動費 − 固定費 = 利益

公式に例題の条件を書きます。何円分売るのかまだ決まっていないので、売上高を■円とします。

　売上高■円 − 変動費？？？円 − 固定費3,600円 = 利益0円

ここで、変動費の金額がわからないので工夫が必要となります。

ステップ1で計算したとおり、売上高変動費率60％ということは「変動費は売上高の60％」です。売上高は■円なので「■円×0.6」が変動費となります。これを利用して計算します。

　売上高■円 − 変動費(■×0.6)円 − 固定費3,600円 = 利益0円

　■円×(1 − 0.6) = 3,600円

　■円×0.4 = 3,600円

　■円 = 9,000円

以上より、損益分岐点の売上高は9,000円だとわかります。

(2)

営業利益が800円になる売上高なので、売上高を■円として、次の計算式を解きます。

　売上高■円 − 変動費（■×0.6）円 − 固定費3,600円 = 営業利益800円

　■円×0.4 = 4,400円

　■円 = 11,000円

以上より、営業利益が800円になる売上高は11,000円だとわかります。

豆知識 **1次方程式で解く方法・貢献利益率で解く方法**

　数学が得意な人は、売上高を■円ではなくＳ円として1次方程式で解いても構いません。

　　S − 0.6S − 3,600 = 800

また、売上高Ｓ円は貢献利益率を利用して計算することもできます。

　　（売上高10,000 − 変動費6,000）÷売上高10,000 = 貢献利益率0.4

　　売上高Ｓ×貢献利益率0.4 − 固定費3,600 = 営業利益800

CVP分析③ 損益分岐点比率と安全余裕率

CVP分析もこれで最後です。ここでは、損益分岐点比率と安全余裕率を見ていきましょう。

それで 次期の損益分岐点は
いくつになったの？

600コだよ！

じゃあ 目標は1,000コ
生産・販売することにしよう

えっ どうして？
目標600コじゃダメ？

損益分岐点ギリギリだと
何かあったらすぐ赤字に
なるよ？

ちょっと余裕を見て目標を
たてようよ

損益分岐点 ↓	
600コ	余裕

1,000コ目標

理解のための用語説明

● 損益分岐点
利益が0円になる販売数。

損益分岐点比率と安全余裕率とは

　損益分岐点比率とは、目標の売上個数のうち、損益分岐点の個数がどれだけ占めているかを表す比率のことです。

　安全余裕率とは、目標の売上個数が損益分岐点の個数よりどれだけ上回っているかを表す比率のことです。

　次の図と計算式を覚えておきましょう。個数を基準とした場合でも、売上高を基準とした場合でも計算方法は同じなので、状況に応じて使い分けます。

個数を基準とした場合

売上高を基準とした場合

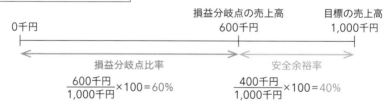

直接原価計算の損益計算書

直接原価計算の損益計算書は、変動費と固定費に分けて書くため、特殊な様式になっています。

直接原価計算の損益計算書とは

直接原価計算とは、変動費と固定費を分けて考える原価計算のことでした。変動費は作った製品の数に応じて変動する費用、固定費は製品をどれだけ作っても変わらない費用です。直接原価計算の損益計算書の特徴は、製品を何個作ったかに関係なく、**発生した固定製造原価・固定販売費及び一般管理費がすべて原価として計上される**ことです。

例題　次の資料にもとづいて、直接原価計算の損益計算書を作成しなさい。

売上高	@2,000円×1,000個 = ❶ 2,000,000円
売上原価	
変動製造原価	@1,000円×1,000個 = ❷ 1,000,000円
固定製造原価	❸ 440,000円
販売費及び一般管理費	
変動販売費	@200円×1,000個 = ❹ 200,000円
固定販売費及び一般管理費	❺ 300,000円

解答

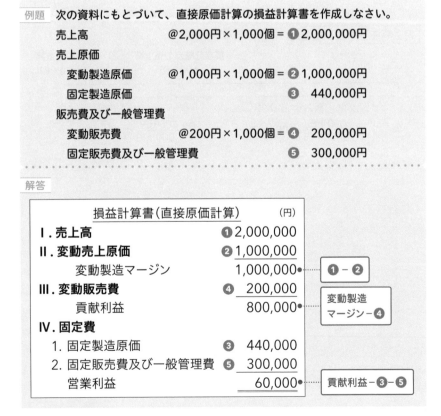

損益計算書(直接原価計算)　　　　(円)

Ⅰ. 売上高	❶2,000,000	
Ⅱ. 変動売上原価	❷1,000,000	
変動製造マージン	1,000,000	❶ − ❷
Ⅲ. 変動販売費	❹ 200,000	
貢献利益	800,000	変動製造マージン−❹
Ⅳ. 固定費		
1. 固定製造原価	❸ 440,000	
2. 固定販売費及び一般管理費	❺ 300,000	
営業利益	60,000	貢献利益−❸−❺

直接原価計算の損益計算書では、上から売上高、変動売上原価、変動販売費の順に書きます。

変動製造マージンとは、売上高から変動売上原価を差し引いた金額のことです。
貢献利益とは、変動製造マージンから変動販売費を差し引いた金額のことです。
直接原価計算の損益計算書でのみ計上する利益です。
固定費は一番下にまとめて書きます。

全部原価計算の損益計算書とは

Chapter08で学習した損益計算書を、**直接原価計算の損益計算書**と対比させて**全部原価計算の損益計算書**といいます。例題を使って見ていきましょう。

例題 次の資料にもとづいて、全部原価計算の損益計算書を作成しなさい。

売上高	@2,000円×1,000個 = ❶2,000,000円
売上原価	@1,400円×1,000個 = ❷1,400,000円
販売費及び一般管理費	❸ 500,000円

解答

損益計算書（全部原価計算）	（円）
Ⅰ. **売上高**	❶2,000,000
Ⅱ. **売上原価**	❷1,400,000
売上総利益	600,000
Ⅲ. **販売費及び一般管理費**	❸ 500,000
営業利益	100,000

解説

全部原価計算の損益計算書は、簿記3級や簿記2級商業簿記で学習する損益計算書のことです。上から売上高、売上原価、販売費及び一般管理費の順に書きます。

Part
4
標準・直接

Ch
16
直接原価計算

固定費調整

　直接原価計算の営業利益を、全部原価計算の営業利益に調整することを固定費調整といいます。なぜ固定費調整が必要なのか、どのように固定費調整を行うのか、見ていきましょう。

よーし 直接原価計算の
損益計算書が書けたぞ！

実は 直接原価計算の
損益計算書は公表用として
認められてないんだ

えーっ せっかく書いたのに

でも大丈夫！
全部原価計算の利益に
調整すれば良いんだ

直接原価計算の利益
↓ 調整
全部原価計算の利益

全＝直＋末ー首

で調整するんだ

> ### 理解のための用語説明
>
> ● 直接原価計算
> 変動費と固定費を分けて考える原価計算のこと。
>
> ● 全部原価計算
> Chapter01〜15で学習した通常の原価計算のこと。
>
> ● 変動製造マージン
> 売上高から変動売上原価を差し引いた金額のこと。
>
> ● 貢献利益
> 変動製造マージンから変動販売費を差し引いた金額のこと。
>
> ● 営業利益
> 主たる営業活動によって生じた利益のこと。

なぜ固定費調整が必要なのか？

直接原価計算は、社内利用を前提とした原価計算です。

したがって、**直接原価計算の営業利益をそのまま損益計算書に記載する**ことは、外部公表用として認められていません。このため、**固定費調整**といわれる調整を行い、外部公表用として認められている**全部原価計算の営業利益**に調整します。

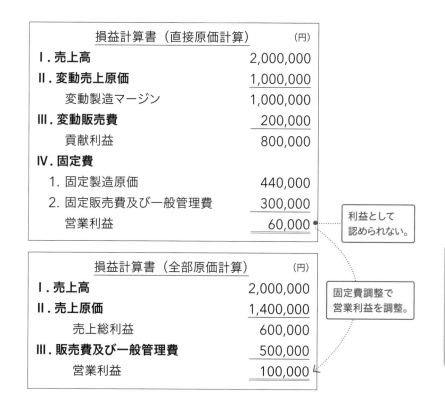

損益計算書（直接原価計算）　　（円）

Ⅰ. 売上高	2,000,000
Ⅱ. 変動売上原価	1,000,000
変動製造マージン	1,000,000
Ⅲ. 変動販売費	200,000
貢献利益	800,000
Ⅳ. 固定費	
1. 固定製造原価	440,000
2. 固定販売費及び一般管理費	300,000
営業利益	60,000

利益として
認められない。

損益計算書（全部原価計算）　　（円）

Ⅰ. 売上高	2,000,000
Ⅱ. 売上原価	1,400,000
売上総利益	600,000
Ⅲ. 販売費及び一般管理費	500,000
営業利益	100,000

固定費調整で
営業利益を調整。

変動費については、直接原価計算と全部原価計算で損益計算書の表示方法は違いますが、合計した金額は同じになります。一方、固定費については、直接原価計算と全部原価計算で金額が異なります。直接原価計算では、発生した固定費をすべて当期の費用に計上します。全部原価計算では、発生した固定費が期末仕掛品や期末製品にも含まれるため、発生した固定費をすべて当期の費用に計上するわけではありません。

このように、固定費を原因として直接原価計算と全部原価計算の費用には

Part
4
標準・直接

Ch
16
直接原価計算

差が生じ、営業利益の金額にも差が生じてしまいます。この差を調整するのが固定費調整です。

固定費調整の計算

固定費調整の計算について、例題を使って見ていきましょう。

例題 次の資料から全部原価計算の損益計算書と直接原価計算の損益計算書を作成しなさい。また、固定費調整を行った直接原価計算の損益計算書を作成しなさい。

販売単価@1,000円
製造原価
　変動費　直接材料費@400円　変動加工費@100円
　固定費　固定加工費440,000円（@200円）
販売費及び一般管理費
　変動費　変動販売費@100円
　固定費　固定販売費100,000円　一般管理費200,000円
生産数2,100個　販売数2,000個
仕掛品在庫　期首100個（0.5）　期末300個（0.5）
製品在庫　　期首100個　期末200個
注：仕掛品の（　）内の数値は加工費の進捗度を示している。

解答

全部原価計算の損益計算書

損益計算書（全部原価計算）	（円）
Ⅰ. 売上高	2,000,000
Ⅱ. 売上原価	1,400,000
売上総利益	600,000
Ⅲ. 販売費及び一般管理費	500,000
営業利益	100,000

直接原価計算の損益計算書

損益計算書（直接原価計算）	（円）
Ⅰ. 売上高	2,000,000
Ⅱ. 変動売上原価	1,000,000
変動製造マージン	1,000,000
Ⅲ. 変動販売費	200,000
貢献利益	800,000
Ⅳ. 固定費	
1. 固定製造原価	440,000
2. 固定販売費及び一般管理費	300,000
営業利益	60,000

固定費調整を行った直接原価計算の損益計算書

損益計算書（直接原価計算）	（円）
Ⅰ. 売上高	2,000,000
Ⅱ. 変動売上原価	1,000,000
変動製造マージン	1,000,000
Ⅲ. 変動販売費	200,000
貢献利益	800,000
Ⅳ. 固定費	
1. 固定製造原価	440,000
2. 固定販売費及び一般管理費	300,000
直接原価計算による営業利益	60,000
固定費調整	
期末製品（仕掛品）の固定製造原価	70,000
期首製品（仕掛品）の固定製造原価	30,000
全部原価計算による営業利益	100,000

（Part 4 標準・直接 / Ch 16 直接原価計算）

解説

ステップ1　全部原価計算のBOX図を書きます。Chapter11で練習したBOX図が全部原価計算のBOX図のことで、変動費と固定費に分けずに書いていましたが、今回は固定費調整を理解しやすいように変動費と固定費を分けます。

全部原価計算の仕掛品のBOX図

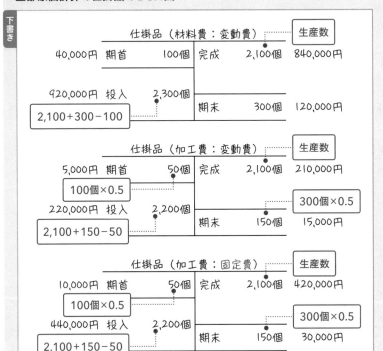

〈仕掛品勘定の計算〉

材料費：変動費

　　期首　@400円×100個＝40,000円

　　投入　@400円×2,300個＝920,000円

　　完成　@400円×2,100個＝840,000円

　　期末　@400円×300個＝120,000円

加工費：変動費

　　期首　@100円×50個＝5,000円

　　投入　@100円×2,200個＝220,000円

　　完成　@100円×2,100個＝210,000円

　　期末　@100円×150個＝15,000円

加工費：固定費

　　期首　@200円×50個＝10,000円

　　投入　@200円×2,200個＝440,000円

　　完成　@200円×2,100個＝420,000円

　　期末　@200円×150個＝30,000円

全部原価計算の製品のBOX図

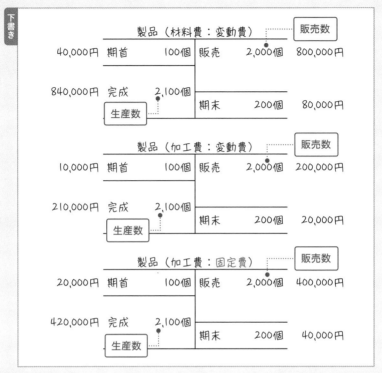

〈製品勘定の計算〉

材料費：変動費

  期首　@400円×100個＝40,000円

  完成　@400円×2,100個＝840,000円

  販売　@400円×2,000個＝800,000円

  期末　@400円×200個＝80,000円

加工費：変動費

  期首　@100円×100個＝10,000円

  完成　@100円×2,100個＝210,000円

  販売　@100円×2,000個＝200,000円

  期末　@100円×200個＝20,000円

加工費：固定費

  期首　@200円×100個＝20,000円

  完成　@200円×2,100個＝420,000円

  販売　@200円×2,000個＝400,000円

  期末　@200円×200個＝40,000円

売上高　@1,000円×2,000個＝2,000,000円
　　　　　　<u>販売単価</u>　<u>販売数</u>

売上原価　ステップ1の製品BOXの販売を合算します。

　800,000円　＋　200,000円　＋　400,000円＝1,400,000円
　<u>材料費：変動費</u>　　<u>加工費：変動費</u>　　<u>加工費：固定費</u>

販売費及び一般管理費

　@100円×2,000個＋100,000円＋200,000円＝500,000円
　　　<u>販売費</u>　　　　　　<u>一般管理費</u>

ステップ3　直接原価計算のBOX図を書きます。直接原価計算では、固定費はすべて当期の費用に計上するため、期首と期末の仕掛品原価に含めません。また期首と期末の製品原価にも含めません。つまり、仕掛品（加工費：固定費）、製品（加工費：固定費）のBOX図を書きません。

直接原価計算の仕掛品のBOX図

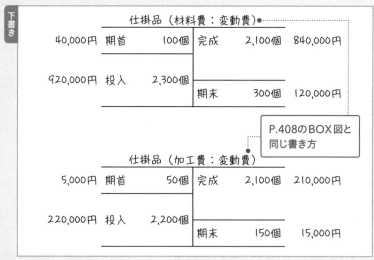

〈仕掛品勘定の計算〉

材料費：変動費

　　期首　@400円×100個＝40,000円

　　投入　@400円×2,300個＝920,000円

　　完成　@400円×2,100個＝840,000円

　　期末　@400円×300個＝120,000円

加工費：変動費

期首　@100円×50個＝5,000円

投入　@100円×2,200個＝220,000円

完成　@100円×2,100個＝210,000円

期末　@100円×150個＝15,000円

直接原価計算の製品のBOX図

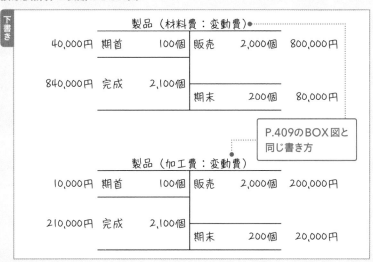

〈製品勘定の計算〉

材料費：変動費

期首　@400円×100個＝40,000円

完成　@400円×2,100個＝840,000円

販売　@400円×2,000個＝800,000円

期末　@400円×200個＝80,000円

加工費：変動費

期首　@100円×100個＝10,000円

完成　@100円×2,100個＝210,000円

販売　@100円×2,000個＝200,000円

期末　@100円×200個＝20,000円

ステップ4　直接原価計算の損益計算書を作成します。

売上高　@1,000×2,000個＝2,000,000円
　　　　　販売単価　　販売数

変動売上原価 ステップ3の製品のBOX図の販売を合算します。

$\underline{800,000円}$ + $\underline{200,000円}$ = 1,000,000円
材料費：変動費　　加工費：変動費

変動販売費 ＠100円×2,000個＝200,000円

固定費

固定製造原価 440,000円

固定販売費及び一般管理費 100,000円＋200,000円＝300,000円

ステップ5 　直接原価計算の営業利益60,000円を全部原価計算の営業利益100,000円に調整する必要があるので、**固定費調整**を行います。営業利益のズレは、期首と期末の仕掛品と製品に固定製造原価（加工費：固定費）が含まれているかどうかにより生じています。この特徴を利用して下記の公式で固定費調整を行います。

> **全部原価計算の営業利益**
> **＝直接原価計算の営業利益**
> **＋期末仕掛品・製品の固定費－期首仕掛品・製品の固定費**

❶ 全部原価計算と直接原価計算の期末仕掛品、期末製品の金額を計算します。その結果、「加工費：固定費」の金額だけ差額が生じていることがわかります。差額の部分が固定費調整の対象となります。

全部原価計算の期末仕掛品の金額

120,000円　　＋　　15,000円　　＋　　30,000円＝165,000円
材料費：変動費　　加工費：変動費　　加工費：固定費

直接原価計算の期末仕掛品の金額

120,000円　　＋　　15,000円＝135,000円
材料費：変動費　　加工費：変動費

> 加工費：固定費30,000円の差額が生じる

全部原価計算の期末製品の金額

80,000円　　＋　　20,000円　　＋　　40,000円＝140,000円
材料費：変動費　　加工費：変動費　　加工費：固定費

直接原価計算の期末製品の金額

80,000円　　＋　　20,000円＝100,000円
材料費：変動費　　加工費：変動費

> 加工費：固定費40,000円の差額が生じる

〈期末仕掛品・製品の固定費〉

期末仕掛品30,000円＋期末製品40,000円＝70,000円

❷全部原価計算と直接原価計算の期首仕掛品、期首製品の金額を計算します。その結果、「加工費：固定費」の金額だけ差額が生じていることがわかります。差額の部分が固定費調整の対象となります。

全部原価計算の期首仕掛品の金額

$\underset{\text{材料費：変動費}}{40,000円}$ + $\underset{\text{加工費：変動費}}{5,000円}$ + $\underset{\text{加工費：固定費}}{10,000円}$ = 55,000円●⋯⋯⋯⋯

直接原価計算の期首仕掛品の金額

$\underset{\text{材料費：変動費}}{40,000円}$ + $\underset{\text{加工費：変動費}}{5,000円}$ = 45,000円●⋯⋯⋯

> 加工費：固定費10,000円の差額が生じる

全部原価計算の期首製品の金額

$\underset{\text{材料費：変動費}}{40,000円}$ + $\underset{\text{加工費：変動費}}{10,000円}$ + $\underset{\text{加工費：固定費}}{20,000円}$ = 70,000円●⋯⋯⋯⋯

直接原価計算の期首製品の金額

$\underset{\text{材料費：変動費}}{40,000円}$ + $\underset{\text{加工費：変動費}}{10,000円}$ = 50,000円●⋯⋯⋯

> 加工費：固定費20,000円の差額が生じる

〈期首仕掛品・製品の固定費〉
期首仕掛品10,000円 + 期首製品20,000円 = 30,000円

固定費調整の公式に当てはめると、次のとおりです。

> **全部原価計算の営業利益100,000円**
> **= 直接原価計算の営業利益60,000円**
> **+ 期末の固定費70,000円 − 期首の固定費30,000円**

ステップ6 固定費調整を行った場合の損益計算書を作成します。

直接原価計算による営業利益は当期に発生した固定費が全額計上されています。一方、全部原価計算による営業利益では、仕掛品や製品の期首在庫に含まれている「前期発生した固定費の一部」が当期の製造原価に含まれてしまい、かつ仕掛品や製品の期末在庫に含まれている「当期発生した固定費の一部」が当期の製造原価に含まれないという状況です。そこで、直接原価計算の営業利益に期末の固定費をプラスし、期首の固定費をマイナスすると全部原価計算の営業利益になります。固定費調整の公式はゴロ合わせで覚えるのがオススメ。

「ぜんちょくまっしゅ」を利用すると全部原価計算の営業利益は、

　直60,000円 + 末70,000円 − 首30,000円 = 100,000円

> **固定費調整は、全 = 直 + 末 − 首**
> （ぜん　ちょく　まっ　しゅ）

固変分解

原価を固定費と変動費に分けることを固変分解といいます。固変分解には費目別精査法と高低点法の2種類があります。

費目別精査法

費目別精査法とは、原価の費目ごとに固定費と変動費を分ける方法をいいます。例題を使って費目別精査法を見ていきましょう。

例題 当月の売上高2,250,000円に対して、総原価の各費目を変動費と固定費に分解した結果、次のとおりであった。費目別精査法により、売上高変動費率と当月の固定費を計算しなさい。

	変動費	固定費
製造原価		
主要材料費	270,000円	
直接工賃金	350,000円	
間接工賃金	120,000円	90,000円
減価償却費		340,000円
販売費	160,000円	230,000円
一般管理費		580,000円

解答 売上高変動費率　40%　　固定費　1,240,000円

解説

変動費合計　270,000円＋350,000円＋120,000円＋160,000円＝900,000円

売上高変動費率　900,000円÷2,250,000円×100＝40%

固定費合計　90,000円＋340,000円＋230,000円＋580,000円＝1,240,000円

高低点法

高低点法とは、もっとも多い個数のデータともっとも少ない個数のデータから、固定費と変動費を計算する方法をいいます。高低点法について、例題を使って見ていきましょう。

例題　過去6か月間の生産量と原価の発生額は次のとおりである。高低点法により、製品1個あたりの変動費率と1か月の固定費を計算しなさい。なお、正常生産範囲は70個から120個の間である。

	製品生産量	原価発生額
1月	100個	300,000円
2月	200個	480,000円
3月	90個	281,000円
4月	60個	260,000円
5月	80個	270,000円
6月	95個	296,000円

解答　変動費率　1,500円/個　　固定費　150,000円

解説

ステップ1　正常生産範囲を外れている2月と4月を除いたデータのうち、製品生産量がもっとも多い1月の100個（高点）、製品生産量がもっとも少ない5月の80個（低点）を利用します。

ステップ2　高低点法により、変動費率と固定費を計算します。

$$変動費率 = \frac{300,000円 - 270,000円}{100個 - 80個} = @1,500円$$

固定費の計算（1月のデータ）　$\underset{原価発生額}{\underline{300,000円}} - \underset{変動費}{\underline{@1,500円 \times 100個}} = 150,000円$

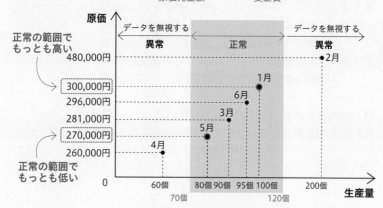

練習問題 Chapter16 01-05

問題1
P.390

当社の10月の直接原価計算方式の販売記録は次のとおりであった。次の(1)(2)に答えよ。

販売量	1,000個
販売単価	2,000円
製品1個当たりの変動費	1,600円
固定費	320,000円
営業利益	80,000円

(1) 損益分岐点の売上高を計算しなさい。
(2) 営業利益を2倍にするために、必要な売上高を計算しなさい。

[答案用紙]

(1) ＿＿＿＿＿＿＿ 円　　(2) ＿＿＿＿＿＿＿ 円

問題2
P.394

当社は製品Yを製造・販売している。次の資料にもとづいて、(1)(2)に答えなさい。

売上高		@3,000円×1,000個
変動費	変動製造原価	@1,350円×1,000個
	変動販売費	@450円×1,000個
固定費	固定製造原価	700,000円
	固定販売費及び一般管理費	44,000円

(1) 損益分岐点の売上高を計算しなさい。
(2) 営業利益率を20%にするために、必要な売上高を計算しなさい。

[答案用紙]

(1) ＿＿＿＿＿＿＿ 円　　(2) ＿＿＿＿＿＿＿ 円

当社は製品Zを製造・販売している。次の資料にもとづいて、(1)〜(5)に答えなさい。

当期の業績

売上高		@600円×3,000個
変動費	変動製造原価	@350円×3,000個
	変動販売費	@50円×3,000個
固定費	固定製造原価	300,000円
	固定販売費及び一般管理費	60,000円

(1) 損益分岐点の売上高を計算しなさい。

(2) 損益分岐点比率と安全余裕率を計算しなさい。

(3) 次期において販売単価、製品1個当たりの変動費、固定費が当期と同額であると仮定した場合、次期の目標営業利益600,000円を達成するための販売量を計算しなさい。

(4) 上記(3)の目標営業利益を達成する場合、損益分岐点比率と安全余裕率を計算しなさい。

(5) 次期において、製品1個当たりの変動販売費を100円増やすことで4,500個販売が可能となる。この場合の営業利益を計算しなさい。なお、販売単価、製品1個当たりの変動製造原価、固定費が当期と同額であると仮定する。

[答案用紙]

(1) ＿＿＿＿＿＿＿＿＿＿＿＿＿＿ 円

(2) 損益分岐点比率 ＿＿＿＿＿＿ ％ 　　安全余裕率 ＿＿＿＿＿＿ ％

(3) ＿＿＿＿＿＿＿＿＿＿＿＿＿＿ 個

(4) 損益分岐点比率 ＿＿＿＿＿＿ ％ 　　安全余裕率 ＿＿＿＿＿＿ ％

(5) ＿＿＿＿＿＿＿＿＿＿＿＿＿＿ 円

Part 4 標準・直接

Ch 16 直接原価計算

問題4

P.402

次の資料にもとづいて、直接原価計算の損益計算書を埋めなさい。

販売単価	600円/個
販売数	3,000個
変動製造原価	350円/個
固定製造原価	360,000円
変動販売費	50円/個
固定販売費及び一般管理費	60,000円

[答案用紙]

損益計算書（直接原価計算）　　　　（単位：円）

Ⅰ. **売上高**

Ⅱ. **変動売上原価**　　　　　　　　　　　_____

　　　変動製造マージン

Ⅲ. **変動販売費**　　　　　　　　　　　_____

　　　貢献利益

Ⅳ. **固定費**

　1. 固定製造原価

　2. 固定販売費及び一般管理費　　　　_____

　　　営業利益　　　　　　　　　　　_____

解説・解答

問題1

(1)

ステップ1　損益分岐点売上高では、利益が0円になるので、何個売れれば利益が0円になるのかを考える。

売上 − 変動費 − 固定費 ＝ 利益

ステップ2　公式に例題の条件を書く。何個売るのか、まだ決まっていないので、■個とする。

$$\underset{\text{売上}}{@2,000円 \times ■個} - \underset{\text{変動費}}{@1,600円 \times ■個} - \underset{\text{固定費}}{320,000円} = \underset{\text{利益}}{0円}$$

$$@400円 \times ■個 = 320,000円$$

$$■個 = 320,000円 \div @400円$$

$$■個 = 800個$$

計算の結果、損益分岐点は800個売ったときだとわかる。

ステップ3 次に800個売ったときの売上高（損益分岐点売上高）を計算する。
$$@2,000円 \times 800個 = 1,600,000円$$

解答 <u>　1,600,000　</u> 円

(2)

ステップ1 「営業利益を2倍にする」とは、80,000円 × 2 ＝ 160,000円の営業利益にすることなので、**何個売れれば利益が160,000円になるのか**を考える。

ステップ2 公式に例題の条件を書く。何個売るのか、まだ決まっていないので、■個とする。

$$\underset{\text{売上}}{@2,000円 \times ■個} - \underset{\text{変動費}}{@1,600円 \times ■個} - \underset{\text{固定費}}{320,000円} = \underset{\text{利益}}{160,000円}$$

$$@400円 \times ■個 = 480,000円$$

$$■個 = 480,000円 \div @400円$$

$$■個 = 1,200個$$

ステップ3 次に1,200個売ったときの売上高を計算する。
$$@2,000円 \times 1,200個 = 2,400,000円$$

解答 <u>　2,400,000　</u> 円

問題2

(1)

ステップ 1　損益分岐点売上高では、利益が0円になるので、**何個売れれば利益が0円になるのか**を考える。

ステップ 2　資料の情報を整理する。

変動費

変動製造原価@1,350円＋変動販売費@450円＝@1,800円

固定費

固定製造原価700,000円＋固定販売費及び一般管理費44,000円＝744,000円

利益を求める公式（P.392）に問題の条件を書く。何個売るのか、まだ決まっていないので、■個とする。

$$\underset{\text{売上}}{@3{,}000円 \times ■個} - \underset{\text{変動費}}{@1{,}800円 \times ■個} - \underset{\text{固定費}}{744{,}000円} = \underset{\text{利益}}{0円}$$

@1,200円×■個＝744,000円

■個＝620個

計算の結果、損益分岐点は620個売ったときだとわかる。

ステップ 3　620個売ったときの売上高（損益分岐点売上高）を計算する。

@3,000円×620個＝1,860,000円

　　1,860,000　円

(2)

ステップ 1　「営業利益率を20％にする」とは、営業利益が売上高の20％になるようにすることなので、**何個売れれば利益が売上高の20％になるのか**を考える。

ステップ 2　公式に問題の条件を書く。何個売るのか、まだ決まっていないので、■個とする。

$$\underset{\text{売上}}{@3{,}000円 \times ■個} - \underset{\text{変動費}}{@1{,}800円 \times ■個} - \underset{\text{固定費}}{744{,}000円} = \underset{\text{利益}}{@3{,}000円 \times ■個 \times 20\%}$$

@600円×■個＝744,000円

■個＝1,240個

ステップ3 1,240個売ったときの売上高を計算する。
@3,000円×1,240個＝3,720,000円

 3,720,000　円

問題3
(1)

ステップ1 損益分岐点売上高では、利益が0円になるので、**何個売れれば利益が0円になるのか**を考える。

ステップ2 資料の情報を整理する。

変動費
変動製造原価@350円＋変動販売費@50円＝@400円

固定費
固定製造原価300,000円＋固定販売費及び一般管理費60,000円＝360,000円
利益を求める公式（P.392）に問題の条件を書く。何個売るのか、まだ決まっていないので、■個とする。

$$\underset{\text{売上}}{@600円×■個} - \underset{\text{変動費}}{@400円×■個} - \underset{\text{固定費}}{360,000円} = \underset{\text{利益}}{0円}$$

@200円×■個＝360,000円

■個＝1,800個
計算の結果、損益分岐点は1,800個売ったときだとわかる。

ステップ3 次に1,800個売ったときの売上高（損益分岐点売上高）を計算する。
@600円×1,800個＝1,080,000円

 1,080,000　円

(2)

損益分岐点比率、安全余裕率を計算する場合、次の図を書く。

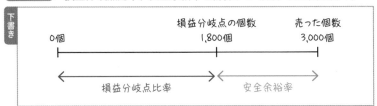

損益分岐点比率と安全余裕率を計算する。

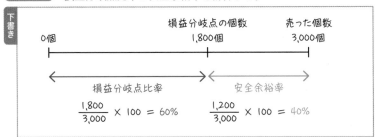

解答　損益分岐点比率　60　%　　安全余裕率　40　%

(3)

営業利益が600,000円になるので、**何個売れれば利益が600,000円になるのか**を考える。

公式に問題の条件を書く。何個売るのか、まだ決まっていないので、■個とする。

$$\underset{売上}{@600円 \times ■個} - \underset{変動費}{@400円 \times ■個} - \underset{固定費}{360,000円} = \underset{利益}{600,000円}$$

⬇

@200円 × ■個 = 960,000円

⬇

■個 = 4,800個

解答　　4,800　個

(4)

損益分岐点比率、安全余裕率を計算する場合、(2)と同じように図を書いて、計算する。

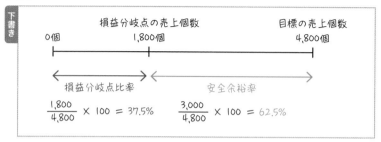

解答　損益分岐点比率　__37.5__　%　　安全余裕率　__62.5__　%

(5)

「製品1個当たりの変動販売費を100円増やすことで4,500個販売が可能となる」との指示より、次期の条件は赤字の部分が変わる。

		当期	次期
売上高		@600円×3,000個	@600円×**4,500個**
変動費	変動製造原価	@350円×3,000個	@350円×**4,500個**
	変動販売費	@50円×3,000個	@**150**円×**4,500個**
固定費	固定製造原価	300,000円	300,000円
	固定販売費及び一般管理費	60,000円	60,000円

新しい条件で、営業利益を計算する。公式に条件を書く。

$$\underset{\text{売上}}{\underline{\text{@600円×4,500個}}} - \underset{\text{変動費}}{\underline{\text{@500円×4,500個}}} - \underset{\text{固定費}}{\underline{\text{360,000円}}} = \underset{\text{利益}}{\underline{\text{? 円}}}$$

⬇

2,700,000円 − 2,250,000円 − 360,000円 = 90,000円

解答　__90,000__　円

問題4

ステップ1　直接原価計算の損益計算書を作成する基本問題。資料から売上高、変動売上原価を計算して書く。

❶売上高　販売単価@600円×販売数3,000個＝1,800,000円

❷変動売上原価　変動製造原価@350円×販売3,000個＝1,050,000円

変動製造マージンを計算する。

売上高1,800,000円−変動売上原価1,050,000円＝変動製造マージン750,000円

ステップ2　資料から変動販売費を計算して書く。

❸変動販売費　変動販売費@50円×販売3,000個＝150,000円

貢献利益を計算する。

変動製造マージン750,000円−変動販売費150,000円＝貢献利益600,000円

ステップ3　資料から固定費を書き写す。

❹固定製造原価　資料の360,000円を写す。

❺固定販売費及び一般管理費　資料の60,000円を写す。

営業利益を計算する。

貢献利益600,000円−固定製造原価360,000円−固定販売費及び一般管理費60,000円＝営業利益180,000円

解答

損益計算書（直接原価計算）		(円)
Ⅰ．売上高	❶	1,800,000
Ⅱ．変動売上原価	❷	1,050,000
変動製造マージン		750,000
Ⅲ．変動販売費	❸	150,000
貢献利益		600,000
Ⅳ．固定費		
1．固定製造原価	❹	360,000
2．固定販売費及び一般管理費	❺	60,000
営業利益		180,000

Chapter17
本社工場会計

❶ ドッグフード完成した

パブロフ魚フード

❷ でも工場にはまだお得意様いないなぁ

食べた…？ 製品を…？

❸ 工場

本社に持って行って売ってもらおう

❹ パブロフさん遅いね

リヤカーで運んでるらしいよ

本社

本社工場会計とは

　ここまでは、本社と工場で同じ帳簿を使うことを前提にして学んできました。Chapter17では、本社と工場が別の場所にあるなどの理由で、それぞれに帳簿がある場合を見ていきましょう。

パブロフくんの会社は
本社も工場もあるよね

工場　　本社

本社と工場の間で取引が
あったら どうやって仕訳する？

工場で仕訳して

製品を
送る仕訳

製品を
受け取る仕訳

本社でも仕訳する

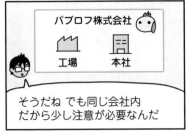

パブロフ株式会社

工場　　本社

そうだね でも同じ会社内
だから少し注意が必要なんだ

理解のための用語説明

● 本社
製品の企画や広告宣伝、会社全体の管理、工場で作った製品を売るなどの業務を行う組織。

● 工場
製品を作る場所。工場は広い土地を必要とすることが多いため、本社が東京などにあっても、離れた場所に工場がある場合もある。

本社工場会計とは

本社工場会計とは、本社と工場が別の場所にあるなどの理由から、それぞれに帳簿を置いて仕訳をすることです。

本社工場会計の場合、**工場で使うことができる勘定科目・本社で使うことができる勘定科目**をそれぞれ制限しています。

使用できない勘定科目がある場合、すべて「本社」「工場」という勘定科目を使って仕訳を行います。「本社」「工場」は、財務諸表を作成するさいには消す、仮の勘定科目です。資産や負債などに分類するというよりは、使用できる勘定科目の**相手勘定科目**として書きます。

例題 直接工の賃金1,100円を本社が現金で支払ったさいに、工場で行う仕訳と本社で行う仕訳を答えなさい。工場で使用できる勘定科目は、材料、賃金、製造間接費、仕掛品、製品、本社のみである。本社で使用できる勘定科目は、材料、賃金、製造間接費、仕掛品以外すべてである。

解答 〈工場で行う仕訳〉 賃金 1,100 / 本社 1,100
〈本社で行う仕訳〉 工場 1,100 / 現金 1,100

解説

〈工場で行う仕訳〉

❶ 直接工の賃金が支払われたので、賃金が増えます。賃金は費用（ホームポジション左）なので、増えるときは左に書きます。

賃金 1,100 /

❷ 工場で使用できる勘定科目に現金がないので、本社を使います。右に本社と書きます。

賃金 1,100 / 本社 1,100

〈本社で行う仕訳〉

❶ 本社が現金で支払ったので、現金が減ります。現金は資産（ホームポジション左）なので、減るときは右に書きます。

/ 現金 1,100

❷ 本社で使用できる勘定科目に賃金がないので、工場を使います。左に工場と書きます。

工場 1,100 / 現金 1,100

重要度 ★★★

本社と工場の仕訳

本社と工場では、具体的にどのような仕訳を書くのか見ていきましょう。

本社と工場の仕訳

　本社工場会計の仕訳を書く場合、本社と工場のどちらを先に書くのか、混乱してしまうことがあります。基本的に、工場で使用できる勘定科目の方が少ないので、**まず工場の仕訳を書き、次に本社の仕訳を書く**と間違えにくくなります。

　例題を使って、本社工場会計の仕訳について見ていきましょう。

資産	負債
材料 仕掛品 製品 現金 売掛金	買掛金
	純資産
費用	**収益**
賃金 製造間接費 売上原価	売上

例題 次の(1)～(6)について、工場の仕訳と本社の仕訳を答えなさい。なお、材料の購入や賃金の支払いなどを含め、支払いはすべて本社が行っている。

工場で使用する勘定科目：
　　材料、賃金、製造間接費、仕掛品、製品、本社

本社で使用する勘定科目：
　　現金、製品、売掛金、買掛金、売上原価、売上、工場

(1) 原料800円を掛けで仕入れ、工場倉庫に納入した。

(2) 直接工の賃金1,100円を現金で支払った。

(3) 工場で製品製造のため、原料700円を払い出した。

(4) 工場で製品2,000円が完成したので、仕掛品勘定から振り替えた。

(5) 工場は製品2,000円を本社へ送った。

(6) 本社で製品1,000円（原価）を1,500円で売り上げ、代金を掛けとした。

	工場の仕訳	本社の仕訳
(1)	材料 800 / 本社 800	工場 800 / 買掛金 800
(2)	賃金 1,100 / 本社 1,100	工場 1,100 / 現金 1,100
(3)	仕掛品 700 / 材料 700	仕訳なし
(4)	製品 2,000 / 仕掛品 2,000	仕訳なし
(5)	本社 2,000 / 製品 2,000	製品 2,000 / 工場 2,000
(6)	仕訳なし	売掛金　1,500 / 売上 1,500 売上原価 1,000 / 製品 1,000

解説

(1)(2)(5)は本社と工場をまたぐ取引なので、「本社」「工場」という勘定科目を使います。一方、(3)(4)は工場だけ、(6)は本社だけで仕訳が完成しているので、「本社」「工場」は出てきません。

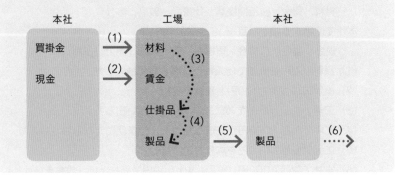

練習問題 Chapter17 01-02

PB製作所は、本社会計から工場会計を独立させている。材料の発注と製品の販売は本社が行う。材料の納入業者には、工場内にある材料倉庫へ直接納入するように指示している。工場で製造された製品は、完成後ただちに本社に搬送され、本社内にある製品倉庫にて保管される。

下記の（1）～（5）の取引について、工場および本社において行われる仕訳を示しなさい。ただし、勘定科目は、次の中からもっとも適当と思われるものを選ぶこと。

工場で使用する勘定科目

| 材　料 | 仕　掛　品 | 製造間接費 | 賃　金 | 本　社 |

本社で使用する勘定科目

| 現　金 | 預　り　金 | 買　掛　金 | 売　掛　金 | 売　上 |
| 売上原価 | 工　場 | 当座預金 | 減価償却累計額 | 製　品 |

（1） 材料400,000円を掛けにて購入し、当該材料が工場の材料倉庫に納入された。

（2） 工場従業員への賃金520,000円を現金で支給した。

（3） 製品製造に関わる当月分の特許権使用料（出来高払い）は190,000円であり、小切手を振り出して支払った。

（4） 当月の機械の減価償却を行った。機械の減価償却費の年間見積額は3,600,000円である。

（5） 製品2,800,000円が完成し、本社の製品倉庫に搬送・保管された。

[答案用紙]

	工　場　の　仕　訳			
	借方科目	金額	貸方科目	金額
(1)				
(2)				
(3)				
(4)				
(5)				

	本　社　の　仕　訳			
	借方科目	金額	貸方科目	金額
(1)				
(2)				
(3)				
(4)				
(5)				

解説・解答

工場で使用する勘定科目と本社で使用する勘定科目が指定されているので、指示に従って仕訳を書こう。なお、工場で使用する勘定科目を見てみると、現金や当座預金、買掛金がないので、支払いはすべて本社が行っていることがわかる。

(1)
問題文の「材料400,000円を掛けにて購入し、当該材料が工場の材料倉庫に納入された」との文言より、「買掛金が増えたこと」と「工場の材料が増えたこと」がわかる。
〈工場の仕訳〉
❶工場で材料を購入したので、材料が増える。左に材料と書く。
　　材料 400,000 /
❷工場で使用できる勘定科目に買掛金がないので、本社を使う。右に本社と書く。
　　材料 400,000 / 本社 400,000

〈本社の仕訳〉

❶掛けで購入したので、買掛金が増える。右に買掛金と書く。

/ 買掛金 400,000

❷左に工場と書く。

工場 400,000 / 買掛金 400,000

(2)

問題文の「工場従業員への賃金520,000円を現金で支給した」との文言より、「工場で賃金が増えたこと」と「現金が減ったこと」がわかる。

〈工場の仕訳〉

❶工場従業員への賃金を支給したので、賃金が増える。左に賃金と書く。

賃金 520,000 /

❷工場で使用できる勘定科目に現金がないので、本社を使う。右に本社と書く。

賃金 520,000 / 本社 520,000

〈本社の仕訳〉

❶現金を支払ったので、現金が減る。右に現金と書く。

/ 現金 520,000

❷左に工場と書く。

工場 520,000 / 現金 520,000

(3)

問題文の「製品製造に関わる当月分の特許権使用料（出来高払い）は190,000円であり、小切手を振り出して支払った」との文言より、「製品製造に関わる特許権使用料が増えたこと（直接経費が増えたこと）」と「当座預金が減ったこと」がわかる。

〈工場の仕訳〉

❶製品製造に関わる特許権使用料は直接経費なので、特許権使用を消費したときは仕掛品が増える。左に仕掛品と書く。

仕掛品 190,000 /

❷工場で使用できる勘定科目に当座預金がないので、本社を使う。右に本社と書く。

仕掛品 190,000 / 本社 190,000

〈本社の仕訳〉

❶小切手を振り出して支払ったので、当座預金が減る。右に当座預金と書く。

/ 当座預金 190,000

❷左に工場と書く。

工場 190,000 / 当座預金 190,000

(4)

問題文の「当月の機械の減価償却を行った。機械の減価償却費の年間見積額は3,600,000円である」との文言より、「機械の減価償却費が増えたこと（製造間接費が増えたこと）」と「減価償却累計額が増えたこと」がわかる。

〈工場の仕訳〉

❶機械の減価償却費を消費したので、製造間接費が増える。左に製造間接費と書く。

計算：3,600,000円÷12か月＝300,000円（当月分）

製造間接費 300,000 /

❷工場で使用できる勘定科目に減価償却累計額がないので、本社を使う。右に本社と書く。

製造間接費 300,000 / 本社 300,000

〈本社の仕訳〉

❶減価償却累計額が増えるので、右に書く。

/ 減価償却累計額 300,000

❷左に工場と書く。

工場 300,000 / 減価償却累計額 300,000

(5)

問題文の「製品2,800,000円が完成し、本社の製品倉庫に搬送・保管された」との文言より、「工場の製品が完成したこと」と「本社の製品が増えたこと」がわかる。

〈工場の仕訳〉

❶工場で製品が完成したので、仕掛品から製品に振り替える。仕掛品が減るので、右に書く。

/ 仕掛品 2,800,000

❷工場で使用できる勘定科目に製品がないので、本社を使う。左に本社と書く。

本社 2,800,000 / 仕掛品 2,800,000

なお、工場で使用する勘定科目に「製品」がないので、次の仕訳は不正解となる。

製品 2,800,000 / 仕掛品 2,800,000

本社 2,800,000 / 製品 2,800,000

〈本社の仕訳〉

❶製品が増えるので、左に製品と書く。

製品 2,800,000 /

❷右に工場と書く。

製品 2,800,000 / 工場 2,800,000

解答

		工 場 の 仕 訳			
	借 方 科 目	金 額	貸 方 科 目	金 額
(1)	材　　　　料	400,000	本　　　　社	400,000
(2)	賃　　　　金	520,000	本　　　　社	520,000
(3)	仕　掛　品	190,000	本　　　　社	190,000
(4)	製 造 間 接 費	300,000	本　　　　社	300,000
(5)	本　　　　社	2,800,000	仕　掛　品	2,800,000

		本 社 の 仕 訳			
	借 方 科 目	金 額	貸 方 科 目	金 額
(1)	工　　　　場	400,000	買　掛　金	400,000
(2)	工　　　　場	520,000	現　　　　金	520,000
(3)	工　　　　場	190,000	当 座 預 金	190,000
(4)	工　　　　場	300,000	減価償却累計額	300,000
(5)	製　　　　品	2,800,000	工　　　　場	2,800,000

この本が終わったら、何をすればいいの？

◉【購入特典】ネット試験の模試を受けてみる

　本書の購入特典として「パブロフ簿記」のホームページで、ネット試験（CBT方式）の模擬試験が体験できます。ソフトをダウンロードする必要がなく、ネット環境さえあれば、パソコンでもスマートフォンでも問題を解くことができます。実際の試験と同じようにパソコンで解くのがオススメですが、パソコンがない場合はスマートフォンで体験してみてください。

---

https://pboki.com/net/t2k2024.html

2級 工業簿記 テキスト＆問題集

専用パスワード：r5in

※ネット試験の模擬試験は、試験を模擬的に体験していただく趣旨で作成しているため、商業簿記の問題も含まれています。本書の学習の確認テストとしてご利用いただく場合は、第4問、第5問の工業簿記部分だけを解いてください。
　本書の購入特典は簡単にネット試験を体験できるように、受験者情報の入力等は省略していますので、日商簿記のネット試験とは少し仕様が異なる点をご了承ください。
　また、本書の購入特典であるネット試験の体験ページの提供期間は2025年3月末までとなります。

◉ 問題をたくさん解く

　日商簿記検定に合格するためには、自分の手を動かして問題をたくさん解く練習が必要です。

　本書の練習問題を解いていない場合は、ぜひ一度、解いてみてください。練習問題の答案用紙は次のURLからダウンロードすることもできます。

https://www.shoeisha.co.jp/book/download/9784798182025

　本書の練習問題をすべて解き終わった場合は、本書と同じシリーズの『パブロフ流でみんな合格 日商簿記2級工業簿記 総仕上げ問題集』を使って、試験レベルの問題に取り組んでみてください。

INDEX
索引

著者紹介

よせだあつこ

willsi 株式会社取締役。公認会計士。
監査法人トーマツを経て willsi 株式会社を設立。著書『パブロフ流でみんな合格 日商簿記3級』は Amazon 簿記検定部門で売り上げ1位を獲得。簿記学習アプリ「パブロフ簿記」はシリーズ累計 100 万ダウンロードの大ヒット。簿記ブログ「パブロフ簿記」は月間 140 万ページビューを超すなど、簿記受験生から絶大な支持を得ている。簿記講師や監査法人での実務経験から、わかりやすい解説・合格できる解法を受験生へ伝えている。プログラミング・イラスト・漫画などなんでもこなすレアな会計士。

▶ **ブログ**
著者のブログに、問題の動画解説・試験前の過ごし方・当日の持ち物などの情報を掲載。こちらで質問も受け付けています。
https://pboki.com/

▶ **簿記アプリ**
「パブロフ簿記2級 商業簿記」「パブロフ簿記2級 工業簿記」好評発売中！
Android、iPhone のアプリマーケットで「パブロフ」と検索。

表紙・本文デザイン	大下賢一郎
DTP	マーリンクレイン

簿記教科書 パブロフ流でみんな合格
日商簿記2級 工業簿記 テキスト&問題集 2024年度版

2024 年 2 月 22 日　初版第 1 刷発行

著　　　者	よせだあつこ
発　行　人	佐々木 幹夫
発　行　所	株式会社 翔泳社 （https://www.shoeisha.co.jp）
印刷・製本	日経印刷 株式会社

© 2024 Atsuko Yoseda

ISBN978-4-7981-8202-5